# 紛争の法社会学

小谷朋弘

渓水社

# はしがき

　本書は、法社会学の立場から、今日大きな関心が寄せられる弁護士問題と離婚問題の、2つの問題にアプローチしようとするものである。

　いま、国民に開かれた司法を目指してさまざまな改革が行われようとしている。弁護士人口の増員も、その1つである。司法制度の改革によって、弁護士人口は、2015年には、現在のほぼ2.5倍にあたる5万人に増える見込みである。

　「法化」がすすむ現代社会において、法律の専門家である弁護士の役割はきわめて大きい。これまで弁護士人口の少なさや大都市への偏在が、大きな問題として指摘されてきたが、司法制度の改革による人口増員は、大きな福音となろう。

　しかし、弁護士人口が増えれば問題がすべて解決するかといえば、そうではない。訴訟業務を中心とする弁護士にあっては、気軽な法律相談は難しい。また、弁護士費用が分かりにくいとか、"弁護士事務所は敷居が高い"といった、弁護士＝クライアント関係の問題がある。さらには、より本質的な問題として、業務活動を支える弁護士の意識の問題もある。国民に開かれた弁護士を実現するためには、こうしたアクセスの阻害要因を、科学的に探究する必要がある。

　ところで、今日、離婚の欧米化といわれるように、わが国における離婚の増加は著しい。背景には、戦後の女性たちの変化がある。高学歴化がすすみ、仕事に生きがいを見いだす女性、あるいは個人としての生き方を大事にする女性が増えた。職場においてまた家庭において、依然として考え方が変わらない男性たちとの間に、軋轢や葛藤が多くなる。婚姻期間20年以上の、いわゆる"熟年夫婦"の離婚の顕著な増加は、こうした女性たちの変化を象徴的に表している。

そして、離婚の増加の一方で、離婚にかんするさまざまな問題も浮上している。離婚に際して用いられる協議離婚方式や調停離婚方式の問題、離婚後の生活保障として重要な財産分与や慰謝料など、いわゆる離婚給付の問題、離婚問題をかかえた女性たちがアクセスする、県や市、家庭裁判所の相談窓口など、いわゆる第三者機関の問題、そして、母子寮（母子生活支援施設）や民間女性シェルターなど、ドメスティック・バイオレンスの被害女性たちを保護し、離婚をサポートする緊急保護施設の問題など。

　離婚問題には、今日女性がかかえる多くの問題が集約的に現れている。離婚問題の科学的究明は、その意味で、重要な課題である。

　弁護士問題や離婚問題については、いろいろな分野からアプローチされている。本書における、法社会学の立場からの試みが、他の学問分野からのアプローチにくらべ、少しでも新しい知見を展開できれば幸いである。

2003年2月

　　　　　　　　　　　　　　　広島大学法学部法社会学研究室にて

　　　　　　　　　　　　　　　　　　　　　　　小　谷　朋　弘

紛争の法社会学

# 目　次

はしがき　i

序　説 …………………………………………………………… 1

## I 部　弁護士職の法社会学

### 第1章　弁護士アクセスの構造
　　1．問題の所在 ………………………………………………… 13
　　2．弁護士職の可視性 ………………………………………… 15
　　3．紛争処理における弁護士の地位 ………………………… 20
　　4．弁護士アクセスと社会的距離 …………………………… 27
　　5．総括と課題 ………………………………………………… 37

### 第2章　弁護士職の現代的性格
　　1．はじめに …………………………………………………… 41
　　2．紛争処理における弁護士の地位 ………………………… 44
　　3．弁護士業務の特質 ………………………………………… 54
　　4．弁護士の生活意識 ………………………………………… 65
　　5．おわりに …………………………………………………… 75

### 第3章　日常生活の中の紛争処理
　　1．はじめに …………………………………………………… 77
　　2．紛争の態様と処理過程の問題 …………………………… 79
　　3．紛争処理の構造 …………………………………………… 89

4．まとめ …………………………………………………………… 100

第4章　医療事故と被害者救済──裁判と弁護士に焦点をあてて──
　　1．はじめに ………………………………………………………… 103
　　2．医療事故の発生原因 …………………………………………… 108
　　3．医療裁判の問題構造 …………………………………………… 115
　　4．医療裁判と弁護士 ……………………………………………… 120
　　5．医療裁判を超えて ……………………………………………… 127

## Ⅱ部　離婚紛争の法社会学

第5章　離婚紛争の諸過程
　　1．はじめに ………………………………………………………… 133
　　2．離婚紛争の発生基盤 …………………………………………… 135
　　3．離婚紛争の処理方式 …………………………………………… 142
　　4．離婚紛争にともなう諸問題 …………………………………… 150
　　5．おわりに ………………………………………………………… 157

第6章　離婚紛争の処理過程──第三者機関の援助役割──
　　1．問題の所在 ……………………………………………………… 161
　　2．市民意識にみる離婚相談の相手 ……………………………… 162
　　3．行政機関相談窓口の援助役割 ………………………………… 165
　　4．家庭裁判所相談窓口の援助役割 ……………………………… 169
　　5．女性センター相談室の援助役割 ……………………………… 173
　　6．離婚紛争の処理における弁護士の援助役割 ………………… 179
　　7．むすび …………………………………………………………… 185

第7章　ＤＶ離婚と緊急保護施設
 1．はじめに …………………………………………………… 187
 2．離婚にみる暴力の実相 …………………………………… 189
 3．緊急保護施設としての母子寮 …………………………… 196
 4．民間女性シェルターの援助役割 ………………………… 201
 5．おわりに …………………………………………………… 207

第8章　高齢社会と離婚紛争
 1．増加する中高年離婚 ……………………………………… 209
 2．人生80年時代の家族のライフサイクル ………………… 210
 3．ジェンダー差別の構造 …………………………………… 213
 4．中高年離婚の２つのタイプ ……………………………… 219
 5．中高年離婚のゆくえ ……………………………………… 225

補　論　法化論の射程
 1．法化論の焦点 ……………………………………………… 231
 2．法化の概念 ………………………………………………… 232
 3．法化の問題と対策 ………………………………………… 236
 4．法化論の地平 ……………………………………………… 241

あとがき　247

索　　引　251

# 紛争の法社会学

# 序　説

### 法社会学の現在

　末弘厳太郎の『物権法（上）』[1]をもって、わが国の法社会学の嚆矢とするなら、それからほぼ80年余りが経過したことになる。法社会学は新しい学問といわれてきたが、もう少なからぬ成熟の時は過ぎた。しかし、今日においてもいまだ、法社会学はいかなる学問であるか、明確な解答はない。その理由は、法社会学が、既存の2つの学問分野にまたがるからである。すなわち社会学と法律学である。法社会学は都市社会学、家族社会学等と並ぶ社会学領域の一分野として社会学に属する学問とまずは考えられる。他方でまたそれは、憲法学、民法学、法哲学等と並ぶ法学の一領域として法律学に属する学問として考えられる。

　学問領域の帰属は別にして、法社会学が社会学者と法律学者双方の入会地となれば問題は少ない。しかし、現実は異なる。その象徴的な例は、学会構成である。日本法社会学会が1947年に設立されて半世紀余りが経つ。今日では、会員数も1,000名近くをかかえる大規模な学会組織となっている。だが、会員の多くは法学者であり、社会学者は数えるばかりである[2]。もちろん近年では、社会学を修得した法社会学者も増えてきている。しかし、その法社会学者にしても出自は法律学であることが多い。いずれにしても、わが国の法社会学が法律学に出自をもつ「法」社会学として成立し、展開してきていることはたしかである。

　法社会学が社会学に出自をもつ法「社会学」ということであれば、他の連字符社会学と同様に、ある程度はイメージされ、理解される。しかし、法律学ということになれば、規範の学としてのイメージと事実学としての社会学のイメージとが噛み合わず、なかなか分かりにくい。

　伝統的な法律雑誌である『法律時報』の「学界回顧」は、法社会学的研究

の全体像を展望する上で大変有益なものである。しかし、法社会学研究のあまりの多様さに、担当者の苦労がしのばれると同時に、法社会学に対するアイデンティティを見失ってしまう。

今日、法社会学者には、「広義の法社会学」を目指す立場と、法社会学の固有の方法やアイデンティティの確保に努めようとする「狭義の法社会学」を目指す立場がある。どちらの立場がこれからの法社会学の発展にとって有益であるかと問えば、「狭義の法社会学」の立場である。法社会学の研究対象と方法、学問的性格といった基本的コンセプトを明確にすることによってはじめて、独自の研究成果を生みだし、他の学問領域の研究成果との比較対照を可能にするからである。

### 「紛争」の法社会学

法社会学の研究対象は何であろうか。当然のことながら、法あるいは法現象ということになろう。しかし、問題は「法」の内容である。一般的には国家制定法を想起するが、エールリッヒ流の法社会学、そしてそれを採り入れたわが国の法社会学にならえば、その内包は広く、日常生活を規定する、いわゆる「生ける法」まで含むことになる。こうした対象の広がりは、たとえば、鈴木一郎『生活保護法の法社会学的研究』[3]と上野裕久『農山村と家族の法社会学』[4]をみると明らかである[5]。

鈴木は、生活保護法に焦点をあてて、家族あるいは親族扶養が大きな機能を果たしている農山漁村において、その適用がどのような形で行われるのか、スムーズな適用を阻むものは何か、をさぐる。それに対して上野は、農山村における婚姻、相続、入会といった慣行に焦点をあて、それらの「生成法」と国家制定法との関連を探究しようとする。

このように、法社会学と銘うった個別テーマの著作には、国家制定法から生ける法までの、幅広い対象設定がみられる。

ところで、法学辞典によると、「法の基本的特質は、各種の法規範によって人々の行動に指図を与え、法規範の実現やその違反に対する制裁の実行を力

序　説

による強制保障の下に置くところにみられる。だが、法がその指図内容を実現しさまざまの機能を発揮するためには、裁判手続などその公権的な最終的実現を保障する諸制度が整備され、専門的技術を用いる法律家集団によって法規範の内容が具体的に確定されたり継続形成されたりする必要がある。法の構造や機能は、これらの規範・制度・技術・主体の4側面を統合的に関連づけて、立体的動態的に捉えなければならない」[6]。

　法をこのように理解すると、法社会学の対象として、各種の法規定とともに、法が実際に現実化される場面、すなわち司法制度やそこで主体的に法技術を駆使し活動する裁判官、検察官、弁護士等、法律専門家が視野に入ってくる。したがって、「司法の法社会学」とか「弁護士の法社会学」といった形の法社会学的研究が可能となる。潮見俊隆『司法の法社会学』[7]は、裁判所と裁判官を対象とした法社会学的研究の一例である。

　だが、このように法の内包を幅広くとらえたとしても、たとえば離婚や医療過誤といった社会現象を、法社会学の研究対象として設定できるのであろうか。それらは、法規定でもなければ司法制度でも法律家でもない。たしかに、1つの考え方として、それらを法的社会現象すなわち離婚法現象あるいは医療法現象ととらえることは可能かもしれない。その点では、利谷信義(他)編『離婚の法社会学』[8]が用いた「離婚法現象」というとらえ方が参考になろう。しかし、社会現象は人々の社会的相互作用の中から生まれる現象であって、離婚法という規範レベルのものを社会現象として把握することはなかなか理解しにくい。

　そこで、多様な社会現象を法社会学の研究対象として取り込むために、ここでは「紛争」の概念を導入したい。すなわち、離婚現象は離婚法現象ではなく「離婚紛争」として、医療過誤現象は医療法現象ではなく「医療紛争」あるいは「医事紛争」として、再構成される。紛争は、さまざまな利害の対立であり、離婚紛争は夫と妻の間の対立葛藤、医事紛争は医療者と患者・家族の間の対立葛藤にほかならない。そして、法はまさにこうした利害対立の解決にかかわるものである。また司法制度は、こうした紛争の解決のための

3

仕組みである。紛争という対象はまさに、法と密接に関連する社会現象にほかならない[9]。

　法社会学の研究対象を「紛争」ととらえることによって、離婚現象を、夫婦間の対立葛藤現象としてとらえなおすことができ、そこから離婚原因にしても、法規定上の原因を超えて、社会的文脈のもとでの発生原因にまで視野を広げることが可能となる。そうでなければ、離婚原因の研究も、家族法学からのアプローチとも、また社会病理学、家族社会学、家族心理学からのアプローチとも何ら変わるところはなくなり、法社会学の独自性はみえなくなる。

### 「社会学」としての法社会学

　次に、研究方法の問題である。末弘厳太郎に主導されたわが国の法社会学が、「生ける法」の探究に視点をすえたことから、必然的に、実態調査が法社会学の有力な研究方法として採り入れられることになった。『農山村と家族の法社会学』も、農山村における婚姻、相続、入会といった慣行(生成法)を、実態調査によって把握することが方法的に志向された。また近年では、斎藤正夫『鉱害の法社会学』[10]も、農山村における和牛の「入会放牧」慣行の調査経験を下敷きに、「鉱害調査」に取り組んでいる。また『生活保護法の法社会学的研究』にしても、対象は生活保護法ではあるが、その適用実態が焦点とされたことから、各地の保護世帯や貧困階層の生活実態が調査された。

　こうした実態調査による法的現象の把握・解明は基本的には妥当なものである。しかし、多くの実態調査が当該現象のより高度な把握・解明に至るかといえば必ずしもそうではない。実態の単純な記述や説明に終わることが多い。分析レベルからいえば、仮説構成とその検証という方法によって何らかの法則的解明まで視野に含むより高度な分析が望まれよう。その意味では、いわゆる経験科学の考え方が妥当なものといえる。潮見俊隆の『司法の法社会学』は、日本の裁判所と裁判官について、次のような仮説を設定し、検証

している。まず、日本の裁判所について、「日本国憲法の支柱をなしている基本的人権の尊重、国民主権、平和主義という価値基準からすれば、その判決は、地方裁判所、高等裁判所、最高裁判所と上級審にいけばいくほど憲法の価値基準から遠ざかっていく」。また、裁判官について、「日本の裁判官全体につうずる最大の欠陥は行政権力によわく、政治権力のつくりだした既成事実にひきずられる」と[11]。

　裁判所や裁判官を対象とし、仮説構成の下にその検証作業を行う『司法の法社会学』は、まさに経験科学的アプローチの一例といえる。

　しかしながら、法則把握的な経験科学であるにしても、わが国の法社会学は、いわば法の総合科学のような受けとめ方がされてきた。たとえば、団藤重光は「法社会学は狭義の社会学以外に種々のものを含む極めて広汎な、しかも新しい領域であり、それには心理学・精神医学・生物学・性格学・人類学・経済学・裁判行動学などを含めてよい[12]」と述べており、法現象の法則的把握・理解のために、あらゆ分野の学問を総動員する、という趣旨がみえる。

　このような総合科学的な経験科学の方法は、法社会学の独自性を曖昧なものにしてしまうのではないか。たしかに、経験科学の主導者である川島武宜は、経験科学と社会学との関係について、肯定的な考え方を示している。しかし、それは方法的に社会学も利用するという趣旨にすぎない[13]。やはり団藤重光と同様に、諸々の社会科学を動員する、という考え方が強い。

　法社会学の独自性を曖昧にせず、法現象の科学的把握・理解をすすめるためには、いまのところ、経験科学、実証科学としての学問的蓄積をもつ社会学の方法を活用することが望ましい。その意味で、湯沢雍彦『家庭事件の法社会学』は、1つのモデルになろう。湯沢は、「法現象の一部である家事裁判現象」を研究対象とし、方法的には家族社会学の成果や手法を活用し、家事裁判現象についての法則的把握を試みている。たとえば、離婚について、調停事件となる夫婦紛争の特質とか離婚関係事件の円満解決の条件等が、経験科学的に明確化されている。

### 「客観的科学」としての法社会学

　最後に、学問的性格について。これは3つに分けられる。1つは、法社会学をもって「社会学的法律学」とする立場、2つは、「権利擁護の学」と称される法社会学の立場、そして3つは、「客観的科学」ととらえる立場である。それらはまさに個々の研究者の、法社会学に対する自らのスタンスを示すものである。「社会学的法律学」としての法社会学の一例として、橋詰洋三『労働法学と法社会学』[14]があげられる。橋詰は、当該書を、「常套的解釈法学の域を離れて、はじめて本格的に実態調査に取り組み、その分析から法理論を組み立てるという、いわば演繹法学から帰納法学への転換を試みたもの」[15]と位置づけている。ここには、調査によって発掘された事実をもとに法理論を構築しようとする意図が明瞭に示されている。

　このような「社会学的法律学」の考え方も、歴史的には末弘厳太郎の法社会学に溯ることができる。末弘は、「ある法律」と「あるべき法律」を区分した上で、「ある法律」すなわち「生ける法」をもとに、「あるべき法律」すなわち「国家制定法」を創り上げようと考えた[16]。社会的現実から遊離した法律を頭の中で創り上げるよりも（概念法学的思考法）、社会的現実の中から妥当する法律を創り上げていこうと意図したのである。

　橋詰のいう演繹法学から帰納法学への転換はまさに、こうした末弘法社会学の延長線上にある。そしてこの考えは、法社会学を独立した学問分野と見ずに、あくまで法律学に役立つ学問分野として、その下位に位置づけようとする見方として、今日においても大きな支持がある。

　こうした「社会学的法律学」としての法社会学も、社会的変動の激しい現代社会において、法律学が採らざるをえない1つの立場として理解される。今日の法律学は、観念的世界から離れ、社会的文脈に分け入らざるをえないのである。しかし、法社会学を、単に法律学の下位に位置づけられるものとせず、経験科学として、法的現象の社会的解明を志向する立場とするなら、「社会学的法律学」とは一線を画する必要がある。

　他方、「権利擁護の学」は、市民の立場に立ってその権利の擁護を志向す

る立場といえる。その代表例として、戒能通孝『公害の法社会学』[17]があげられる。戒能は、水俣や四日市公害の実情を明らかにし、企業の責任を追求する。また公害紛争処理・健康被害者救済法案等の批判的検討を試み、公害の法律的課題を示している。また、それとともに公害被害者が公害と闘う方法を知らないところにあらためて社会科学の役割を見いだそうとしている。こうした戒能の立場こそ、「小繋事件」[18]に示された「権利擁護の学」としての法社会学の立場である。しかしそれはあくまで、戒能法社会学といわれる独自の立場にほかならない。大学の職を辞し、小繋の村民の権利を守るために、全身全霊を打ち込んだ彼の営為は誰にも真似のできない、独自の立場である[19]。

　ところで、1960～70年代の米国の逸脱研究の領域では、明確に、アンダードッグすなわち負け犬の側に立って、研究を行うことを標榜する人たちが現れ、成果をあげた。その点で、「権利擁護の学」として、社会的弱者の視点に立って法社会学を構想することも、それなりに意味のあることである。しかし、ここでは、「客観的科学」の立場から、法的現象の客観的科学的把握・理解に努めたい。そこから、問題解決のための処方箋も出てこよう。現代社会に発現する法的現象の科学的解読と課題解決のための処方箋の模索、これが法社会学の学問的役割と考える。

**本書の構成**

　本書は、「紛争の法社会学」のタイトルのもとに、弁護士職と離婚紛争の2つの研究テーマにかかわる8つの論文と、方法論にかんする論文1編を収録している。

　人々は、法的紛争が生じたとき、在野法曹として職務にあたる弁護士になぜすぐにアクセスしないのであろうか。一方には、法律家に依頼するまでもないという、日本人固有の法意識の存在があろう。しかし、他方で、弁護士人口の少なさや大都市への偏在といった問題がある。また、それ以上に、弁護士報酬や弁護士と国民との間の社会的距離の問題がある。第1章「弁護士

アクセスの構造」は、弁護士アクセスの構造を多様な角度から検証することによって、わが国における弁護士利用の少なさの構造的原因を解明しようとするものである。

　2002年9月に『弁護士白書』がはじめて刊行された[20]。それによれば、今日、弁護士の懲戒事件数は急増している。依頼者から預かったお金を着服したり、「非弁提携」を行うなど金銭への執着や倫理性の欠如がみられる。弁護士法は、基本的人権の擁護や社会的正義の実現を規定している。多くの弁護士はこうした職業倫理に則って職業活動を行っていよう。しかし、市場経済の展開は一般人のみならず弁護士をも経済人化しているのではないか。第2章「弁護士職の現代的性格」は、弁護士職と経済体制との関連を追究するものである。

　今日、人々の多くは、多かれ少なかれ、何らかの法的問題に遭遇する。そして、公式の法制度によるか、私的に解決するか、泣き寝入りするか、いずれかのレベルで問題の処理を行っている。また、弁護士へのアクセスも、さまざまな条件によって、開かれたり閉ざされたりする。第3章「日常生活の中の紛争処理」は、日常生活の中のさまざまな紛争を人々がいかなるレベルで処理しているのか、そのような処理を選択した理由は何か、処理による結果にはたして満足しているのか、また、紛争処理における弁護士の位置づけはいかなるものか、を検証し、そこから、わが国における紛争処理の構造に迫ろうとするものである。

　医療過誤は今日、深刻な広がりをみせている。過誤によって、自らの身体や命、家族の身体や命を傷つけられたり失ったりした人々の救済が、喫緊の課題となっている。第4章「医療事故と被害者救済――裁判と弁護士に焦点をあてて――」は、医療事故の類型的把握を行った上で、被害者救済の有力な手段である医療裁判の問題構造、裁判を遂行する上で重要な役割を担う弁護士の問題点を追究する。

　離婚紛争を全体的視野からとらえると、その発生から終結にいたるまでに多くの課題が横たわっている。すなわち、離婚紛争の多様な発生因、協議離

婚手続の簡易性、離婚給付や養育費の水準と実効性など。第5章「離婚紛争の諸過程」は、離婚紛争の発生から終結に至る諸過程の実態と問題点をトータルに描き出すものである。

　離婚紛争が発生したとき、その処理に人々は頭を悩ます。とりわけ妻たちにとっては、離婚後の生活がかかっている。結婚生活でともに築いた財産の清算、慰謝料、子どもの養育費など、解決すべき課題は多い。第6章「離婚紛争の処理過程——第三者機関の援助役割——」は、離婚あたって複雑で多くの問題群をかかえ込む当事者の、援助のために布置されている（と考えられる）いわゆる第三者機関の役割と課題について検証する。

　DVすなわちドメスティック・バイオレンスの問題は、今日、社会的に大きな関心を集めている。平穏で、親しみと愛情に包み込まれた家庭の中で、実は、荒々しい暴力が吹き荒れている。DVを振う夫から逃げ出すための有力な方法は離婚である。しかし、被害女性の身体的精神的ダメージは大きく、その社会的サポートが必要不可欠である。第7章「DV離婚と緊急保護施設」は、夫婦間の暴力に焦点をあて、その実態ならびに暴力を振う夫から妻を保護し、離婚をサポートする、「駆け込み寺」としてのシェルターの役割とその課題について検証する。

　人生80年時代の到来は、これまでジェンダー差別の構造の中で抑圧を強いられてきた女性に、中高年になっても改めて新しい生き方選択させるように働きかける。また自明視されてきた介護役割からの解放を目指して離婚が選択される。高齢社会の進展は、離婚紛争の激化をもたらす。第8章「高齢社会と離婚紛争」は、高齢社会の進展にともなって現れる、離婚紛争の新しい形態とその将来展望を試みる。

　最後の章は、「法化論の射程」である。法社会学の理論や方法論はなお混迷の中にある。新しい学問にとってはとくに、理論や方法論の研究は、継続的に行わなければならない作業である。その中で、とりわけ今日注目を集めている「法化論」について、その意義と課題を検討した1章を、補論として収録した。

注

1）末弘厳太郎『物権法（上）』有斐閣、1921年。
2）「日本法社会学会会員専攻リスト」によると、全会員数は919名。うち基礎法専攻280名、実定法専攻489名、社会科学専攻76名、法実務57名、その他20名。社会科学専攻の中で、社会学は29名であるが、法社会学の専攻は少なく、家族社会学の専攻が多いようである。
3）鈴木一郎『生活保護法の法社会学的研究』勁草書房、1967年。
4）上野裕久『農山村と家族の法社会学』法律文化社、1981年。
5）なお、序説では、対象と方法の具体的関連を探るために、方法論や理論だけの研究書ではなく法社会学と銘うった個別研究書に焦点をあてている。
6）杉村・天野編『新法学辞典』日本評論社、1991年、976頁。
7）潮見俊隆『司法の法社会学』勁草書房、1982年。
8）利谷信義（他）編『離婚の法社会学』東京大学出版会、1988年。
9）樫村志朗『「もめごと」の法社会学』（弘文堂、1989年）や和田安弘『法と紛争の法社会学』（世界思想社、1994年）は、大変有益である。
10）斎藤正夫『鉱害の法社会学』風間書房、1991年。
11）潮見俊隆、前掲書、57～103頁。
12）団藤重光『法学入門』筑摩書房、1979年、328～29頁。
13）川島武宜「はじめに」同編『法社会学講座』東京大学出版会、1972年。
14）橋詰洋三『労働法学と法社会学』三省堂、1984年。
15）同上書、ⅱ頁。
16）末弘厳太郎、前掲書、1～7頁。
17）戒能通孝『公害の法社会学』三省堂、1971年。
18）小繋事件については、戒能通孝『小繋事件』岩波書店、1964年、同編『小繋裁判』日本評論社、1965年を参照のこと。
19）なお、戒能法社会学が、客観的科学的認識とは無縁のものといっているわけではない。『入会の研究』（日本評論社、1943年）にみられるように、それは優れた客観的科学的研究である。ただ、戒能の場合、そうした科学的認識に立った上で、市民の権利擁護のための実践的営為に力点が置かれたといえる。この点については、拙稿「戦前日本法社会学のパラダイム」『広島法学』第12巻4号、1989年、125～68頁を参照のこと。
20）日本弁護士連合会編『弁護士白書』（2002年版）、2002年、133～41頁。

## Ⅰ部　弁護士職の法社会学

# 第1章　弁護士アクセスの構造

## 1．問題の所在

　今日の日本社会が「情報化社会」あるいは「管理化社会」の、いずれの名称でとらえられるにしても、「知識」を含めた社会的諸資源の不平等配分をその基礎構造とすることには変わりない。
　このような社会状況の中で、高度な知識・技術の所有者である専門職の本来的役割が大きく問われることになる。すなわち、職業の専門分化が著しい現代社会にあって、それぞれの領域の「専門家」達は、自らの専門的知識・技術の社会化、換言すれば「知の解放」を社会的に要請される。
　専門職（プロフェッション）の確立された概念規定はないが、T・パーソンズ[1]、D・リシュマイヤー[2]、石村善助氏等[3]の考え方を総合してみると、専門職の本質は、「高度な技能・知識」は当然として、「公共の利益サーヴィスの提供」にある。その含意はまさに、専門家がその高度に専門的な知識を社会に解放し、一般社会成員がその利益を享受するところに専門職の存立根拠がある、というものである。こうした専門職の本来的存立根拠をあらためて確かめることによってはじめて、知的資源の平等化への道が拓けることになる。
　ところで弁護士は、高度な法律知識の所有者として、市民が直面する多種多様な法的問題の処理に貢献することが、法律専門職本来の役割として期待されることになる。現代社会は、法律および行政権の拡大による、市民生活のあらゆる領域にわたる政府統制の進捗を特徴とし、市民は、好むと好まざるとにかかわらず、国家の規範的秩序との対決を余儀なくされている。しかも今日の規範的秩序はきわめて錯綜しており、たとえば土地の売買1つを

I部　弁護士職の法社会学

とってみても、契約の問題、登記の問題、あるいは税の問題等、さまざまな法的問題が絡み合っており、一旦紛争となれば、問題解決には法律専門職のサーヴィスをまたねばならない状況となっている。しかし、現実には、種々の要因からとりわけ、市民の弁護士アクセスは閉塞状況にある。

　本論は、このような問題認識に立って、法律専門職である弁護士に対する市民のアクセス、すなわち弁護士利用の今日的状況について検討しようとするものである[4]。

　以下の分析では、これまでの弁護士研究にもとづいて、弁護士アクセスの重要3つの局面を取り上げるが、それらを仮説構成的に示せば、次のようになる。

　第1は、弁護士職の可視性にかんするものである。すなわち、弁護士アクセスの経路の閉塞性や、サーヴィスに対する対価の不明瞭性等、弁護士職の可視性の低さは、市民ニーズの発生を阻害し、アクセスの消極化をもたらす。

　第2は、弁護士職の職業構造にかかわるものである。すなわち、一方における弁護士職の伝統的な職域構成と、他方における多様な紛争処理機関の布置状況の中で、市民ニーズの拡散化が生じ、アクセスは限定化される。

　第3は、弁護士と市民との間の社会的距離にかんするものである。すなわち、社会的に上層階層に位置する弁護士と一般市民との関係は、両者の間に必然的に社会的距離を生み出し、市民ニーズの成長に歯止めをかけ、アクセスの閉塞化をもたらす。

　なお、分析にあたっては、次の2つの調査データを用いる。1つは、Y市民に対する面接調査で、抽出サンプル500、有効票は324（64.8%）。2つは、Y市在住の弁護士に対する留め置き法による悉皆調査で、12サンプル中有効票6。有効票が少ないので、本論の分析では、Y県弁護士会所属の弁護士についてのデータも併せて掲げておく[5]。


注
1) T. Parsons, 'Some Problems Confronting Sociology as a Profession', *American Sociolog-*

*ical Review*, No, 24, 1959.
2 ) D. Rüschemeyer, 'Rekrutierung, Ausbildung und Berufsstruktur: Soziologie der Anwaltschaft in den Vereinigten Staaten unt Deutschlant', *Kölner Zeitschrift für Soziologie unt Sozialpsychologie.* 六本佳平訳「弁護士の補給・養成と職業構造——米国とドイツとの比較——」石村・六本編『法社会学教材』東京大学出版会、1976年。
3 ) 石村善助『現代のプロフェッション』至誠堂、1969年。いわゆるスペシャリストとプロフェッションとの違いは重要である。本論の「専門職」は、後者の意である。
4 ) これまでの弁護士アクセスに関する研究は、貴重な資料を提供するものではあるが、おもに法学的な枠組みにもとづく事実発掘的色彩が強い。本研究は、社会学的な枠組みによる仮説検証的な研究を意図するものである。なお、職業社会学的な研究としては、石村「弁護士活動の専門分化・共同化・大衆化」『法律時報』38巻4号、1966年、23〜33頁が参考となる。
5 ) 2つの調査は1984年に実施。調査の詳細ならびに本論では取りあげなかった諸問題については、広島大学法社会学研究室『法と社会——弁護士と市民——』(昭和58年度文部省科学研究費補助金成果報告書)、1986年を参照。

## 2. 弁護士職の可視性

　まず最初に、表1－1を見てもらいたい。これは、わが国における弁護士利用の少なさについて意見を求めたものであるが、「弁護士報酬に対する不安」を含めて、「弁護士のことが一般に知られていない」「弁護士紹介制度がない」等、弁護士職の可視性の低さを指摘するものが過半を占めている。
　市民の弁護士アクセスにとって、最初の障害は何よりも、弁護士そのものについての情報不足である。一体弁護士事務所はどこにあるのか？　どのような弁護士なのか？　何を専門にしているのか？　ほぼ1割を占める「弁護士の不知」は、こうした基本的な情報すら得られない現状を反映している。試みに、Y県の弁護士数について市民の認知度を調べてみると、正解に近いものは10％にも満たないばかりか、正解との大きなズレさえみられる。
　「弁護士紹介制度の欠如」を指摘する声も、これと同列のものであるが、より問題の核心に触れるものである。表1－2は、アクセス経験者のアクセス経路を示したものであるが、現実のアクセスは身近かな人々を媒介として

I部　弁護士職の法社会学

表1-1　弁護士利用の少ない理由

|  | 実数 | 構成比 |
|---|---|---|
| 弁護士に頼まなくても何とかやれる | 96 | 29.6 |
| 弁護士に対する一般的不信感 | 29 | 9.0 |
| 弁護士数の不足 | 4 | 1.2 |
| 弁護士報酬に対する不安 | 111 | 34.3 |
| 弁護士紹介制度がない | 22 | 6.8 |
| 弁護士のことが一般に知られていない | 39 | 12.0 |
| 少額の事件が引き受けられない | 7 | 2.2 |
| 弁護士の事務が非能率的である | ― | ― |
| 世間体を気にする国民性 | 14 | 4.3 |
| その他 | ― | ― |
| DK.NA. | 2 | 0.6 |
| 合計 | 324 | 100.0 |

表1-2　アクセス経験者のアクセス経路

|  | 実数 | 構成比 |
|---|---|---|
| 知人・友人の紹介 | 11 | 40.8 |
| 家族・親戚の紹介 | 2 | 7.4 |
| 法律相談所・行政機関の紹介 | 4 | 14.8 |
| 直接弁護士事務所を訪問 | 3 | 11.1 |
| その他 | 7 | 25.9 |
| DK.NA. | ― | ― |
| 合計 | 27 | 100.0 |

表1-3　Y市弁護士の開業理由

|  | Y市 実数 | Y市 構成比 | Y県 実数 | Y県 構成比 |
|---|---|---|---|---|
| 知人・友人・縁故者が多い | 4 | 66.6 | 19 | 43.2 |
| 弁護士の数が少ない | 1 | 16.7 | 3 | 6.8 |
| 民間企業が多い | ― | ― | 2 | 4.5 |
| 重要な司法機関がある | ― | ― | 1 | 2.3 |
| 弁護士に対するニーズが多い | 1 | 16.7 | 5 | 11.4 |
| その他 | ― | ― | 12 | 27.3 |
| DK.NA. | ― | ― | 2 | 4.5 |
| 合計 | 6 | 100.0 | 44 | 100.0 |

おこなわれており、自ら弁護士を探し出して直接事務所を訪れる、というパターンは極めて稀である。当然のことながら、弁護士サイドの調査でも、顧客経路は市民と同様の傾向を示しており、知人・友人、親戚の紹介がほとんどである。そして興味深いことには、このような事情を反映して、Y市弁護士の主要な開業理由には（表1－3）、知人・友人、親戚等、自らの第一次集団の存在が挙げられている[1]。

このように、弁護士へのアクセス経路が、限定された社会的広がりしかもたない第一次集団の媒介作用に依存する、という特徴こそが、わが国における弁護士の職業活動の社会的展開にとって大きな制約となっていることは明らかである。

ところで、以上のようなアクセス経路の閉塞化は、弁護士倫理規定第8条と密接な関係をもっている。この規定は、周知のように、弁護士業の宣伝・広告を禁じたもので、弁護士が営利主義に陥らないように、自己規制を図るものであるが、このことが結果的に弁護士職の社会的可視性を低めることになった、といえよう。一般的にいって、弁護士界全体に、倫理規定第8条を固持する傾向は強いが、表1－4に見るように、Y市弁護士の見解はかなり柔軟であり、後にみるような、職域の拡大に対する積極的な志向と結びついているようである。しかしそれが現実化されないのは、「自由にさせた方がよい」とするものが皆無なように、やはりこうした宣伝・広告の全面的解放は自らの存在根拠を脅かすものだとの信念が根底にあるからであろう。

「弁護士報酬に対する不安」は、全項目中第1位を占め、比率も34.3％に

表1－4　弁護士倫理規定第8条についての意見

|  | Y　市 || Y　県 ||
| --- | --- | --- | --- | --- |
|  | 実数 | 構成比 | 実数 | 構成比 |
| 宣伝・広告の禁止は当然である | 3 | 50.0 | 17 | 38.6 |
| もっとゆるやかにした方がよい | 3 | 50.0 | 26 | 59.1 |
| 自由にさせた方がよい | — | — | — | — |
| DK.NA. | — | — | 1 | 2.3 |
| 合　　計 | 6 | 100.0 | 44 | 100.0 |

のぼる。この報酬の問題は、各種の調査でも必ず指摘されているように、弁護士アクセスを規定する大きな要因とみて間違いはない。

表1－5は、問題を仮説的に設定して報酬を尋ねたものであるが、「法律相談」に関しては、回答者の認識報酬額は実際額の2倍を超え、また「訴訟」の場合にも、現実よりも高い評価額が示される傾向にある。弁護士報酬に関しては、このように市民サイドには認識と現実との間に大きなギャップがあり、報酬についての可視性の低さが浮き彫りにされる。

ところで、この「報酬額の不安」の中身は、表1－5の結果から判断すると、報酬額が不明であるという不安よりも、むしろ高額な報酬を要求されるのではないかという不安のように思われるが、まさにこの点は、わが国における「プロフェッション」の形成と密接な繋りをもっているのである。すなわち、日本の文化的風土の中で、欧米におけるプロフェッションというものが十分に形成されず、そのため市民サイドには、無形の知的サーヴィスに対してそれにみあった金銭的報酬を支払う、という意識は育たなかった。その上、弁護士の場合には、周知のようにその歴史的展開それ自体がまさにプロフェッションの確立に向けての闘争史であり、そのため弁護士の知的サーヴィスそのものに大きな信頼がおかれにくかったのである[2]。日本文化会議の調査で示されている[3]、「ずるがしこい」「もうかる商売」といったマイナスイメージは、その確かな証左である。

表1－5 弁護士の報酬額

(1) 1時間の法律相談

|   | 実数 | 構成比 |
|---|---|---|
| 約5万円 | 15 | 4.6 |
| 約3万円 | 64 | 19.8 |
| 約1万円 | 118 | 36.4 |
| 約5千円 | 70 | 21.6 |
| 約3千円 | 23 | 7.1 |
| 約1千円 | 2 | 0.6 |
| DK.NA. | 32 | 9.9 |
| 合計 | 324 | 100.0 |

(2) 訴額100万円の事件

|   | 実数 | 構成比 |
|---|---|---|
| 約50万円 | 15 | 4.6 |
| 約30万円 | 58 | 17.9 |
| 約20万円 | 80 | 24.7 |
| 約10万円 | 118 | 36.5 |
| 約5万円 | 27 | 8.3 |
| 約1万円 | — | — |
| DK.NA. | 26 | 8.0 |
| 合計 | 324 | 100.0 |

他方、弁護士サイドでは、自らの歴史的展開過程の反省に立って、プロフェッション性の確立を強く志向することから、倫理規定の確立等自己規制を強めているが、報酬にかんしても、専門的な知的サーヴィスに対する正当な評価という点を強調している[4]。Y市弁護士の平均年収額は[5]、一般勤労サラリーマンの平均年収額をかなり超えるが、それでも現在の収入に対して必ずしも満足しているわけではない。調査では、満足と不満はほぼ半ばしている。したがって、弁護士サイドでいえば、「正当な評価」はいま一歩ということになろうか。

以上のように、報酬の妥当性については市民と弁護士双方のそれぞれの立場があり、一概に弁護士報酬が高いかどうかはいえないが、たとえば、月額5000円でホーム・ドクター的な弁護士利用の希望を調べたところ、希望者は26.2％、「もう少し安ければ利用する」とするものが30.2％、残りは必要ないとするもので、金額の評価に関しては賛否半ばというところである。これは仮定の問いであったが、いま、実際にアクセス経験をもち、報酬を支払った市民の意見を見てみると（表1－6）、過半を超える人々が高くはないと答えており[6]、実際の弁護士報酬額は、決して不当に高額なものではないことが明らかである。したがって、問題はむしろこうした妥当性をもった報酬額が明確化されていない点、つまり可視性が確保されていない点にある、といえよう。換言すれば、市民の「弁護士報酬に対する不安」は、報酬額の不明瞭性を基底として、その上に歴史的に刻印された弁護士の負のイメージが重なることによって増幅されており、その意味で、報酬額の不明瞭性こそ「不安」の根源とみなされるのである。

実質的には弁護士利用に相当する行政機関の「法律相談」の繁栄は、窓口がはっきりしているという理由はあるにしても、やはり「無料」が最大の魅力であるわけで、その意味ではいずれにしても報酬額の問題は

表1－6　アクセス経験者の弁護士報酬評価

|  | 実数 | 構成比 |
|---|---|---|
| 非常に高かった | 3 | 11.1 |
| やや高かった | 3 | 11.1 |
| それほど高くはなかった | 8 | 29.6 |
| まったく高くはなかった | 8 | 29.6 |
| DK.NA. | 5 | 18.5 |
| 合　　計 | 27 | 100.0 |

I部　弁護士職の法社会学

弁護士アクセスに大きなインパクトを及ぼすものである。しかし、以上でみてきたように、とりわけ報酬額の明確化がアクセスの活性化にとっての重要な鍵である。

注
1）「その他」の中では、「郷里に近い」が4割も挙げられているが、これもほぼ第一次的ネットワークを重視するものといえる。また、多くの弁護士がY県出身であることも、この点を補強する。
2）弁護士形成史の問題については、『講座現代の弁護士』日本評論社、1970年を参照。
3）日本文化会議編『日本人の法意識』至誠堂、1973年。
4）専門的知的サーヴィスに対する「正当な評価」が、弁護士として一本立するまでに投下した資本の回収という性格を帯びる点は、わが国における弁護士養成システムの問題とも連動して把握しなければならない。
5）一般勤労者との収入の比較は簡単ではないが、試みに、35歳平均で算出してみると、およそ796万円となる（ただしこれは、30歳代弁護士の年齢と年収を平均したもの）。
6）注意しなければならないのは、報酬額の評価が弁護士経路の特徴と連動していないか、という点である。つまり、知人・友人、親戚の紹介であるために、料金が安く済んだのではないか。とすれば、必ずしも一般的な弁護士報酬が高額でないとはいえなくなる。

## 3．紛争処理における弁護士の地位

諸種の実態調査が明らかにしているように[1]、わが国の弁護士業務の特徴は訴訟事務に特化しているところにあるが、このような職域構成の特徴が、弁護士アクセスの限定化を招来していることは十分予想される。最初に挙げた表の「弁護士に頼らなくてもなんとかなる」という回答の大きさは、1つの証明になろう。この点を、今日における多様な紛争処理機関の展開と関連づけて検討してみよう。

まず最初に、Y市における弁護士業務の特徴をみてみると（表1－7）、「訴訟事務」が58.3%、「法律相談」「契約書の作成」「交渉事務」等、いわゆる

第1章　弁護士アクセスの構造

表1－7　弁護士業務の構成

|  | Y市 (%) | Y県 (%) |
|---|---|---|
| 訴訟事務 | 58.3 | 61.5 |
| 法律相談 | 15.8 | 13.5 |
| 契約書の作成 | 2.5 | 3.3 |
| 交渉事務 | 11.7 | 8.1 |
| 顧問関係 | 6.7 | 10.5 |
| 報酬のある公職 | 3.3 | 2.6 |
| その他 | 1.7 | 0.5 |
| 合　計 | 100.0 | 100.0 |

表1－8　弁護士業務の構成（全国）

|  | 大都市 (%) | 中都市 (%) | 小都市 (%) |
|---|---|---|---|
| 訴訟事務 | 57 | 63 | 73 |
| 法律相談 | 11 | 13 | 18.5 |
| 契約書の作成 | 4 | 3 | 3 |
| 交渉事務 | 7 | 8 | 6 |
| 顧問関係 | 14 | 11 | 5.5 |
| 営業・使用人関係 | 2 | 0.8 | 0 |
| 報酬ある公職 | 3 | 2 | 4 |
| その他 | 3 | 0.2 | 0 |

日本弁護士連合会「弁護士の職域に関する意識調査」
『自由と正義』　第28巻5号、1977年より。

表1－9　弁護士業務についての意見

|  | Y市 実数 | Y市 構成比 | Y県 実数 | Y県 構成比 |
|---|---|---|---|---|
| 訴訟事務をもっぱらにし、それ以外の仕事は司法書士などにまかせる | 1 | 16.6 | 13 | 29.5 |
| 訴訟事務はもちろん、それ以外の仕事も司法書士などにまかせずにやる | 5 | 83.4 | 30 | 68.2 |
| DK.NA. | ― | ― | 1 | 2.3 |
| 合　計 | 6 | 100.0 | 44 | 100.0 |

　訴訟外事務がトータルでちょうど30.0％となっている。全国傾向と比べると（表1－8）、たしかに「訴訟事務」が中心となっている点は変わらないが、

Ⅰ部　弁護士職の法社会学

しかし比率の点では地方都市の平均を若干下廻っており、その分「訴訟外事務」の比率が高くなっている。こうした傾向は、弁護士サイドにおけるアクセスの活性化にむけての強い志向を反映するものといえる。実際、Y市弁護士においては、職域拡大に積極的であり、その方向も、「相談者の多様化」「紛争予防業務」等、市民のアクセスを活性化させる可能性のある訴訟外事務におかれている。しかもこうした積極的志向は、表1－9にみられるように、準法曹あるいはイギリスのソリシタ的役割を志向する司法書士との関係で、より一層鮮明にされる。すなわち弁護士サイドでは、訴訟外事務を自己の管轄下に置こうとする意欲が強く、司法書士との分業体制は忌避されている。

以上のように、Y市弁護士の職域は依然として訴訟事務に大きな比重があるとはいえ、市民の日々のアクセスをある程度まで受容するように解放化の努力がなされているわけだが、果たしてこうした弁護士サイドの努力は、従来の「訴訟問題の専門家」という弁護士のイメージを打ち壊し、日常の多様なニーズを引き受ける、開かれた法律専門職としての地位をもたらすものであるだろうか。この問題を市民の意識と行動すなわちアクセス志向とアクセス経験の両面から検討してみよう。

表1－10は、8つの問題類型を設定して、そのそれぞれについてのアクセス機関を仮定のうえで答えてもらったものである。

一見してわかるように、紛争処理において「親戚」「知人・友人」等、第一次的社会関係の果たす役割は大きく、すべての問題類型で、第4順位までに「親戚」「知人・友人」のいずれかが顔をだしており、紛争処理のいわば日本的特質が顕著に現れている。なかでも相続問題、離婚問題、借家問題、借金問題の4つの問題類型で、「親族」「知人・友人」の処理機能は大きく、相続問題の場合には、第1位「親戚」（44.1％）、第4位「知人・友人」（11.1％）で、合計で55.2％にもなる。離婚問題は、第1位「親戚」（35.5％）、第2位「知人・友人」（34.6％）で、双方合わせると70％を超える。借家問題では、第1位「知人・友人」（45.4％）、第3位「親戚」（18.8％）で、トータルすると64.2％。最後に借金問題では第1位「知人・友人」（32.4％）、第3位

第1章 弁護士アクセスの構造

表1-10 問題類型別処理機関

| 処理機関＼問題類型 | 借家問題 実数 | 借家問題 構成比 | 登記問題 実数 | 登記問題 構成比 | 交通事故問題 実数 | 交通事故問題 構成比 | 相続問題 実数 | 相続問題 構成比 | 税金問題 実数 | 税金問題 構成比 | 離婚問題 実数 | 離婚問題 構成比 | 刑事事件 実数 | 刑事事件 構成比 | 借金問題 実数 | 借金問題 構成比 |
|---|---|---|---|---|---|---|---|---|---|---|---|---|---|---|---|---|
| 友人・知人 | 147 | 45.4 | 69 | 21.3 | 63 | 19.4 | 36 | 11.1 | 32 | 9.9 | 112 | 34.6 | 60 | 18.5 | 105 | 32.4 |
| 親戚 | 61 | 18.8 | 56 | 17.3 | 32 | 9.9 | 143 | 44.1 | 16 | 4.9 | 115 | 35.5 | 41 | 12.7 | 45 | 13.9 |
| 議員など地域の有力者 | 9 | 2.8 | 12 | 3.7 | 4 | 1.2 | — | — | 1 | 0.3 | — | — | 6 | 1.9 | 6 | 1.9 |
| 弁護士 | 23 | 7.1 | 29 | 9.0 | 34 | 10.5 | 49 | 15.1 | 9 | 2.8 | 24 | 7.4 | 92 | 28.4 | 43 | 13.3 |
| 市役所・弁護士会の法律相談 | 63 | 19.4 | 71 | 21.9 | 43 | 13.3 | 49 | 15.1 | 59 | 18.2 | 31 | 9.6 | 39 | 12.0 | 60 | 18.5 |
| 警察 | 1 | 0.3 | 1 | 0.3 | 66 | 20.4 | — | — | — | — | — | — | 65 | 20.1 | 24 | 7.4 |
| 裁判所 | 6 | 1.9 | 14 | 4.3 | 11 | 3.4 | 18 | 5.6 | 1 | 0.3 | 35 | 10.8 | 11 | 3.4 | 19 | 5.9 |
| 司法書士 | 8 | 2.5 | 53 | 16.4 | — | — | 7 | 2.2 | 1 | 0.3 | — | — | — | — | 4 | 1.2 |
| 税理士 | — | — | — | — | — | — | 5 | 1.5 | 87 | 26.9 | — | — | — | — | — | — |
| 公認会計士 | — | — | 1 | 0.3 | — | — | 1 | 0.3 | 13 | 4.0 | — | — | — | — | 1 | 0.3 |
| 保険会社 | — | — | — | — | 57 | 17.6 | — | — | — | — | — | — | — | — | — | — |
| 各種行政機関の窓口 | 4 | 1.2 | 14 | 4.3 | 10 | 3.1 | 8 | 2.5 | 100 | 30.9 | 3 | 0.9 | 4 | 1.2 | 5 | 1.5 |
| その他 | 1 | 0.3 | 1 | 0.3 | 3 | 0.9 | 2 | 0.6 | — | — | 1 | 0.3 | 3 | 0.9 | 3 | 0.9 |
| DK.NA. | 1 | 0.3 | 2 | 0.6 | 1 | 0.3 | 6 | 1.9 | 5 | 1.5 | 3 | 0.9 | 3 | 0.9 | 9 | 2.8 |
| 合計 | 324 | 100.0 | 324 | 100.0 | 324 | 100.0 | 324 | 100.0 | 324 | 100.0 | 324 | 100.0 | 324 | 100.0 | 324 | 100.0 |

「親戚」(13.9%)で、合わせると46.3%となる。

「親戚」と「知人・友人」との違いは、離婚問題を留保すれば、一応相続問題と借家問題・借金問題との差にあるようで、つまり「親戚」は、プライヴァシーが濃密でメンバーの家族的利益にかかわるようないわば家族関係的問題の処理機関であり、それに対して「知人・友人」は、家族関係的問題の外周に位置する個人的問題にかかわる。同じく第一次的社会関係とはいっても、「親戚」と「知人・友人」ではこのようにアクセス問題に差異があるけれども、いずれにしても共に日々の紛争処理において重要な処理機関としての機能を果たしていることには変わりない。

また注目されるのは、一番目に「親戚」「知人・友人」を挙げた市民について次善のアクセス機関を尋ねたところ、ほとんどの人々が何の留保もなく、第二次的処理機関への展望を示していることである。すなわち市民サイドでは、必ずしも第一次的社会関係のレベルだけで問題の処理を図ろうとするものではなく、それを第一ステップとして、問題の性質や状態によっては常に、第二次的処理機関へのアクセスを展望しているのである。このような紛争処理に対する態度志向の強さは、日本的特質といわれる権利意識の低さと大きな対照をなすわけだが、果たしてそれがそのまま弁護士アクセスの活性化を導くものとなっているかが問題なのである。

実際、先ほどの表1－10にも明らかなように、市民の弁護士へのアクセス志向はきわめて弱い。すなわち全8問中、弁護士が第4位までに顔をだしているものは、刑事事件、相続問題、借金問題、借家問題の半数にすぎず、比率も順に28.0％、15.1％、13.3％、7.1％と低い。このように市民意識の現状からみるかぎり、Y市においては、弁護士の紛争処理機能に対する評価も期待も低調であることは確かである。

他方、以上の点を、実際のアクセス経験についてみてみると（表1－11）、2人に1人が何らかの機関へのアクセス経験を有しており、また経験者1人当たりのアクセス機関は1.83となる。比較のデータが無いので一概にはいえないが、市民の半数が経験者ということは、相当なものであり、さきにみた、

第1章　弁護士アクセスの構造

Y市民の紛争処理に対する志向の強さを反映するものといえよう。

しかしながら、もっともアクセス度が高いのは「司法書士」で、以下「行政機関の窓口」「裁判所」「法律相談」「警察」と続き、「弁護士」は第6位で、実数27、構成比も9.2％にすぎない。このように実際の行動場面においても、市民の弁護士アクセスの消極性は明らかであり、意識と行動の両面から判断すると、Y市においては、弁護士の紛争処理機能は十分な展開をみせていない、と結論せざるを得ない。

表1－11　第二次的紛争処理機関へのアクセス経験

|  | 実数 | 構成比 |
| --- | --- | --- |
| 弁 護 士 | 27 | 9.2 |
| 裁 判 所 | 37 | 12.5 |
| 法 律 相 談 | 36 | 12.2 |
| 行政機関の窓口 | 48 | 16.3 |
| 警　　察 | 28 | 9.5 |
| 議員など地域の有力者 | 16 | 5.4 |
| 司 法 書 士 | 62 | 21.0 |
| 税 理 士 | 27 | 9.2 |
| 公 認 会 計 士 | 8 | 2.7 |
| そ の 他 | 6 | 2.0 |
| DK．NA． | 1 | 0.3 |
| 合　　計 | 295 | 100.0 |

※アクセス経験者は162。回答はマルチ。

ところで問題は、以上のような紛争処理における弁護士アクセスの低調さの原因である。もちろん因果関係の決定はできないが、重要なポイントとして、ここでは紛争処理システムにおける弁護士の地位に注目しておきたい。

周知のように、現代社会には、複雑な社会状況を反映して多様な紛争処理機関が展開しており、Y市の場合も例外ではない。しかも注目されるのは、こうした諸種の紛争処理機関相互の関係が、市民サイドにおいては、分業と協業を軸とした1つのシステムとしてとらえられていることである。このことは先ほど掲げたデータからも検証される。まずアクセス志向の面では（表1－10）、税金問題、刑事事件そして交通事故問題の3つの問題で、アクセス機関と問題内容の間に特定の連関がみられ、税金問題では「各種行政機関の窓口」が30.9％で第1位、「税理士」が26.9％で第2位、刑事事件では「弁護士」が28.4％で第1位、「警察」が20.1％で第2位、交通事故問題では「警察」が20.4％で第1位、「保険会社」が17.6％で第3位となっている。このデータは第一次的紛争処理機関である「親戚」「知人・友人」を含んでいるのでそれほど関連が明瞭とはいえないが、それをコントロールすると[2]、た

25

とえば登記問題で「司法書士」が第1位になるなど、問題ごとの機関の類別化は鮮明となる。

なお、このデータで注目されるのは、「刑事事件」で弁護士が市民アクセスの第1位を占めている点である。比率は28.4％とそれほど高くはないが、すべての問題における弁護士の比率分布と比べれば、特徴的なものである。したがって、この点では弁護士職の刑事事件への特化を認めることができるかもしれない。しかし、最初に触れたように、Y市弁護士の職域構成は訴訟事務中心とはいえ内容は「民事関係」であり[3]、その意味ではこれはむしろ市民サイドにおける弁護士職についての現実認識の大きなズレの存在を指し示すものと理解した方がよい。そしてこの認識のズレこそまさに、紛争処理システムにおける弁護士の地位を投影するものといえる。

他方、アクセス経験の面からみてみると、かなり明白な類別化の傾向が浮かび上がる。もっとも明白なのは、「司法書士」「税理士」「警察」「公認会計士」であり、それぞれ土地・家屋問題、税金問題、交通事故・犯罪、企業経営に特化している。「行政機関の窓口」も、人権問題は法務局、税金問題は税務署と区分されているから、その意味では上述の機関と同列にとらえてもよかろう。そしてこのような機関別の問題傾向から考えると、さきに述べたように市民サイドには紛争処理機関の布置状況や、機関相互の役割関係についてある程度明確な認識が存在しているとみて間違いはない。市民は、そうした認識に支えられて、紛争処理のニーズが生じた場合に適切な処理機関へのアクセスをおこなっている、といえる。

ところで、「弁護士」については問題の特定化は困難であり、多様な問題アクセスが認められる。これと同様なのが「法律相談」である。「法律相談」は、一般的にいって、どこの地域でもアクセスは相当程度あるが、Y市においても、ほとんどの問題で顔をだし、しかもかなりの比率を占めている。このような「法律相談」へのアクセスの高さは、弁護士に対する広範なニーズの存在を予想させるが、しかし市民サイドでは、そうしたニーズを従来型の弁護士が十分に受け止めえないと認識しているのである。実際、「法律相談」

はその名の通り相談業務が中心であるのに対して、「弁護士」の方はやはり訴訟関係が多い。したがって、結局のところ、市民サイドでは、「法律相談」を法律問題についてのよろず相談機関、「弁護士」を訴訟問題というように機能的に使い分けているとみられる。そしてこうした使い分けが、なお一層弁護士職の固定化をうながし、紛争処理システムにおけるその地位を限定的なものにしている。

　以上のように、弁護士アクセスの限定化をもたらしている大きな要因の１つは、弁護士サイドにおいて、伝統的な訴訟中心主義を背景に弁護士職の訴訟事務への機能的特化が生じ、他方、市民サイドにおいて、多様な紛争処理機関の布置とその分業化という認識が確立され、弁護士は一処理機関の地位にとどまるからにほかならない。


注
1) たとえば、日弁連編集委員会「弁護士の職域に関する意識調査」『自由と正義』第28巻5号、1977年、19～73頁。
2) 「親戚」「知人・友人」を第１番目に挙げた人の、次善のアクセス機関の分布を重ねてみる。
3) Ｙ市においては、訴訟事務の70％以上が民事関係である。


## 4．弁護士アクセスと社会的距離

　Ｊ．カーリンの古典的著作『弁護士倫理』の１つの功績は[1]、弁護士とクライアントの関係に階層的観点を持ち込んだところにある。弁護士の権威的搾取的態度は、クライアントが所属する階層上の位座と相関関係にあるとする知見は、たしかに欧米の特殊な事情を反映したものともうけとられるが、しかし一般的にみて、階層的位座を異にする二者の間に、階層差にもとづくなにがしかの「社会的距離」があることは想像に難くない。実際、わが国においても、いくつかの調査研究で、特異な弁護士の態度構造が指摘されてい

るし、また本調査でも、これを裏書きするように弁護士利用の少ない理由として「弁護士への不信」がかなり挙げられている（表1-1）。

このように、クライアントに対する弁護士の態度は、それが権威的であるか搾取的であるかを問わず、市民の弁護士アクセスに何らかのインパクトをもたらすといえよう。ここでは、弁護士アクセスにとって重要な態度要因として、弁護士の親しみやすさ（親近性）、弁護士の利害を超えた態度（廉潔性）、そして弁護士の信頼的態度（信頼性）[2]の3つを取りだし、それぞれに対するY市民の評価をもとに、弁護士アクセスと弁護士の態度構造との関係を検証してみよう。

いま、3要因それぞれについて、肯定から否定までの4段階の評価に、順に4点、3点、2点、1点を配しスコア化すると、「親近性」スコア1.78、「廉潔性」スコア2.18、そして「信頼性」スコア3.19となる。平均スコアは2.50であるから、「親近性」「廉潔性」の2要因はマイナス評価、「信頼性」要因はプラス評価となり、両者は鋭い対照を示している。

マイナス評価を示す2つの要因でまず目につくのは、「親近性」の顕著な低さである。スコアは1点台であり、さらに4段階の評価でみてもマイナス評価を示すものが75.9％を占め、そのうち「親しみやすくない」と強いマイナス評価を与えるものが46.0％にも及んでいる。このようにスコアでみても構成比でみても、弁護士が市民にとって決して親しみのもてる存在ではないことは明瞭である。

ところで、このような「親しみにくさ」は一体どのような市民の属性と結びついているのであろうか。いま、市民の重要な属性として性・年齢・学歴・職業・収入の5つを取りだし「親近性」との関連をとらえてみよう。

まず違いが明確に現れるのは性別で、表1-12にあるように、女性は男性に比べ「親しみにくさ」はかなり強く、肯定否定両カテゴリーでともに10％程度の開きがある。年齢別にもある程度の違いが現れており（表1-13）、30代を境として若い世代に「親しみにくさ」が広がっている。学歴別では「大学・大学院」と「小・中校」「高校・短大」との間に差がみられ、高学歴層

第1章　弁護士アクセスの構造

表1−12　性別「親近性」

($\chi^2$ 1%有意)

|  | 親しみやすい | まあ親しみやすい | あまり親しみやすくない | 親しみやすくない | DK.NA. | 計 |
|---|---|---|---|---|---|---|
| 男　性 | 11(7.3) | 25(16.6) | 50(33.1) | 58(38.4) | 7(4.6) | 151(100.0) |
| 女　性 | 8(4.6) | 17 (9.8) | 47(27.1) | 91(52.7) | 10(5.8) | 173(100.0) |
| 計 | 19(5.9) | 42(13.0) | 97(29.9) | 149(46.0) | 17(5.2) | 324(100.0) |

表1−13　年齢別「親近性」

($\chi^2$ 5%有意)

|  | 親しみやすい | まあ親しみやすい | あまり親しみやすくない | 親しみやすくない | DK.NA. | 計 |
|---|---|---|---|---|---|---|
| 20代 | 2(3.4) | 7(11.9) | 16(27.1) | 33(55.9) | 1(1.7) | 59(100.0) |
| 30代 | 3(3.8) | 6 (7.7) | 23(29.5) | 44(56.4) | 2(2.6) | 78(100.0) |
| 40代 | 5(6.8) | 7 (9.5) | 26(35.1) | 31(41.9) | 5(6.8) | 74(100.0) |
| 50代 | 5(7.9) | 10(15.9) | 19(30.2) | 28(44.4) | 1(1.6) | 63(100.0) |
| 60代〜 | 4(8.0) | 12(24.0) | 13(26.0) | 13(26.0) | 8(16.0) | 50(100.0) |
| 計 | 19(5.9) | 42(13.0) | 97(29.9) | 149(46.0) | 17(5.2) | 324(100.0) |

表1−14　学歴別「親近性」

($\chi^2$ 1%有意)

|  | 親しみやすい | まあ親しみやすい | あまり親しみやすくない | 親しみにくい | DK.NA. | 計 |
|---|---|---|---|---|---|---|
| 小・中 | 4(11.1) | 2 (5.6) | 7(19.4) | 19(52.8) | 4(11.1) | 36(100.0) |
| 高・短 | 11 (4.9) | 28(12.4) | 73(32.4) | 102(45.4) | 11 (4.9) | 225(100.0) |
| 大・院 | 4 (6.5) | 11(17.7) | 17(27.4) | 28(45.2) | 2 (3.2) | 62(100.0) |
| DK.NA. | — | 1(100.0) | — | — | — | 1(100.0) |
| 計 | 19 (5.9) | 42(13.0) | 97(29.9) | 149(46.0) | 17(5.2) | 324(100.0) |

に積極的評価が多い（表1−14）。職業別で目につくのは（表1−15）、「専門管理職」と「労務職」でプラス評価が顕著な点である。「親しみやすい」「まあ親しみやすい」を合わせると、両者ともほぼ30％程度となる。最後に、収入でもかなり明瞭な傾向がみられ（表1−16）、収入額の増加につれて親近度が高まる。そしてとくに50万円以上の層では、プラス評価は40％を超えてしまう。

　以上のような属性別の傾向から考えると、どうやら「親しみにくさ」の一因は、弁護士業務の中核である法律というものが市民にとってなじみにくいものであると同時に、そのような法律に携わる護士もまたなじみにくいもの

29

Ⅰ部　弁護士職の法社会学

表1-15　職業別「親近性」

|  | 親しみやすい | まあ親しみやすい | あまり親しみやすくない | 親しみやすくない | DK.NA. | 計 |
|---|---|---|---|---|---|---|
| 農　林 | ― | 1 (7.7) | 2(15.4) | 8 (61.5) | 2(15.4) | 13(100.0) |
| 自　営 | 2 (7.4) | 4(14.8) | 7(25.9) | 13 (48.1) | 1 (3.7) | 27(100.0) |
| 専門管理 | 7(15.2) | 7(15.2) | 12(26.1) | 20 (43.5) | ― | 46(100.0) |
| 事務・技術 | 1 (1.8) | 13(15.3) | 31(36.5) | 35 (41.2) | 5 (5.9) | 85(100.0) |
| 労　務 | 3(21.4) | 1 (7.1) | 4(28.6) | 6 (42.9) | ― | 14(100.0) |
| 主　婦 | 3 (3.4) | 10(11.2) | 24(27.0) | 49 (55.0) | 3 (3.4) | 89(100.0) |
| 学　生 | ― | 2 (9.5) | 8(38.1) | 11 (52.4) | ― | 21(100.0) |
| 無職・その他 | 3(10.7) | 4(14.3) | 9(32.2) | 6 (21.4) | 6(21.4) | 28(100.0) |
| DK.NA. | ― | ― | ― | 1(100.0) | ― | 1(100.0) |
| 計 | 19 (5.9) | 42(13.0) | 97(29.9) | 149 (46.0) | 17 (5.2) | 324(100.0) |

表1-16　収入別「親近性」

($\chi^2$ 1％有意)

|  | 親しみやすい | まあ親しみやすい | あまり親しみやすくない | 親しみやすくない | DK.NA. | 計 |
|---|---|---|---|---|---|---|
| 10万未満 | 1 (7.1) | ― | 4(28.6) | 9(64.3) | ― | 14(100.0) |
| 10～29万 | 9 (5.3) | 17(10.1) | 56(33.1) | 77(45.6) | 10(5.3) | 169(100.0) |
| 30～49万 | 5 (5.3) | 14(14.9) | 26(27.7) | 43(45.7) | 6(6.4) | 94(100.0) |
| 50万以上 | 4(11.1) | 11(30.6) | 7(19.4) | 14(38.9) | ― | 36(100.0) |
| DK.NA. | ― | ― | 4(36.4) | 6(54.5) | 1(9.1) | 11(100.0) |
| 計 | 19 (5.9) | 42(13.0) | 97(29.9) | 149(46.0) | 17(5.2) | 324(100.0) |

だからである。すなわち、女性の場合には男性に比べて社会的参加量は圧倒的に少なく、また一般的にいって法律というものに対して疎遠な感情が強い。また若い世代においては社会経験も乏しく、法律的世界とも没交渉の場合が多い。「大学・大学院」における相対的な親近度の高さは、その知識レベルを反映するものと見なせよう。そして「専門管理職」の職務特性は自明のことである。

　しかしながら、他方で、いまみた属性別のデータから社会階層の位座にもとづく社会的距離を読み取ることも可能であろう。すなわち、社会階層の上で劣位にある女性・若年層・低学歴層・一般職・低収入層のグループ対、上位にある男性・高年齢層・高学歴・専門管理職・高収入層のグループとの対

第1章　弁護士アクセスの構造

|  | 親しみやすい | まあ親しみやすい | あまり親しみやすくない | 親しみやすくない | DK.NA. |
|---|---|---|---|---|---|
| アクセス経験有 | 11.1 | 18.5 | 22.2 | 48.2 |  |
| アクセス経験無 | 5.4 | 12.5 | 30.6 | 45.8 | 5.7 |

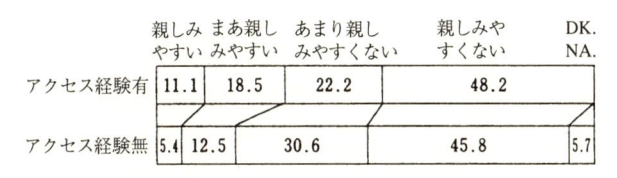

図1－1　アクセス経験別「親近性」

照である。とりわけ職業と収入は階層上の地位をあらわすメルクマールであることから考えれば、「専門管理職」と「高収入層」とに現れるかなり明瞭な傾向は、有力な証左といえよう。また興味深いことは、アクセス経験者と未経験者とに分けて「親近性」の評価をみてみると、図1－1に明らかなように、たしかにアクセス経験者の評価は高まるが、しかしその比率はそれほどでもなく、アクセス経験者においてもマイナス評価は依然として大きい。それゆえ「親近性」にみられる距離の中身は、単なる知識不足や経験不足では説明されない何かがあるといえるし、この意味で、社会階層上の落差もその有力な説明要因と考えられる。すなわち、高い社会的地位に位置する弁護士が、おのずから権力的態度を内面化し、より地位の低い一般市民にとって、近寄り難い存在となっているのではないか[3]。

さて、「廉潔性」スコア2.18は平均よりもやや低いというところであり、4段階評価の比率からみても、マイナス評価を示すものは58.4％で、そのうち「打算的である」とする強いマイナス評価は26.5％であるから、「親近性」に対するマイナス評価の強さと比べると、幾分ゆるやかな態度評価といえる。とはいえ、全体としてみればやはりマイナス評価が市民の間に広く浸透しているわけであり、弁護士アクセスを規定する重要な態度要因の1つといわねばならない。

ここでも同じように属性別の態度評価をみてみると、性別および年齢別では、「親近性」にみられた有意な傾向は現れないが、しかし学歴と職業では「親近性」と同様な特徴がみられ、前者では、表1－17のように、高学歴層にプラス評価が強く、低学歴層にマイナス評価が強い。また後者では「専門

31

I部 弁護士職の法社会学

表1-17 学歴別「廉潔性」

($\chi^2$ 1%有意)

| | 打算的でない | あまり打算的でない | まあ打算的である | 打算的である | DK.NA. | 計 |
|---|---|---|---|---|---|---|
| 小・中 | 5(13.9) | 1 (2.8) | 8(22.2) | 16 (44.4) | 6(16.7) | 36(100.0) |
| 高・短 | 29(12.9) | 38(16.9) | 74(32.9) | 54 (24.0) | 30(13.3) | 225(100.0) |
| 大・院 | 9(14.5) | 13(21.0) | 22(35.5) | 15 (24.2) | 3 (4.8) | 62(100.0) |
| DK.NA. | — | — | — | 1(100.0) | — | 1(100.0) |
| 計 | 43(13.3) | 52(16.0) | 104(32.2) | 86 (26.5) | 39(12.0) | 324(100.0) |

表1-18 職業別「廉潔性」

| | 打算的でない | あまり打算的でない | まあ打算的である | 打算的である | DK.NA. | 計 |
|---|---|---|---|---|---|---|
| 農林 | 3(23.1) | 1 (7.7) | 3(23.1) | 4(30.7) | 2 (15.4) | 13(100.0) |
| 自営 | 3(11.1) | 6(22.2) | 7(25.9) | 8(29.7) | 3 (11.1) | 27(100.0) |
| 専門管理 | 9(19.6) | 10(21.7) | 12(26.1) | 11(23.9) | 4 (8.7) | 46(100.0) |
| 事務・技術 | 11(12.9) | 9(10.6) | 36(42.4) | 20(23.5) | 9 (10.6) | 85(100.0) |
| 労務 | 3(21.4) | 3(21.4) | 4(28.7) | 1 (7.1) | 3 (21.4) | 14(100.0) |
| 主婦 | 11(12.4) | 14(15.7) | 26(29.2) | 25(28.1) | 13 (14.6) | 89(100.0) |
| 学生 | 1 (4.8) | 6(28.6) | 7(33.3) | 7(33.3) | — | 21(100.0) |
| 無職・その他 | 2 (7.1) | 3(10.7) | 9(32.1) | 10(35.8) | 4 (14.3) | 28(100.0) |
| DK.NA. | — | — | — | — | 1(100.0) | 1(100.0) |
| 計 | 43(13.3) | 52(16.0) | 104(32.2) | 86(26.5) | 39 (12.0) | 324(100.0) |

表1-19 収入別「廉潔性」

($\chi^2$ 1%有意)

| | 打算的でない | あまり打算的でない | まあ打算的である | 打算的である | DK.NA. | 計 |
|---|---|---|---|---|---|---|
| 10万未満 | 1 (7.1) | 3(21.4) | 4(28.6) | 4(28.6) | 2(14.3) | 14(100.0) |
| 10～29万 | 26(15.4) | 28(16.6) | 50(29.6) | 45(26.6) | 20(11.8) | 169(100.0) |
| 30～49万 | 12(12.8) | 18(19.1) | 29(30.9) | 25(26.6) | 10(10.6) | 94(100.0) |
| 50万以上 | 4(11.1) | 3 (8.3) | 16(44.4) | 10(27.8) | 3 (8.3) | 36(100.0) |
| DK.NA. | — | — | 5(45.4) | 2(18.2) | 4(31.4) | 11(100.0) |
| 計 | 43(13.3) | 52(16.0) | 104(32.2) | 86(26.5) | 39(12.0) | 324(100.0) |

| | 打算的でない | あまり打算的でない | まあ打算的である | 打算的である | DK.NA. |
|---|---|---|---|---|---|
| アクセス経験有 | 26.0 | 3.7 | 29.6 | 29.6 | 11.1 |
| アクセス経験無 | 12.1 | 17.2 | 31.9 | 26.3 | 12.5 |

図1-2 アクセス経験別「廉潔性」

管理職」と「労務職」にプラス評価が顕著で（表1－18）、「打算的でない」「あまり打算的でない」を合わせると、ともに40％を超える。だが収入別では、表1－19にみられるように、「親近性」とは対照的なパターンが現れており、高額所得層にマイナス評価が強く、なかでも50万以上の層ではマイナス評価は70％を超えている。

　以上のような「廉潔性」の特質も基本的には「親近性」同様、市民サイドにおける弁護士や法律的世界についての知識や経験の不足の現れと見なせよう。学歴と職業に見られる差異は、その有力な証拠といえる。実際、ここでもアクセス経験の有無によって態度評価の違いをみてみると（図1－2）、「親近性」と同様に、たしかに評価は良くなる。とくに「打算的でない」とする強いプラス評価の差異は歴然である。

　しかしここでも注目されるのは、アクセス経験者においても全体としてのマイナス評価は依然として相当なものだということである。したがってここでも同じように「社会的距離」にその説明が求められるかもしれない。だがそうすれば問題となるのは収入における「親近性」と「廉潔性」の対照である。しかしこの点は、おそらく「廉潔性」スケールが弁護士の経済的、営利的側面を照射するものであることから、それが階層的な市民評価をこえて、経済的行為がその営利性のゆえに必然的に向かう、経済的メリットに富む高所得者市場の評価を汲みあげるからであろう。すなわち、経済的メリットの追求が高所得層との結びつきを容易にすると同時に、そこにおける両者の葛藤と対立もまた弁護士アクセスに介在する1つの局面といえるのではないか。

　さて、最後に、「信頼性」要因についてみてみよう。「信頼性」はスコア3.19ときわめて高い評価を得ており、4段階評価の比率でも、プラス評価は79.7％を占め、そのうち強いプラス評価が半ば近くを占める。既にみた「親近性」と「廉潔性」の2要因の評価の低さに比べて、この「信頼性」の際立った高さはいかなる市民的態度評価の現れであろうか。

　まず、ここでも属性別の傾向をみてみると、性別と年齢別では、「廉潔性」

I部　弁護士職の法社会学

と同様に目だった特徴は現れない。しかし学歴と職業では、「親近性」「廉潔性」と同じような傾向がみられる。すなわち、学歴別では（表1-20）、高学歴と低学歴の間で明確な「信頼性」の違いがあり、「大学・大学院」は「小・中学校」に比べてプラス評価で25％も高く、逆にマイナス評価では20

表1-20　学歴別「信頼性」

($\chi^2$ 1％有意)

|  | 信頼できる | まあ信頼できる | あまり信頼できない | 信頼できない | DK.NA. | 計 |
|---|---|---|---|---|---|---|
| 小・中 | 14(38.8) | 10 (27.8) | 8(22.2) | 2(5.6) | 2(5.6) | 36(100.0) |
| 高・短 | 76(33.8) | 98 (43.6) | 24(10.7) | 8(3.6) | 19(8.4) | 225(100.0) |
| 大・院 | 28(45.2) | 28 (45.2) | 3 (4.8) | 2(3.2) | 1(1.6) | 62(100.0) |
| DK.NA. | ― | 1(100.0) | ― | ― | ― | 1(100.0) |
| 計 | 118(36.4) | 137 (42.3) | 35(10.8) | 12(3.7) | 22(6.8) | 324(100.0) |

表1-21　職業別「信頼性」

|  | 信頼できる | まあ信頼できる | あまり信頼できない | 信頼できない | DK.NA. | 計 |
|---|---|---|---|---|---|---|
| 農　林 | 4(30.8) | 5(38.4) | 1 (7.7) | ― | 3(23.1) | 13(100.0) |
| 自　営 | 9(33.3) | 12(44.4) | 5(18.5) | 1 (3.7) | ― | 27(100.0) |
| 専門管理 | 15(32.6) | 26(56.6) | 2 (4.3) | 1 (2.2) | 2 (4.3) | 46(100.0) |
| 事務・技術 | 29(34.1) | 32(37.6) | 13(15.3) | 5 (5.9) | 6 (7.1) | 85(100.0) |
| 労　務 | 7(50.0) | 2(14.3) | 2(14.3) | 1 (7.1) | 2(14.3) | 14(100.0) |
| 主　婦 | 35(39.3) | 38(42.7) | 9(10.1) | 1 (1.1) | 6 (6.7) | 89(100.0) |
| 学　生 | 8(38.1) | 11(52.3) | 1 (4.8) | 1 (4.8) | ― | 21(100.0) |
| 無職・その他 | 11(39.3) | 11(39.3) | 2 (7.1) | 2 (7.1) | 2 (7.1) | 28(100.0) |
| DK.NA. | ― | ― | ― | 1(50.0) | 1(50.0) | 2(100.0) |
| 計 | 118(36.4) | 137(42.3) | 35(10.8) | 12 (3.7) | 22 (6.0) | 324(100.0) |

表1-22　収入別「信頼性」

($\chi^2$ 1％有意)

|  | 信頼できる | まあ信頼できる | あまり信頼できない | 信頼できない | DK.NA. | 計 |
|---|---|---|---|---|---|---|
| 10万未満 | 3(21.4) | 6(42.9) | 1 (7.1) | 2(14.3) | 2(14.3) | 14(100.0) |
| 10～29万 | 63(37.3) | 68(40.3) | 23(13.6) | 3 (1.8) | 12 (7.1) | 169(100.0) |
| 30～49万 | 38(40.4) | 38(40.4) | 8 (8.6) | 5 (5.3) | 5 (5.3) | 94(100.0) |
| 50万以上 | 12(33.3) | 19(52.8) | 3 (8.3) | 2 (5.6) | ― | 36(100.0) |
| DK.NA. | 2(18.2) | 6(54.5) | ― | ― | 3(27.3) | 11(100.0) |
| 計 | 118(36.4) | 137(42.3) | 35(10.8) | 12 (3.7) | 22 (6.8) | 324(100.0) |

第1章　弁護士アクセスの構造

|  | 信頼できる | まあ信頼できる | あまり信頼できない | 信頼できない |  |
|---|---|---|---|---|---|
| アクセス経験有 | 33.3 | 37.1 | 14.8 | 14.8 | DK.NA. |
| アクセス経験無 | 40.1 | 42.8 | 10.4 | 2.7 | 4.0 |

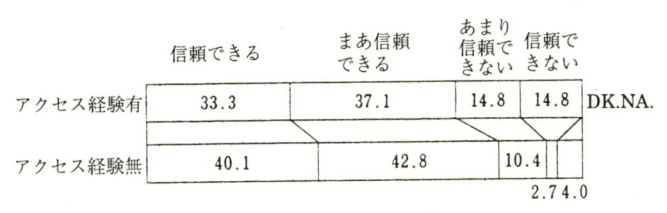

図1－3　アクセス経験別「信頼性」

％程度低くなる。また、職業別では（表1－21）、「専門管理職」のプラス評価は強く、比率にして90％近くを占めている。ただし、「親近性」「廉潔性」と違って、ここでは「労務職」はそれほどでなく、その代わり、学生、主婦の評価の高さが顕著である。前者では、プラス評価は、実に90.4％、後者でも82.0％に及んでいる。収入別の傾向は、表1－22にみられるように「親近性」のパターンと似ており、収入額の増加につれて信頼度は高くなる。10万未満の層と50万以上の層とでは、比率にして20％以上の開きがある。

　こうした傾向から判断すると、「信頼性」についても何ほどかの階層差を読み取ることが可能かもしれないが、「信頼性」そのものの評価が全体として高いので、その格差の意味もそれほどでないかもしれない[4]。

　しかしそれよりももっと興味深いのはやはり「信頼性」の中身であって、その意味で、図1－3に示したアクセス経験による分布は注目される。すなわち「親近性」や「廉潔性」ではアクセス経験によってマイナス評価がプラス評価に転換していたものが、ここでは逆にプラスからマイナスに転換している。つまり、経験は信頼性を低下させているのである。

　このようなアクセス経験による違いを考えると、「信頼性」の中身は、結局、理念的にとらえられた弁護士に対する信頼性、ということになろうか。周知のように、弁護士は、個人としてあるいは弁護士会等の団体活動を通じて、自らの職業的使命や理念の社会的浸透を図ってきており、「信頼性」はまさにこうした活発な社会活動の中で醸成されたイメージといえる。事実、弁護士への理念的な信頼は強く、本調査でも、弁護士が「庶民の味方」とするものは7割を超え、また弁護士職の重要性については、実に96.7％のもの

Ⅰ部　弁護士職の法社会学

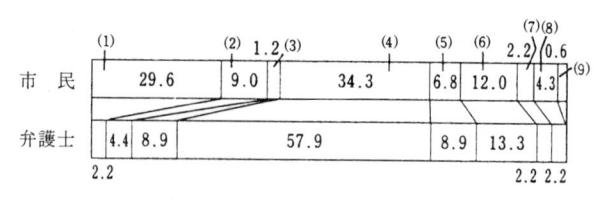

|  | (1) | (2) | (3) | (4) | (5) | (6) | (7) | (8) | (9) |
|---|---|---|---|---|---|---|---|---|---|
| 市民 | 29.6 | 9.0 | 1.2 | 34.3 | 6.8 | 12.0 | 2.2 | 0.6 | 4.3 |
| 弁護士 | 4.4 | 8.9 | 2.2 | 57.9 | 8.9 | 13.3 | 2.2 | 2.2 |  |

※ (1) 弁護士に頼まなくても何とかやれる
　(2) 弁護士に対する一般的不信感
　(3) 弁護士数の不足
　(4) 弁護士報酬に対する不安
　(5) 弁護士紹介制度がない
　(6) 弁護士のことが一般に知られていない
　(7) 少額の事件が引き受けられない
　(8) 世間体を気にする国民性
　(9) DK.NA.

**図1-4　市民と弁護士の「弁護士利用の少ない理由」**

が「重要」と見なしている。そしてこのよう理念的認識が先行することから、その理念の共鳴体としてとくに高等教育層や学生の支持を得る一方で、現実による大きな修正を余儀なくされる。

　以上、弁護士に対する市民の態度評価を分析してみたが、ここではパーソナリティ特性と職業的特性とが絡みあった形で、複雑な態度評価がでてきている。その結果を簡略化していえば弁護士は近寄り難く、やや営利的ではあるが、信頼はできる、ということになろう。そしてこの3要因は、現実の理解を通してある程度までその偏差を修整していく。その意味では弁護士に対する認識不足が態度評価を屈折させるプリズムである。とはいえ、そうした偏差の調整を超えて残るマイナス評価の量は無視できないものがあり、それを説明できるあらたな要因を想定しなければならない。その1つがおそらくは階層的格差である。とくに「親近性」の低さの説明として、仮説的に階層差にもとづく弁護士の「権力的態度」を想定してみると、マイナス評価の実態が「近寄り難さ」として理解されるように思われる。

第1章　弁護士アクセスの構造

注
1) J. E. Carlin, Lawyers' Ethics : A Survey of the New York City Bar, Russell Sage, 1966.
2) この3つの態度要因は、これまでの調査研究の蓄積を通じ、とくに弁護士アクセスにとって重要なインパクトを与えるものという観点から、操作的に取り出したものであって、要因間の関連を統計的に処理して、抽出したものではない。また、この態度要因は、一応、個人のパーソナリティと職業的性格の複合ととらえられている。
3) 「労務職」にみられる評価の高さは、おそらく労働事件あるいは労働問題を媒介とした結びつきの反映と理解される。そうした親密性が階層差を超えさせたといえる。
4) 階層差をハッキリさせるひとつの方法はアクセス経験者にみられるかなりのマイナス評価を詳細に検討することであるが、経験者のデータが小規模なのでいまのところ確定的なことはいえない。


## 5．総括と課題

　最後に、問題の焦点ともいえる「弁護士利用の少ない理由」について、市民と弁護士双方のデータを突きあわせて双方の認識の違いをみてみよう。分かりやすいように図で示すと、図1－4のようになる[1]。
　これによると、市民と弁護士双方において「弁護士報酬に対する不安」が第1に挙げられており、その意味ではアクセス問題にたいする相互の認識に大きなズレはなく、アクセスにおける報酬問題の比重の重さが浮き彫りにされる。また、「弁護士の一般的不知」や「紹介制度の欠落」も同じように指摘されており、市民のみならず弁護士サイドにおいても、報酬を中核とした「可視性」の低さがかなりの程度認識されている、といえる。そしてこの3つを合わせると、比率の上でも過半を超えるわけで、この意味では「可視性」の問題は弁護士アクセスのいわば第一次的問題と見なすことができよう。
　しかしながら、第2、第3となると、市民と弁護士の間では認識に大きなズレがあり、市民サイドにおいては、「報酬の不安」に匹敵する割合で「弁護士に頼まなくても何とかやれる」という認識が示されるのに対して、弁護士サイドではほとんどそうした認識はみられない。このような認識のズレは、先にみたように、「親戚」「知人・友人」を含めた多様な紛争処理機関の布置

という状況の中で、市民サイドには弁護士の伝統的あるいは理念的役割観がいよいよ根強くなる一方で、弁護士サイドにはいわば職務の大衆化を図るといった志向が依然として未熟であることをものがたっている。したがってアクセス問題の観点からいえば、やはり弁護士サイドにおいて、自らの社会像をいかに客観的にとらえなおすか、が問題となろう。

さて、もう1つの注目されるズレは、「弁護士に対する不信感」である。市民サイドにおいては10％近くを占めている。他方、Y市弁護士でいえば皆無であり、Y県弁護士でも市民の約半分である。しかも興味深いことには、順に3つまで挙げてもらった回答をみても「不信感」はほとんどでてこない。このズレはかなり確かなものである。このような「不信」の構造は、先にみたように、一面では市民サイドにおける認識不足が関係しているが、また他面では両者の社会階層上の位座の違いが関係していると推定される。3つの態度要因の中ではとくに、「親近性」要因が階層差にもとづく「社会的距離」を映しだしている。というのは、弁護士が具有している権力的態度は、「親しみやすさ」の尺度にもっとも反映しやすいからである。3つの要因の描きだす距離の中身は種々であるが、いずれにしても、市民と弁護士との間に介在する社会的距離の問題は、弁護士アクセスにとって看過できない重要なポイントである。

以上、「弁護士利用の少ない理由」を中心にみてみると、興味深い知見がいろいろとあるようだが、いま1つ目につくのは、弁護士サイドにおいては、「数の不足」がかなりの割合で上がっており、市民との大きな対照をみせている点である。先程の報酬の不安と絡ませて考えると、どうやら弁護士サイドでは、報酬が高いから、数が少ないからといった、一面的な理解が顕著で、アクセス問題の内在的な把握に乏しいように思われてならない。

ところで、本研究のネライの1つは、これまでバラバラに取り上げられてきた弁護士と市民を同時に視野におさめ、両者のいわば相互作用に焦点をあてることである。そのため、戦略的に1つの都市を選定し、そこにおける弁護士と市民双方にかんするデータの集積を図ったのである[2]。このようなア

プローチによってはじめて、本論で取り上げたような弁護士職の可視性の問題や、紛争処理システムにおける弁護士の地位と役割の問題、あるいは弁護士と市民の間に介在する社会的距離の問題等、弁護士アクセスの重要な局面がこれまで以上によく理解されるようになると思われる。というのは、アクセスの問題は結局のところ、弁護士と市民相互の間の規定と被規定の関係の中で発現する問題にほかならず、したがってその問題の十分な理解のためには何よりも、両者の相互作用に目が向けられなければならないからである。

もちろん、本論の分析はこれで十分というものではなく、いくつかの問題を残しており、この意味ではむしろ今後の研究のためのスプリング・ボードと考えたほうがよい。可視性についての項目設定、アクセス志向をとらえる設問形式と内容、社会的距離にかんする態度類型の設定と分析方法等、整備しなければならない問題である。また、今回は、問題の傾向的あるいは趨勢的把握に主眼が置かれていたので利用しなかったが、社会科学の汎用的な統計処理方法を活用することは、明確な相関関係を析出し、より科学的な分析を導くという意味でもちろん有力である。これらが、いうなれば今後の課題となろう。

注
1) なおこの図は、サンプルの偏りを考慮して、Y県弁護士のデータを用いている。ちなみにY市では、「報酬に対する不安」50.0%、「弁護士の一般的不知」33.3%、「数の不足」16.7%となる。
2) 一般に、弁護士や市民にかんする調査では、郵送法が用いられているが、「法」にかかわる調査の場合、問題の複雑性からいえば、面接法がより適切であろう。

# 第2章　弁護士職の現代的性格

## 1．はじめに

　弁護士の社会的役割について語られるとき、一般に、基本的人権の擁護とか社会正義の実現という周知の理念が引かれる。こうした理念が弁護士法の冒頭に掲げられていることは大切なことであるし[1]、またそれが立派な職業理念であることは確かである。長い苦闘の歴史の過程を経てやっと、官僚法曹あるいは権力の桎梏から解放され自立した在野法曹の[2]、まさにそれは"使命"なのである。

　しかしながら今日の、高度に展開された大衆消費の時代状況は、多かれ少なかれ、人々の行動原理に修正を迫り、経済人としての性格を刻印していく。在野法曹としての弁護士も、無論、こうした社会的趨勢と無縁の存在ではない。確かに一方では、1つの強力な組織体として、理念の実現を目指して積極的な活動が展開されてはいるものの、他方において、個々の弁護士の日々の営みも次第に、消費社会あるいは経済社会の影響の下に置かれつつある。

　成熟した経済社会の下では、有り余るものの生産が人々の消費欲求をより一層かき立てる形で促進される。市場にあふれるものを目の前に、人々の欲望は際限なく広がり、抑制のない消費が進む。さらなる生産がまた、それに続く[3]。こうして欲望の無限病にとり憑かれた人々にとって金銭は、まさに特効薬となる。このような商業主義と拝金主義に蹂躙された現代社会において、多くの紛争が経済的利害闘争の性格を帯びるに至る。至上の価値が付加された一片の土地をめぐる争い、物欲の涯に来るクレジットカードの悲劇、さらには肉親同士の遺産相続をめぐる修羅場等、枚挙に暇はない。日本人の権利意識が強くなっているかどうかは、慎重に論議しなければならない問題

だが[4]、少なくとも論者の調査では、強くなっている。とはいえ、強くなっているのは個人の利害にかかわる権利意識であって、いわば自己中心的な権利意識に過ぎない[5]。このような権利意識が自己の経済的利害に鋭敏となることは十分に予想されることであり、それが、今日の経済的利害をめぐる多くの紛争のいわば黒衣とみられよう。

　現代の弁護士は、このような経済社会特有の問題状況の中で、経済的利害の専門的な調整役として登場することになる。弁護士は何よりも、紛争解決のための高度な知識と技術をもっており、問題が紛糾すればするほど、その効果を発揮する。この点で、経済的利害に鋭敏な現代人にとって弁護士は、最大の効用をもつ紛争処理機関となる。こうして弁護士においても、一方では、市民の経済的利害の調整役という役割を自ら取り込むことによって、また他方では、自らも一個の社会的存在として経済社会状況の影響下に身を委ねることによって、経済的人間化が進展することになる[6]。成熟したゆたかな経済社会の展開は結局、一般大衆も専門人も何ら区別するところなく、経済的利益の追求に余念のない現代的人間類型へと鋳込んでいくのである。

　くわえて、現代社会はまた、経済的性格のみならずより複雑な社会的性格を展開している。それを管理社会ととらえるかあるいは私化[7]ととらえるかは様々であるが、基本的に重要なことは、今日、いよいよ巨大化する社会の前に、個人の社会的存在の意味がますます見失われつつある、ということである。現代を横行するザッハリッヒな経済的行動の推進役として、こうした社会的存在の意味の希薄さあるいは不分明さが大きな機能を果たすことは想像に難くない。一個の社会的存在としての弁護士にとっても、社会を生きる意味づけはやはり、行動の基本原理として機能するものであろう。

　本論は、以上のような仮説のもとに、現代社会における弁護士職の現代的性格について、第1に、紛争処理における弁護士の地位、第2に、弁護士業務の特質、第3に、弁護士の生活意識の、3つの視点から実証的に究明しようとするものである[8]。

　弁護士職にかんする法社会学的アプローチは、研究史的にいうと、1960年

代に裁判研究の外延的領域として始められた。したがってそこでは、裁判の保守反動的姿勢に対する批判という視点が共有され、日本弁護士連合会による最初の総合的な実態調査である「弁護士の生活と意識」においても[9]、業務活動の実態とともに政党支持や憲法9条改正に関する意見等が取り上げられている。その後70年代、80年代には、一方における国民の権利意識の高まりと、他方における紛争の複雑化や高度化を背景として、弁護士の社会的役割に関心が寄せられるようになり、弁護士の業務活動、事務所機構、弁護士報酬、弁護士倫理、法律扶助制度等幅広い問題について理論的実証的研究が展開されてきている[10]。

しかしながら、これらの研究のほとんどは弁護士業務の活性化を図るという実践的な問題志向にもとづくものであって、本論のように現代社会における弁護士職の性格を実証的に究明する、という試みは皆無である。

現代の社会状況が、経済社会的性格を濃厚にし、管理社会状況あるいは私化状況を特徴していることからいえば、一個の社会的存在である弁護士もまたこのような社会状況の影響下に置かれるものとみられる。とすれば、こうした社会状況との関連で弁護士職の性格を究明することは、現代における弁護士の法律専門職としての役割やその問題性を考えていく上で、きわめて重要なことと思われる。

注
1) 弁護士法の第1条は、弁護士の使命として、次のように規定している。すなわち、1つ、弁護士は、基本的人権を擁護し、社会正義を実現することを使命とする。2つ、弁護士は、前項の使命に基づき、誠実にその職務を行い、社会秩序の維持及び法律制度の改善に努力をしなければならない。
2) 弁護士の歴史は自立の歴史といっても過言ではない。弁護士会の完全な自治が認められるようになったのは、昭和24年に法律第205号として新しい弁護士法が制定されてからのことである。また、医師・税理士・公認会計士・司法書士等が、いずれも行政機関の監督を受け、懲戒権は監督官庁にあるのと比較して、弁護士会のみが懲戒権を含む完全な自治権をもっているのは最も大きな特色である。日本弁護士連合会『日本弁護士沿革史』1959年、大野正男編『弁護士の団体』(講座現代の弁護士2) 日本評論社、1970年、服部高顯「日本の法曹——その史的発展と現状——」ヴォン・メー

Ⅰ部　弁護士職の法社会学

　　レン編『日本の法（上）』東京大学出版会、1965年、159～219頁を参照。
3) このような生産と消費の関係は、ガルブレイスによれば、依存効果（Devendence Effect）と呼ばれる。Galbraith, J. K, 1958, *The Affluent Society*, Houghton Mifflin, Co. 鈴木哲太郎訳『ゆたかな社会』岩波書店、1960年、173頁。
4) 権利意識あるいは法意識の性質や把握の方法についてはいろいろ論議すべき問題がある。これについては、次のものが重要である。川島武宜『日本人の法意識』岩波書店、1966年、六本佳平『法社会学』東京大学出版会、1986年、田中成明「日本の法文化の現況と課題」『思想』（6月号）岩波書店、1986年、6～18頁、藪重夫「『日本人の法意識』論再考」『北大法学論集』第38巻5・6号、1988年、263～77頁。
5) 1つの試みとして、個人主義－相互主義と公志向－私志向の2つの尺度によって法意識の「方向」をとらえ、他方、規範主義－順応主義の尺度によって法意識の「水準」をとらえてみると、自己中心的権利意識すなわち普遍主義に対する意味での個別的法意識が析出される。この意識は、協力し合って社会をよくしていくという意味での相互主義は根強い反面、それが公の利益のために自己の権利を抑制するという地平にまでは展開され難い点に特徴をもっている。拙稿『紛争処理の法社会学的研究』（昭和63年度科研成果報告書）、1989年。
6) 最近紙面を賑わす弁護士の背任横領事件は、こうした経済人化の典型的事例といえよう。
7) 私化の問題性については、鈴木広「たえず全体化する全体性と、たえず私化する私性」『社会学評論』134号、1983年、159～63頁が示唆的である。
8) 分析に用いるデータは、1つは、1988年3月に実施した弁護士調査、2つは、1989年2～3月に実施した市民調査のデータである。前者は、H県弁護士会所属の弁護士220名を対象に、留置法で実施し、有効票は152（69.1％）、後者は、H市民（地方中核都市）1,000サンプルを対象に、郵送法で実施し、有効票は402票（40.2％）である。弁護士と市民の正確な比較のためには、H市の弁護士だけに限定すべきと思われるが、サンプル数が少ないので有効票全部を分析の対象としている。もっとも、H市の弁護士だけでも一応126票（全体の72.4％）あることを付け加えておく。なお、この調査は、昭和63・64年度の文部省科学研究費の助成を受けて行われたものである。
9) 松井・蒔田・鳥生「弁護士の生活と意識」『法律時報』第32巻5号、1960年、25～30頁。
10) 弁護士研究の現状については、総合特集シリーズ『現代の弁護士』日本評論社、1982年を参照。


## 2. 紛争処理における弁護士の地位

　「日本人の訴訟嫌い」はつとに有名であるが、それほどに日本人は、何か

重要な法的問題を抱えていても、二次的な紛争処理機関を通じて問題を解決しようとすることは少ない。しかし今日では、権利意識あるいは法意識の高揚や多様な紛争処理機関の展開を背景として、積極的な問題解決あるいは処理が行われるようになってきている。ここでは、H市に布置されている主要な紛争処理機関を取り上げ、市民の実際のアクセス経験をもとにして、紛争処理機関としての弁護士の地位と役割を明らかにしたい。

### (1) 問題内容からみた弁護士の性格

表2-1は、「これまでにあなたご自身や、ご家族の方の問題を解決するために、次のような機関を利用されたことがありますか」という問いかけのもとに、市民が実際にアクセスした紛争処理機関とその問題内容をとらえたものである。

これまでに市民がアクセスしたことのある紛争処理機関は、トータルで301機関、市民の約4割がアクセス経験をもち、また、経験者1人当たりのアクセス機関は約2機関となる。比較の基準はないけれども、5人に2人の利用者からいえば、今日、市民の紛争処理機関へのアクセスはかなりなものがある、とみられよう。

アクセス比率の高い順に見ていくと、まずアクセス経験のもっとも多い機関は弁護士で、18.8％を占めており、現代の紛争処理において弁護士が主要な処理機関として位置づけられていることがわかる。また問題内容からみると、相続問題、土地の境界問題、交通事故問題が多いが、その他多様な問題が上がっている。例えば、賃貸契約、遺言状、土地購入、店舗の立退き、キャッチセー

表2-1　紛争処理機関アクセス経験

| | 実数 | 構成比 |
|---|---|---|
| 警察の窓口 | 53 | 17.6 |
| 弁護士 | 57 | 18.9 |
| 市役所・弁護士会の法律相談 | 28 | 9.3 |
| 公認会計士 | 7 | 2.3 |
| 交通事故紛争処理センター | 11 | 3.7 |
| 司法書士 | 45 | 15.0 |
| 税理士 | 37 | 12.3 |
| 裁判所の窓口 | 22 | 7.3 |
| 各種行政機関の窓口 | 37 | 12.3 |
| その他 | 4 | 1.3 |
| 合計 | 301 | 100.0 |

(注)マルティプル・アンサー、経験者は156名

ルの解約、売掛金の取立て、借家・貸家のトラブル、訪問販売、離婚問題、窃盗被害、土地所有権の確認、土地の登記、夫の女性問題、保証人、子供の親権等である。このように、市民が弁護士に依頼する問題内容は多岐にわたっており、弁護士はいわばユーティリティ・プレイヤーのような位置づけがなされているのである。またそれとともに注目されるのは、依頼される問題の性格である。すなわち、弁護士に持ち込まれる問題の中心部分は、相続問題にしても土地の境界問題にしても今日の経済社会状況を直截に反映する経済的利害にかかわる問題にほかならない。またその他の問題にしても、窃盗被害、子供の親権、夫の女性問題を除けば、そのほとんどは経済的利害にかんする問題といえる。このように、今日の弁護士は、市民との関連で見ると、経済的利害問題にかんするユーティリティ・プレイヤーの役割を担っていることがわかる。

　アクセス経験が次に多いのは、警察の窓口で17.6％を占めている。警察の窓口は、わが国においては一般に、市民の相談窓口として大きな機能を果たしているが、ここでもそうした傾向が端的に現れている。しかし問題内容からみると、警察の窓口はある程度類型的な問題の処理機関であることが明らかである。すなわち第1の類型は交通事故であり、第2の類型は犯罪被害、そして第3の類型は困り事である。交通事故については改めて説明するまでもないが、犯罪被害では、物品の盗難、詐欺被害、スリ被害、そして困り事では、電話被害、夜間外泊、暴走族等となっている。このように警察の窓口にアクセスされる問題は、警察の本来的職務にかかわる問題であり、その点で定型化されており、弁護士の処理する問題とはかなり性格が異なっている。

　第3位にランクされているのは司法書士で、15.0％を占めている。最近では司法書士も準法曹として、訴訟業務以外の法的問題について業務拡大を図っているが、しかし今回のデータでは土地建物の登記が中心になっており、それ以外では、本来的業務とはいえない債権取立てが1件挙げられているに過ぎない。登記にも種々のケースがあって、土地家屋の購入、遺産相続による名義書換え、抵当権の抹消、土地の境界線の確定にともなう登記等となっ

ているが、基本的にはやはり登記事務である。

　次に同率で税理士と各種行政機関の窓口が続いている。まず税理士は、予想されるように相続税、土地売買にともなう税金、企業経営にともなう税金等、もっぱら税金問題の処理機関となっている。また、行政機関の窓口では、とくに税務署について多くの問題が挙げられているが、しかしここでも税理士と同様に税金問題が主であり、相続税、還付金、税金の追徴等がその内容となっている。税務署以外の行政機関としては、わずかに法務局と県の交通事故相談所が上がっているだけで、前者では、隣接地における高層建物の建築問題、戸籍問題、家賃問題、後者では、交通事故問題がアクセスされている。

　市役所・弁護士会の法律相談は、実質的には弁護士が関与している機関であって、しかも無料ということから一般に多くのアクセスがみられるものであるが、アクセスの比率は弁護士の半分程度となっている。しかし内容的には、弁護士と重なっており、主要には遺産相続、交通事故、土地の境界、税金問題、借家問題の処理となっている。

　また、裁判所の窓口もアクセス比率はそれほど高くはないが、問題内容は多様化しており、傾向的には弁護士や法律相談と重なるものである。すなわち、遺産相続、離婚問題、交通事故、土地の境界、子供の親権、損害賠償請求等が挙げられている。

　最後に、交通事故紛争処理センター[1]、公認会計士の2機関は、アクセスの比率はきわめて低く、紛争処理機関としての役割はかなり脆弱である。交通事故紛争処理センターは交通事故問題をもっぱらにしており、他の機関とりわけ弁護士、法律相談、警察の窓口、裁判所の窓口等と競合することから、アクセスの比率が低くなっているとみられる。しかしセンターが交通事故問題の専門機関として設立されていることからいえば、こうした他機関との競合は、センターの認知度や処理能力の限界を示すものといえよう。また公認会計士は、一般的にみて、市民にはもっとも縁の薄い機関といえるが、実際にも最低のアクセス比率を示している。しかも主な問題内容は税金問題で

あって、税務署や税理士と競合する問題領域となっている。

　以上のように、H市に布置される主要な紛争処理機関に対する市民のアクセス経験をみると、紛争処理機関はその性格から、大きく2つのタイプに分けられる。個別的処理機関と総合的処理機関の2つである。すなわち一方では、司法書士＝登記問題、税務署・税理士・公認会計士＝税金問題、警察の窓口＝犯罪被害、困り事、交通事故紛争処理センター＝交通事故問題というように、アクセス機関と問題内容がある程度まで特定化された、その意味で個別的処理機関が展開されており、他方で、弁護士、市役所・弁護士会の法律相談、裁判所の窓口の3機関が、多様な問題の処理にあたる、いわば総合的処理機関として展開されているのである。弁護士の処理機関としての特徴の1つはまさに、このような総合的処理機関という点に求められよう。

　また、弁護士の場合注目されるのは、同じ総合的紛争処理機関の中でも飛び抜けて高い処理機能を示している点である。裁判所の窓口は無論のこと、実質的には弁護士が関与している法律相談をもはるかに凌駕している。これは何よりも、弁護士が現代の高度で複雑な問題の処理能力をもつことによるものといえる。裁判所の窓口にしてもまた法律相談にしても、公共的機関という性格から、時間的制約や問題処理上の枠があり、弁護士に比べれば当然処理能力は低くなる[2]。このような弁護士の卓越した処理能力からわかるように、弁護士の紛争処理機関としてのいま1つの特徴はやはり、専門職業的機関（訴訟代理人としての役割を含めて）という特質に求められよう。このようにして今日の弁護士は、総合的かつ専門職業的機関という性格によって、紛争処理システムの中で最上位の地位を占めることになるのである。

### （2）アクセス機関の評価からみた弁護士の地位

　では、市民は実際にアクセスした機関に対していかなる評価を与えているのであろうか。ここでは、アクセス機関の対応、結果、再利用についての市民の評価をもとに、さらに弁護士の処理機関としての特徴や問題性を明らかにしてみたい。

第 2 章　弁護士職の現代的性格

① 対応についての評価

　表2－2は、利用した処理機関の対応について「大変対応はよい」から「全く対応はよくない」までの5段階の評価を示したものである。これによれば、肯定的評価（「大変よい」と「まあよい」）が50％を超えているものは、弁護士、公認会計士、司法書士、税理士、裁判所の窓口、行政機関の窓口と、9機関のうち6機関にのぼっており、対応についての市民の評価は、良いように思われる。

　全体的比較のために、「大変よい」から「全くよくない」の5段階評価のそれぞれに、5点から1点までを配してスコア化してみると、順に、公認会計士4.43、税理士4.33、司法書士4.12、弁護士3.72、行政機関の窓口3.50、裁判所の窓口3.42、法律相談3.27、警察の窓口2.96、紛争処理センター2.91となる。平均スコアは3.63で、「まあよい」と「どちらともいえない」の中間よりもやや「まあよい」に近いから、全体的にはまずまずの評価といえる。

　対応の評価でまず注目されるのは、専門職業的機関と公共的機関とで評価がハッキリ分かれている点である。すなわち専門職業的機関は、公認会計士の4.43を筆頭に4機関ともに上位を占めているのに対して、公共的機関は、行政機関の窓口の3.50が最高で、警察の窓口や交通事故紛争処理センターに至っては2点台のスコアとなっている。公共的機関は専門職業的機関に比べ

表2－2　対応についての評価

(単位：％)

|  | 大変よい | まあよい | どちらともいえない | あまりよくない | 全くよくない | DK.NA. |
|---|---|---|---|---|---|---|
| 警察の窓口 | 7.7 | 36.6 | 17.3 | 17.3 | 19.2 | 1.9 |
| 弁　護　士 | 24.6 | 40.3 | 14.0 | 5.3 | 8.8 | 7.0 |
| 法律相談 | 10.3 | 27.6 | 27.7 | 24.1 | ─ | 10.3 |
| 公認会計士 | 37.5 | 50.0 | ─ | ─ | ─ | 12.5 |
| 紛争処理センター | ─ | 36.4 | 18.2 | 45.4 | ─ | ─ |
| 司法書士 | 31.1 | 42.2 | 15.6 | 2.2 | ─ | 8.9 |
| 税　理　士 | 54.1 | 32.4 | 2.7 | 5.4 | 2.7 | 2.7 |
| 裁判所の窓口 | 4.8 | 47.6 | 23.8 | 9.5 | 4.8 | 9.5 |
| 行政機関の窓口 | 13.5 | 40.6 | 21.6 | 10.8 | 5.4 | 8.1 |

て、市民にとってアクセスの容易な機関であるにもかかわらず、このように対応が十分でないことは、わが国における公共的処理機関の在り方を改めて考えさせるものとなろう。

またもう1つ注目されるのは、評価の高い専門職業的機関の中にあって、弁護士の評価がかなり低い点である。公認会計士、税理士、司法書士はいずれも4点台のスコアであるのに対して、弁護士のみ3点台であり、しかも司法書士との間には0.40もの格差がある。またこれと関連して興味深いのは、「全くよくない」とする強い否定的評価が警察の窓口と弁護士で多く見られることである。警察の窓口は一般に、その権力的性格あるいは高圧的態度によって市民の否定的評価が強く示される傾向にあるが、弁護士の場合にも、いくつかのデータが示すように、市民との間に心理的社会的距離が存在するとすれば[3]、この強い否定的評価は、警察と同じ様な問題を示唆するものといえるかもしれない。

② 結果についての評価

表2-3は、紛争処理機関を利用して得られた結果について、「大変うまく解決された」から「全くうまく解決されなかった」までの5段階の評価を示したものである。これをみると、肯定的評価が50％を超えているものは、公認会計士、司法書士、税理士の3機関にすぎず、アクセスの結果はあまり

表2-3 結果についての評価

(単位：％)

|  | 大変よい | まあよい | どちらともいえない | あまりよくない | 全くよくない | DK. NA. |
|---|---|---|---|---|---|---|
| 警察の窓口 | 13.5 | 23.0 | 23.0 | 13.5 | 21.2 | 5.8 |
| 弁 護 士 | 17.9 | 25.0 | 25.0 | 14.3 | 7.1 | 10.7 |
| 法 律 相 談 | 6.9 | 17.2 | 34.5 | 13.8 | 13.8 | 13.8 |
| 公認会計士 | 25.0 | 50.0 | — | 12.5 | — | 12.5 |
| 紛争処理センター | — | 45.4 | 9.1 | 27.3 | — | 18.2 |
| 司 法 書 士 | 28.9 | 42.2 | 15.6 | — | 2.2 | 11.1 |
| 税 理 士 | 24.3 | 51.4 | 10.8 | 5.4 | 5.4 | 2.7 |
| 裁判所の窓口 | — | 45.5 | 13.6 | 18.2 | 4.5 | 18.2 |
| 行政機関の窓口 | 19.0 | 27.0 | 27.0 | 8.1 | 8.1 | 10.8 |

芳しくない。

　5段階評価をスコア化すると、順に、公認会計士4.67、司法書士4.01、税理士3.86、行政機関の窓口3.45、弁護士3.36、裁判所の窓口3.22、紛争処理センター3.22、警察の窓口2.94、法律相談2.88となる。平均スコアは3.51で、対応のスコアよりも若干低く、「まあよい」と「どちらともいえない」のちょうど中間値となるから、紛争処理の結果は必ずしも市民に満足を与えるものとはなっていない。

　結果の評価で注目されるのはやはり、対応の評価と同様の傾向がみられる点である。すなわち、税理士、公認会計士、司法書士等の専門職業的機関に対する評価は高くなっている反面、裁判所の窓口を始めとする公共的機関に対する評価は低くなっている。しかも公共的機関の中では、警察の窓口と法律相談で「全くよくない」とする強い否定的評価が現れている点が注目される。前者は、対応の点でも強い否定的評価が多く示されていたように、市民にとって警察の窓口は、紛争処理の上ではいろいろ問題のある機関といえる。また後者も、対応以上に処理の結果が不評で、先に指摘したような法律相談の限界がここに示されているといえよう。

　またもう1つ注目されるのは、専門職業的機関の中で、弁護士と税理士、公認会計士、司法書士三者との間にかなり大きな格差があることである。取り扱う問題の難易性あるいは複雑性が主要な原因とみられようが、対応についての評価の低さとあわせると、弁護士の場合にはやはり、弁護士主導による問題解決とかあるいは処理の成果に対する報酬の問題といった、紛争処理過程に付随する問題があるように思われる[4]。

　ともあれ、序列化の傾向からみると、対応の評価と結果の評価は対応しているようで、まとめれば公認会計士、税理士、司法書士の3機関は高評価グループ、弁護士、行政機関の窓口、裁判所の窓口は中評価グループ、そして警察の窓口、法律相談、紛争処理センターは低評価グループということになり、弁護士の「評価」は決して高くはない。

Ⅰ部　弁護士職の法社会学

表 2－4　再利用についての評価

(単位：％)

|  | 是非利用したい | まあ利用したい | どちらともいえない | あまり利用したくない | 全く利用したくない | DK.NA. |
|---|---|---|---|---|---|---|
| 警察の窓口 | 30.8 | 21.2 | 19.2 | 9.6 | 7.7 | 11.5 |
| 弁　護　士 | 38.6 | 29.8 | 10.5 | 8.8 | ― | 12.3 |
| 法 律 相 談 | 25.0 | 21.4 | 17.9 | 10.7 | 3.6 | 21.4 |
| 公 認 会 計 士 | 55.6 | 22.2 | ― | 11.1 | ― | 11.1 |
| 紛争処理センター | 27.3 | 27.3 | 36.3 | ― | ― | 9.1 |
| 司 法 書 士 | 42.3 | 33.3 | 4.4 | 2.2 | ― | 17.8 |
| 税　理　士 | 54.1 | 35.1 | 2.7 | 2.7 | 2.7 | 2.7 |
| 裁判所の窓口 | 13.6 | 22.7 | 18.2 | 4.5 | 13.6 | 27.4 |
| 行政機関の窓口 | 27.0 | 35.2 | 13.5 | 5.4 | 5.4 | 13.5 |

③　再利用についての評価

　では、市民は、もう一度同じような問題が起こった場合に、当該機関を再度利用したいと考えているであろうか。表2－4は、「是非利用したい」から「全く利用したくない」までの5段階の評価を示したものであるが、それによると、肯定的評価が50％を超えているものは、警察の窓口、弁護士、公認会計士、紛争処理センター、司法書士、税理士、行政機関の窓口と7機関にのぼっており、市民の再利用への志向は強い。

　ここでも5段階評価をスコア化して再利用の評価の序列づけをみてみると、順に、司法書士4.41、税理士4.39、公認会計士4.38、弁護士4.12、紛争処理センター4.00、行政機関の窓口3.84、法律相談3.68、警察の窓口3.65、裁判所の窓口3.25となる。平均スコアは3.97で対応や結果のスコアを大きく超えており、市民は「まあ再利用したい」とかなり積極的な意欲を示している。

　このような再利用の評価についても、対応と結果の評価と同様に、専門職業的機関と公共的機関の間の対照が顕著となっており、専門職業的機関の全てが上位を占める一方で、公共的機関は下位に位置づけられている。しかも両者の間にはある程度ハッキリしたスコアの分布がみられ、専門職業的機関は、第4位の弁護士にしても4点台のスコアを示しているのに対して、公共的機関は全て3点台のスコアとなっている。もっとも公共的機関の間にも若

干の変化がみられ、裁判所の窓口の評価が下がって逆に、対応と結果の評価が低かった紛争処理センターと法律相談の評価が高くなっている。

　またここでも注目されるのはやはり、弁護士の地位である。すなわち弁護士の場合、専門職業的機関の中では常に他の3機関との間に大きな格差がみられたが、再利用についても同様である。しかし、対応や結果の評価の低さから考えると、再利用の評価スコア4.12は意想外に高く、この点に他の3機関とは異なる弁護士の独自の性格をみることができる。これが、先にみた弁護士の総合的かつ専門職業的機関という複合的性格にほかならない。つまり、今日の社会状況の中で、市民の紛争処理ニーズにもっともよく即応できる機関が、複合的性格の弁護士なのであり、それ故、弁護士に対して、いろいろ不満もあるが、にもかかわらず期待しなければならないとする、いわばアンビヴァレントな感情が向けられることになるのである。とすれば、このような市民における複雑な反応こそ、後述するような、弁護士の経済的に動機づけられた職業行動に対する市民の評価を反映するものかもしれない。

　以上のように、市民の紛争処理経験の分析からは、紛争処理において弁護士が占める地位と役割が明らかになる。すなわち弁護士は、多様な問題を取り扱ういわば総合的紛争処理機関として位置づけられ、特定の問題を扱う個別機関とはハッキリと区別されている。そしてさらに弁護士は、同じ総合的紛争処理機関の中でも法律相談や裁判所の窓口とは性格を異にし、専門職業的機関としての独自性をもっている。こうして弁護士は、総合的かつ専門職業的機関という固有の性格を具備することになるが、この性格の故に市民の豊富なアクセスを引き受けることになる。すなわち、現代社会における経済的利害を中心とした紛争は、問題の多様性と複雑性をその特徴としており、問題解決を担う機関には専門性と総合性が要求されている。司法書士、公認会計士、税理士は、特定問題の処理機関としては有効であるが総合性に欠け、法律相談、裁判所の窓口は総合的ではあるが専門的サービスの点で限界をもっている。また、警察の窓口はきわめて特殊な性格をもち、交通事故紛争処理センターは中途半端な性格をもつ。このような状況の中で、弁護士の紛

争処理機能は大きくクローズアップされることになるわけである。とはいえ、1つ見落としてはならないことは、弁護士に対する市民の役割期待がきわめて大きい反面、その期待は必ずしも満たされているわけではないことである。ここに現代の弁護士の社会的役割の問題性が示されている、といえよう。

注
1) H市の交通事故紛争処理センターの開設は比較的新しく、1985年である。
2)「法律相談」についての聴き取り調査によると、法律相談は弁護士への通過機関という性格をもっている。つまり、問題が複雑で簡単に片付かない場合や、あるいは訴訟ということになると、改めて個々の弁護士への依頼が勧めらることになる。
3) 一般に、弁護士に対する市民のイメージは低く、営利的という評価とともに、親しみにくいという評価が定着している。このような評価は、わが国において、弁護士が社会的エリート(そのメルクマールとしては最難関の資格試験、高い職業的地位、高い収入、高い社会的威信等が挙げられる)としての地位を占めることによって、一般市民との間に大きな心理的社会的距離が生まれていることを示唆している。この問題については、拙稿「弁護士アクセスにかんする社会学的研究」『広島法学』第11巻2号、1988年、97～122頁を参照。また弁護士のイメージについては、日本文化会議編『日本人にとって法とは何か』研究社、1974年を参照。
4) 法的問題の処理の難しさは、相手との関係で、高度な駆け引きを必要とするところにある。したがって、クライアントにとって意に添わない結果が生じることも多く、また意に添わない結果に対して報酬額が不当に思われる場合も出てくる。とはいえ弁護士報酬額が明確でない、という問題もまた事実であり、これが弁護士アクセスを阻害していることは各種の調査に明らかである。


## 3．弁護士業務の特質

今日、弁護士によって担われる紛争のほとんどは、前節で見たように、経済社会状況の下に醸成される市民ニーズに即応するものといえるが、このような弁護士業務の特質は実際の職域構成にどのように反映されているのであろうか。また、もう1つ重要な点として、市民のみならず弁護士自身も一個の社会的存在として経済社会に身を置くものであるとすれば、その活動も単に市民ニーズを反映するばかりでなく、自らの経済性志向に導かれる側面が

あるのではないか。ここでは、弁護士業務の内容や弁護士職についての評価をもとに、このような点を明らかにしてみたい。

### (1) 弁護士職域の特徴

まず、「この1年間に取扱われた業務の中で、数の多いものを3つばかりお知らせ下さい」という問いかけによって、弁護士業務の現状をとらえてみよう。業務内容は、Ⅰ訴訟関係、Ⅱ示談交渉、Ⅲコンサルティング関係の3つの大きなカテゴリーのもとに、さらに訴訟関係については、1行政事件、2民事事件、3家事事件、4商事事件、5破産事件、6渉外事件、7無体財産事件、8労働事件、9刑事事件に分けている。

最初に大きなカテゴリーについてみると、表2－5に明らかなように、訴訟関係が圧倒的であり、「訴訟弁護士」というわが国の弁護士の特徴が明瞭に現れている。またこのことは1年間の業務件数にもハッキリと示されており、表2－6のように、訴訟業務では「41件以上」が多数を占めているのに対して、示談交渉では「1－10件」、コンサルティングでは「1－10件」「11－20件」が多くなっている。

次に、カテゴリーの中身をみると、訴訟関係でもっとも多いのは民事事件であって253件。訴訟業務の66.6％を占めている。次に多いのは家事事件で60件、比率にして15.8％である。その他はきわめて少なく、刑事事件が33件（8.7％）、破産事件が15件（3.9％）にすぎない。このように弁護士の訴訟業務は、今日、民事事件と家事事件を主要な領域としているのである。

では、民事事件と家事事件の内容は何か。前者でもっとも多いのは不動産関係事件で、民事事件全体のほぼ40％を占めている。これは、「地上げ問題」に象徴される最近の土地紛争を端的に反映したものであり、今日最大の経済社会問題といっても過言ではない。その他では、貸金事件、売掛金・手形小切手関係事件、クレジット関係事件、交通事故損害賠償事件の4つが、ほぼ30件前後で並んでいる。前の三者も、今日の経済社会あるいは消費社会に淵源をもつ法的問題であり、また後者も、現代社会特有のモータリゼイション

I部　弁護士職の法社会学

表2－5　弁護士の業務

| | | 事件 | 実数 | | | 事件 | 実数 |
|---|---|---|---|---|---|---|---|
| I | 1 | 土地法関係 | 4 | | 4 | 会社法関係 | 6 |
| | | 税務関係 | - | | | 保険法関係 | 1 |
| | | 住民監査請求 | 1 | | | 海商法関係 | - |
| | | 交通行政 | - | | 5 | 破産 | 15 |
| | | その他の行政 | 1 | | 6 | 渉外 | 1 |
| | 2 | 不動産関係 | 100 | | 7 | 無体財産 | - |
| | | 貸金 | 30 | | 8 | 集団的労働 | 3 |
| | | 建築工事紛争 | 8 | | | 労災 | 1 |
| | | 売掛金・手形小切手 | 26 | | | 個別名労働 | 1 |
| | | クレジット関係 | 30 | | 9 | 一般刑事弁護 | 33 |
| | | 交通事故損害賠償 | 31 | | | 少年 | - |
| | | 公害損害賠償 | - | II | | 交通事故 | 14 |
| | | 医療過誤損害賠償 | 4 | | | 債務整理 | 3 |
| | | 国家賠償 | 2 | | | その他の示談交渉 | 12 |
| | | 消費者保護 | 3 | III | | 法律相談 | 31 |
| | | その他の損害賠償 | 19 | | | 契約書・遺言書等 | 8 |
| | 3 | 離婚 | 33 | | | 会社設立 | - |
| | | 遺産分割 | 24 | | | その他 | 1 |
| | | その他の家事 | 3 | | | 合計 | 449 |

（注）公害損害——公害による損害賠償事件、消費者保護——消費者保護に関する損害賠償事件、破産——破産・和議・会社更生事件、個別名——労災事件を除いた個別名事件

表2－6　カテゴリー別業務件数

| | 訴訟業務 | | 示談交渉 | | コンサルティング | |
|---|---|---|---|---|---|---|
| | 実数 | 構成比 | 実数 | 構成比 | 実数 | 構成比 |
| 0 | 2 | 1.3 | 7 | 4.6 | 1 | 0.7 |
| 1—10 | 14 | 9.2 | 62 | 40.8 | 39 | 25.7 |
| 11—20 | 15 | 9.9 | 35 | 23.0 | 35 | 23.0 |
| 21—30 | 24 | 15.8 | 14 | 9.2 | 16 | 10.5 |
| 31—40 | 21 | 13.8 | 7 | 4.6 | 5 | 3.3 |
| 41以上 | 63 | 41.4 | 7 | 4.6 | 35 | 23.0 |
| DK.NA. | 13 | 8.6 | 20 | 13.2 | 21 | 13.8 |
| 合計 | 152 | 100.0 | 152 | 100.0 | 152 | 100.0 |

化を反映する問題であるとともに、損害の経済的補填という意味ではやはり経済社会特有の問題といえる。ただ交通事故問題で注意されるのは、既述のように、交通事故問題の専門機関として交通事故紛争処理センターが設置されているにもかかわらず、この問題は依然として弁護士業務の中でかなりの

ウエイトを占めている点である。手軽なセンターの利用を超えて弁護士アクセスが増加する一因は、弁護士が、センターの仲裁が不調に終わった場合のいわば上級審的な地位を占めていることにあるが、この点でも経済的利害対立の調整役としての弁護士の役割は大きいといえる。

また家事事件では、離婚事件と遺産分割がともにかなりの比率を占めている。今日、離婚も増加傾向にあり、また紛争内容も親権をめぐるものから慰謝料、養育費をめぐるものまで複雑化し、経済闘争化している。また遺産分割にしてもそれが経済的利害に直結することから紛糾する傾向にある。論者の調査でも、これまで身内の問題と考えられていた離婚問題や遺産問題も、個人の利害にかかわる限り積極的に問題解決を図ろうとする意識が強く現れており[1]、これが弁護士アクセスとして現実化されているといえよう。

一方、示談交渉とコンサルティング関係は、ともに1割にも充たないマイナーな業務となっている。その中で、示談交渉の場合は交通事故が主であり、弁護士が交通事故問題については訴訟と示談の両面にわたって活動していることがわかる。またコンサルティングでは、法律相談がメインではあるが遺産問題の増大を反映して契約書・遺言書の作成も少なからず上がっているのが目につく。

以上のような弁護士業務の特徴を、費消される時間の観点からみてみると、表2-7にあるように、弁護士が訴訟業務に費やす時間は訴訟外業務に費やす時間よりも相当多くなっている。この点でもやはり、わが国の弁護士は訴訟弁護士といえる。しかし、細かくみると、訴訟業務に70％以上のウエイトを置いている弁護士が40％程度いることは確かであるにしても、他方で、訴訟業務と訴訟外業務の時間比がほぼフィフティ・フィフティといえるものも40％近くいるから、時間比の点では、訴訟外業務

表2-7　業務の時間比率

| 訴訟業務 | 訴訟外業務 | 実数 | 構成比 |
|---|---|---|---|
| 90% | 10% | 5 | 3.3 |
| 80 | 20 | 23 | 15.1 |
| 70 | 30 | 34 | 22.4 |
| 60 | 40 | 30 | 19.7 |
| 50 | 50 | 25 | 16.4 |
| 40 | 60 | 3 | 2.0 |
| 30 | 70 | 19 | 12.5 |
| 20 | 80 | 1 | 0.7 |
| 10 | 90 | 3 | 2.0 |
| DK.NA. | | 9 | 5.9 |
| 合　計 | | 152 | 100.0 |

Ⅰ部　弁護士職の法社会学

も弁護士業務のかなりの部分を構成しているといえよう。とりわけこのデータでは、訴訟外業務に70％以上もウエイトをかけている弁護士が15％もいることは注目される。そしてこの点に関していえば、先の表2－6にみられるように、コンサルティング関係全体としては「1－10件」と「11－20件」に集中しているものの、他方で「41件」以上が23.0％も占めており、弁護士の

表2－8　年齢別業務時間の比率

(単位：％)

|  | 90% | 80% | 70% | 60% | 50% | 40% | 30% | 20% | 10% | DK.NA. |
|---|---|---|---|---|---|---|---|---|---|---|
| 20代 | — | 20.0 | 20.0 | — | 40.0 | — | 20.0 | — | — | — |
| 30代 | — | 11.1 | 22.2 | 13.9 | 33.3 | 2.8 | 11.1 | — | — | 5.6 |
| 40代 | 7.1 | 14.3 | 28.6 | 19.0 | 14.3 | 4.8 | 9.5 | — | — | 2.4 |
| 50代 | 6.5 | 19.4 | 16.1 | 28.9 | 9.7 | — | 9.7 | — | 6.5 | 3.2 |
| 60代 | — | 15.8 | 31.6 | 26.3 | 10.5 | — | 15.8 | — | — | — |
| 70代 | — | — | 12.5 | 12.5 | 18.7 | 25.0 | 6.3 | 6.3 | 18.7 | — |
| DK.NA. | — | 33.3 | — | — | — | — | — | — | — | 66.7 |

（注）横欄は、訴訟業務に費消する時間の割合

表2－9　弁護士業務の変化

| | | 事　件 | 実数 | | 事　件 | 実数 |
|---|---|---|---|---|---|---|
| Ⅰ | 1 | 土地法関係 | 1 | 4 | 会社法関係 | 10 |
| | | 税務関係 | 5 | | 保険法関係 | 1 |
| | | 住民監査請求 | 2 | | 海商法関係 | - |
| | | 交通行政 | - | 5 | 破産 | 21 |
| | | その他の行政 | 1 | 6 | 渉外 | 1 |
| | 2 | 不動産関係 | 44 | 7 | 無体財産 | - |
| | | 貸金 | 13 | | 集団的労働 | 1 |
| | | 建築工事紛争 | 14 | 8 | 労災 | 2 |
| | | 売掛金・手形小切手 | 12 | | 個別名労働 | 0 |
| | | クレジット関係 | 30 | 9 | 一般刑事弁護 | 13 |
| | | 交通事故損害賠償 | 18 | | 少年 | 3 |
| | | 公害損害賠償 | 1 | Ⅱ | 交通事故 | 15 |
| | | 医療過誤損害賠償 | 6 | | 債務整理 | 8 |
| | | 国家賠償 | 1 | | その他の示談交渉 | 18 |
| | | 消費者保護 | 3 | Ⅲ | 法律相談 | 25 |
| | | その他の損害賠償 | 10 | | 契約書・遺言書等 | 26 |
| | 3 | 離婚 | 41 | | 会社設立 | - |
| | | 遺産分割 | 41 | | その他 | - |
| | | その他の家事 | 5 | | 合　計 | 392 |

（注）マルティプル・アンサー

58

中には、訴訟業務以外にコンサルティングに力を入れているものも、かなり存在していることは確かである。

しかしながら、以上の点を年齢との関係でみると、表2－8のように、訴訟外業務にウエイトをかけているのは20代、30代の若い弁護士と、70代以上の老齢弁護士であることがわかる。つまり40代、50代、60代の働き盛りの熟練弁護士は訴訟業務に多忙で、その間隙をいわば駆け出しの若い弁護士とハードな訴訟業務に耐えられない老齢弁護士が埋めている、というのが、相談業務の実相と受けとめられる。

ところで、弁護士の業務内容の最近の変化を昨年との対比でみてみると、表2－9からわかるように、もっとも増加したのは訴訟事件であり、内容的にはやはり民事事件と家事事件である。民事事件の中では不動産関係とクレジット関係が突出しており、家事事件では離婚と遺産分割がともに増加している。先にも触れたように、今日における経済的価値の象徴である「土地」をめぐる紛争を中心に、金融・消費の無際限な拡大の涯に生じるクレジット問題が、経済社会の典型的な紛争として顕在化しているのである。また経済的利害に直結する遺産分割問題もこの延長線上に位置するものといえる。他方、こうした動向と対応して法律相談もかなり増加しており、一般の法律相談ばかりでなく契約書・遺言書に関する相談の増加は著しい。

以上のように、今日の弁護士業務は、大枠では訴訟業務中心であって、訴訟外業務のウエイトは実質的にはそれほどでもない。また内容的には民事事件と家事事件に特化しており、刑事事件、行政事件、労働事件といった、市民の基本的人権に直接関係するような業務のウエイトはかなり低くなっている。このような業務特性からみると、今日の弁護士の職域が、経済社会の中で醸成される市民ニーズあるいは需要に応える形で、いわば経済社会的に構成されていることが明らかである。そしてこの点を補強するのが、表2－10のデータである。一般に、わが国の弁護士は「八百屋」弁護士といわれるように、良く言えば万能、悪く言えば専門性を欠如するものととらえられているが、みられるように今日の弁護士においては、社会状況を反映して、民事

I部　弁護士職の法社会学

表2－10　弁護士の専門業務

| | | 事　件 | 実数 | | 事　件 | 実数 |
|---|---|---|---|---|---|---|
| I | 1 | 土地法関係 | 4 | 4 | 会社法関係 | 14 |
| | | 税務関係 | 5 | | 保険法関係 | 1 |
| | | 住民監査請求 | 1 | | 海商法関係 | - |
| | | 交通行政 | - | 5 | 破産 | 12 |
| | | その他の行政 | 7 | 6 | 渉外 | 2 |
| | 2 | 不動産関係 | 35 | 7 | 無体財産 | 1 |
| | | 貸金 | 14 | | 集団的労働 | 12 |
| | | 建築工事紛争 | 10 | 8 | 労災 | 8 |
| | | 売掛金・手形小切手 | 14 | | 個別名労働 | 9 |
| | | クレジット関係 | 14 | 9 | 一般刑事弁護 | 22 |
| | | 交通事故損害賠償 | 31 | | 少年 | 5 |
| | | 公害損害賠償 | 5 | II | 交通事故 | 20 |
| | | 医療過誤損害賠償 | 11 | | 債務整理 | 5 |
| | | 国家賠償 | 4 | | その他の示談交渉 | 4 |
| | | 消費者保護 | 9 | III | 法律相談 | 8 |
| | | その他の損害賠償 | 7 | | 契約書・遺言書等 | 8 |
| | 3 | 離婚 | 19 | | 会社設立 | 1 |
| | | 遺産分割 | 20 | | その他 | 1 |
| | | その他の家事 | 8 | | 合　計 | 351 |

(注) マルティプル・アンサー

事件や家事事件の「専門家」が多くなっているのである。

（2）弁護士業務と経済性

　いまみたように、弁護士の業務が市民の需要を受けとめる形で、訴訟業務しかも民事と家事を中心に展開されるにしても、少なくとも法律相談に限っていえば、先にみたように市民のニーズは相当に多く、また刑事事件にしても国選弁護士の担当に苦慮するなど、必ずしも市民ニーズが少ないわけではない。しかも法律相談にしても刑事事件にしてもそれらが一般に若い世代の弁護士によって担われ、円熟した壮齢世代の弁護士にとってはマイナーな問題領域であることからすると、民事と家事を中心とした訴訟業務への特化は、単なる市民ニーズではなく何か別の志向が作用しているように思われる。

　この点でもっとも注目されるのが、弁護士職についての評価を示した図2

第2章　弁護士職の現代的性格

－1と表2－11である。これは、弁護士職に関連のある10項目について弁護士と市民の双方に評価を求めたものであるが、みられるように、弁護士サイ

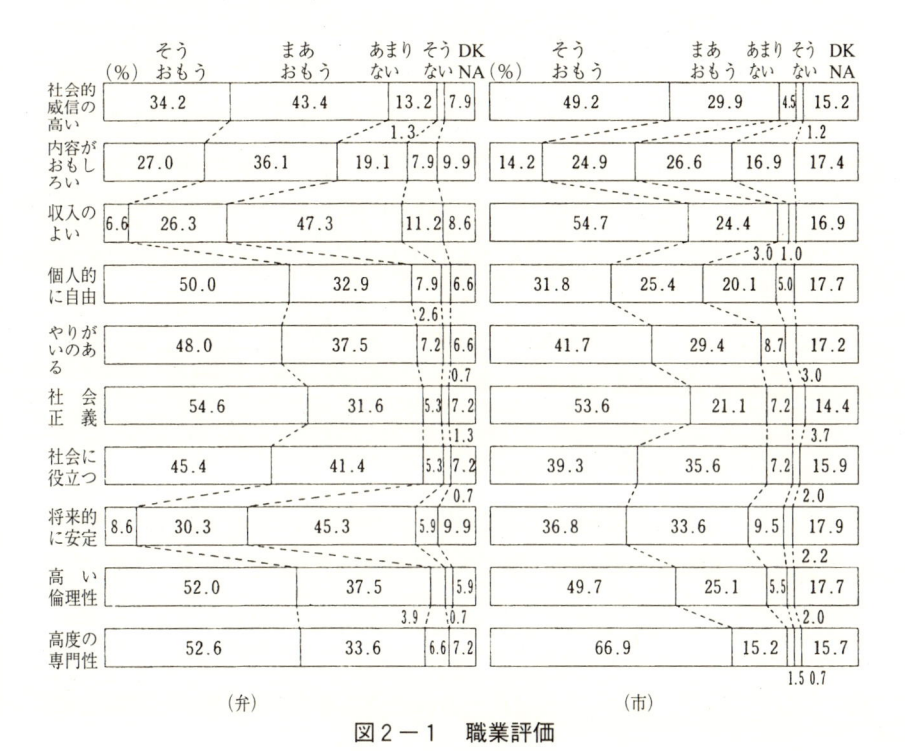

| | そう おもう | まあ おもう | あまり そうない | そうない | DK NA | | そう おもう | まあ おもう | あまり そうない | そうない | DK NA |
|---|---|---|---|---|---|---|---|---|---|---|---|
| 社会的威信の高い | 34.2 | 43.4 | 13.2 | 1.3 | 7.9 | | 49.2 | 29.9 | 4.5 | 1.2 | 15.2 |
| 内容がおもしろい | 27.0 | 36.1 | 19.1 | 7.9 | 9.9 | | 14.2 | 24.9 | 26.6 | 16.9 | 17.4 |
| 収入のよい | 6.6 | 26.3 | 47.3 | 11.2 | 8.6 | | 54.7 | | 24.4 | 3.0 1.0 | 16.9 |
| 個人的に自由 | 50.0 | 32.9 | 7.9 | 2.6 | 6.6 | | 31.8 | 25.4 | 20.1 | 5.0 | 17.7 |
| やりがいのある | 48.0 | 37.5 | 7.2 | 0.7 | 6.6 | | 41.7 | 29.4 | 8.7 | 3.0 | 17.2 |
| 社会正義 | 54.6 | 31.6 | 5.3 | 1.3 | 7.2 | | 53.6 | 21.1 | 7.2 | 3.7 | 14.4 |
| 社会に役立つ | 45.4 | 41.4 | 5.3 | 0.7 | 7.2 | | 39.3 | 35.6 | 7.2 | 2.0 | 15.9 |
| 将来的に安定 | 8.6 | 30.3 | 45.3 | 5.9 | 9.9 | | 36.8 | 33.6 | 9.5 | 2.2 | 17.9 |
| 高い倫理性 | 52.0 | 37.5 | 3.9 | 0.7 | 5.9 | | 49.7 | 25.1 | 5.5 | 2.0 | 17.7 |
| 高度の専門性 | 52.6 | 33.6 | 6.6 | | 7.2 | | 66.9 | 15.2 | 1.5 0.7 | | 15.7 |

（弁）　　　　　　　　　　　　　（市）

図2－1　職業評価

表2－11　職業評価スコア

| | 弁護士 | 市民 |
|---|---|---|
| 社会的威信の高い職業 | 3.20 | 3.50 |
| 業務内容がおもしろい職業 | 2.91 | 2.44 |
| 収入のよい職業 | 2.29 | 3.60 |
| 個人的に自由な職業 | 3.39 | 3.02 |
| やりがいのある職業 | 3.42 | 3.33 |
| 社会正義が求められる職業 | 3.50 | 3.45 |
| 社会に役立つ職業 | 3.42 | 3.33 |
| 将来的に安定した職業 | 2.46 | 3.28 |
| 高い倫理性を有する職業 | 3.50 | 3.49 |
| 高度の専門性を有する職業 | 3.50 | 3.76 |
| 平　　均 | 3.16 | 3.32 |

ドでは10項目のうち8項目について高い評価が示されており、とりわけ弁護士職の代表的な職業特性とみられる「社会正義が求められる職業」「高い倫理性を有する職業」「高度の専門性を有する職業」の3項目はベスト・スリーに上がっている。しかしその一方で、「収入のよい職業」と「将来的に安定した職業」の2項目についてはきわめて低い評価が示されており、とりわけ前者については評価スコア2.29と弁護士と市民を通じて最低となっている。他方、市民サイドの評価では、唯一低い評価が示されているのは「業務内容がおもしろい職業」であって、その他は全て3点台のスコアを示し、「収入のよい職業」も「将来的に安定した職業」もともに高く評価されている。しかも前者については「高度の専門性を有する職業」に次ぐ2番目に高い評価が示されているのである。

　このように、職業評価においては、とりわけ経済性と将来性の2面について弁護士と市民の間に大きな対照が存在しており、弁護士においてはいかに経済性の面で大きな不満を抱えているか、が理解されよう。弁護士の年間総収入を表2-12と表2-13でみると、平均的には2,000万円程度であるが、経験を積むことによって40代、50代、60代ではかなりの収入を得ることができる。このような収入状況を恵まれているとみるかそうでないとみるかの判断は差し控えるが、少なくとも「社会的弱者のために」を標榜する弁護士において、このような収入レベルのもとでもなお強い不満が表明されている点は、とくに注目されるものである。

　先にみたように、今日における弁護士業務の領域が、民事と家事を中心とした訴訟業務に特化しているのは、確かに経済社会を背景とした市民ニーズの簇生もあるが、それと同時にこのような弁護士サイドの、経済面での強い不充足感にもとづくものとみられよう[2]。訴訟業務と訴訟外業務を比べれば、前者の方が一般的に経済効率が高いことは確かである。30分5,000円の法律相談を数10件扱うよりは、数百万円あるいは数千万円の訴訟を扱うほうが高額の報酬を獲得できる。また民事事件や家事事件は扱う事件の額によって報酬額は増大するけれども、それに比べて刑事事件の報酬の低さは、改めて述

第 2 章　弁護士職の現代的性格

表 2－12　年間総収入

|  | 実数 | 構成比 |
|---|---|---|
| 500 万円未満 | 9 | 5.9 |
| 500―1,000 万円未満 | 15 | 9.9 |
| 1,000―1,500 万円未満 | 30 | 19.6 |
| 1,500―2,000 万円未満 | 27 | 17.8 |
| 2,000―2,500 万円未満 | 27 | 17.8 |
| 2,500―3,000 万円未満 | 16 | 10.5 |
| 3,000 万円以上 | 20 | 13.2 |
| DK.NA. | 8 | 5.3 |
| 合　　計 | 152 | 100.0 |

表 2－13　経験年数別収入

（単位：％）

|  | 500万円未満 | 500〜1,000 | 1,000〜1,500 | 1,500〜2,000 | 2,000〜2,500 | 2,500〜3,000 | 3,000万円以上 | DK.NA. |
|---|---|---|---|---|---|---|---|---|
| 5 年未満 | 8.3 | 37.5 | 37.5 | 12.5 | 4.2 | ― | ― | ― |
| 5〜 9 年 | 3.3 | 13.3 | 36.8 | 26.7 | 13.3 | ― | 3.3 | 3.3 |
| 10〜19 年 | 1.9 | 1.9 | 9.6 | 17.3 | 25.1 | 19.2 | 19.2 | 5.8 |
| 20〜29 年 | 3.1 | ― | 9.4 | 18.8 | 24.9 | 18.8 | 21.9 | 3.1 |
| 30〜39 年 | 20.0 | ― | 20.0 | ― | 20.0 | ― | 20.0 | 20.0 |
| 40 年以上 | 49.9 | 16.7 | 16.7 | ― | ― | ― | 16.7 | ― |
| DK.NA. | ― | ― | ― | 33.3 | ― | ― | ― | 66.7 |

べるまでもないであろう。それは、まだ独り立ちできない若い弁護士の収入源としてのみ機能しているといっても過言ではない。

　ところで、H市の弁護士に対して、同業者との競争について尋ねてみると、興味深い結果を得る。すなわち、現在、弁護士の62.2％が弁護士間の競争状況を認識しており、その内20.4％がとくに強い危機意識を示している。しかも将来については、実に85.6％のものが競争状況を認識し、その内36.2％が強い危機意識をもっているのである。同業者との競合が深まればパイの配分は減り、それとともに収入が少なくなるのは一般的な経済原則であり、経済的利益を強く志向するとすれば、同業者との競争は「危機意識」を醸成する以外の何ものでもなくなる。

　また、表 2－14は、経済的基盤の確立のために弁護士が示した意見である。もっとも多いのは「事件の的確・迅速な処理」でほぼ40％、そして 2 番目は「よい顧問先」で約16％となっている。確かに紛争処理を効率的に行ってい

Ⅰ部　弁護士職の法社会学

表2-14　経済的基盤の確立に関する意見

|  | 実数 | 構成比 |
|---|---|---|
| 業務の合理化、コスト低減に心がけること | 2 | 1.3 |
| 注目されるような事件に携わること | — | — |
| 1つ1つの事件を的確・迅速に処理すること | 58 | 38.1 |
| 幅広い依頼に応じられる態勢にあること | 14 | 9.2 |
| 業務領域を専門化すること | 5 | 3.3 |
| 複数弁護士による業務の共同化を図ること | 1 | 0.7 |
| よい顧問先を持つこと | 24 | 15.8 |
| よい弁護士だという評判を広めること | 16 | 10.7 |
| 広告やサービス活動を積極的に行うこと | — | — |
| 業務領域の拡大を積極的に行うこと | 10 | 6.6 |
| その他 | 2 | 1.3 |
| DK.NA. | 20 | 13.2 |
| 合　　計 | 152 | 100.0 |

くことは、裁判の遅延に伴う諸種の問題を考慮すればきわめて適切な対応といえる。しかしその反面で、市民の立場に立って複雑な事件を時間をかけて解決していくという姿勢が見失われることになろう。しかも本当に複雑で時間がかかる事件こそ実は、基本的人権とか社会正義にかかわる問題なのである。経済的利害問題はその意味では比較的「手軽」といえよう。多くの事件を手際よく処理していくといった方策が、このような手軽さを価値とした経済効率優先の見方に貫かれていることは、まず間違いないところであろう。

　くわえて、顧問先の獲得は、予防法学的な企業ニーズに応えるという面は否定しないけれども、それは固定収入確保の有力な方途となっており[3]、その意味でここにも経済効率優先の姿勢が見て取られるように思われる。そして、こうした経済的見方に対して、いわば社会的見方ともいえる「よい弁護士だという評判を広める」や「幅広い依頼に応じられる態勢づくり」は、かなり少なくなっているのである。

　以上のように、今日の弁護士業務は、職業評価に端的にみられるような経済的不満感あるいは不安感を基軸として、経済効率の高い民事・家事にかんする訴訟業務を中心に展開されており、いわば経済社会的職域構成を示すものとなっている。またこのような経済性に志向された業務の在り方から、経

第 2 章　弁護士職の現代的性格

済基盤づくりの方法にしても、事件の効率的な処理方法や顧問先の開拓といった、もっぱら経済効率だけを目指した方法が重視されることになっている。こうして現代の弁護士の基本的性格は、適切な表現を用いれば、ビジネス・ロイヤーとして把握されることになろう[4]。

　経済社会の成熟は、一方では、市民の経済的利害に関する嗅覚を鋭敏にし、他方では、精神を喪した専門家の養成に道を拓く。法律専門職としての弁護士においても、経済社会の進展は、デュルケム流にいえば「欲望の肥大化」を促進する。弁護士の場合には、独自の報酬制度も与かって、表現は適切でないかもしれないが、「やればやるほど金になる」状況に身を置いている。このような状況が欲望の肥大化に拍車をかけ、ビジネス・ロイヤーとしての性格をますます強化し、その結果、「社会的使命」が色褪せていくことは、決して理解されないことではない。


注
1）拙稿『法意識の実証的研究』広島大学法社会学研究室、1981年、15頁、拙稿『紛争処理の法社会学的研究』（昭和63年度科研成果報告書）、1989年、12頁を参照。
2）このような経済性の問題は、弁護士アクセスの大きな障害になっているようで、本調査でも、弁護士アクセスの少ない理由として、「弁護士報酬にたいする不安」がトップに挙げられており、比率も約40％を占めている。第2位との格差は20％以上あるから、いかに報酬問題が大きいかがよくわかる。
3）H市の弁護士においては、トータルで328件の顧問先が挙げられている。その内訳は、企業が166件、病院・医療法人38件、協同組合23件、その他の法人21件、官公庁16件、労働組合11件、そして個人41件、その他・不明12件である。
4）弁護士の経済性志向の一因は、それが弁護士として独立ちするまでに投下した資本の回収という性格をもつことにもよろう。その意味では、弁護士養成システムの問題は看過できないものである。


## 4．弁護士の生活意識

　前の2節でみたように、今日の弁護士は、経済社会状況に即応して生み出

される市民ニーズを受けとめると同時に、自らも一個の社会的存在として、進展する経済社会状況の中に取り込まれる形で、経済性を志向した職業活動を行っているといえる。しかしはじめに述べたように、現代社会の進展は、経済社会状況をますます深化させる一方で、管理社会化あるいは私化状況を広範に展開させるに至っている。一個の社会的存在としての弁護士が、社会の経済状況ばかりでなくこのような諸々の社会状況の影響下にあることは当然のことといえる。そこでここでは、そうした社会状況とのかかわりをみるために、弁護士の生活意識あるいは生活態度（具体的には、生き方と社会関係的態度）に焦点を当ててみたい。生活意識は文字通り人間の日々の営みにかかわるものであり、その意味で基本的な意識形態であるから、それは弁護士の職業行動を大きく方向づけるものといえる。

### （1）弁護士の生き方

生き方については、次のような一般的な6つの尺度を用意し、その中で一番近い生き方を選んでもらっている。

① 自分ひとりのことを考えずに、社会のためにすべてを捧げてくらす。
② 世の中の不正をおしのけて、どこまでも清く正しく生きる。
③ 真面目に勉強して名をあげる。
④ 一所懸命はたらいてお金持になる。
⑤ 金や名誉を考えず、自分の趣味にあったくらし方をする。
⑥ その日その日をくよくよしないでのんきにくらす。

①と②が社会志向的な生き方を示すものであり、⑤と⑥が私生活志向的な生き方を示すものである。

弁護士全体でもっとも多かったものは、「趣味にあったくらし方」で21.7％、次いで「のんきにくらす」で17.1％、後は「清く正しく生きる」15.8％、「名をあげる」8.6％、「社会のためにすべてを捧げてくらす」7.2％、「お金持になる」3.3％、「その他・不明」26.3％となっている。

人々の生き方は、戦後この方大きく変化している。一口にいえば、社会志

向的生き方から私生活志向的生き方への変化である。表2-15にみられるように、戦後当初は、「清く正しく」や「社会につくす」といった社会志向的生き方が優勢であった。しかし、1958年を境に「趣味」や「のんきに」といった私生活中心の生き方が優勢となり、1978年には私生活志向61％、社会志向18％と両者の開きは実に40％を超えるに至っている。

表2-15　生き方の推移（全国）
（単位：％）

| | 社会につくす | 清く正しく | 名をあげる | お金持に | 趣味に | のんきに | その他 | 不明 | 計 |
|---|---|---|---|---|---|---|---|---|---|
| Ⅰ (1953) | 10 | 29 | 6 | 15 | 21 | 11 | 4 | 4 | 100 |
| Ⅱ (1958) | 6 | 23 | 3 | 17 | 27 | 18 | 3 | 3 | 100 |
| Ⅲ (1963) | 6 | 18 | 4 | 17 | 30 | 19 | 3 | 3 | 100 |
| Ⅳ (1968) | 6 | 17 | 3 | 17 | 32 | 20 | 2 | 3 | 100 |
| Ⅴ (1973) | 5 | 11 | 3 | 14 | 39 | 23 | 2 | 3 | 100 |
| Ⅵ (1978) | 7 | 11 | 2 | 14 | 39 | 22 | 2 | 3 | 100 |

（資料）『日本人の国民性』出光書店、1982年

　H市の弁護士の生き方は、「趣味」や「のんきに」の私生活志向が38.8％、「清く正しく」や「社会につくす」の社会志向が23.0％であり、全国同様に、私生活志向の生き方が優勢となっている。しかし比率の点からみると、弁護士の場合は、市民ほどには私生活中心の生き方が浸透しているわけではない。もちろん、全国データと弁護士データとはほぼ10年の開きがあるので単純に比較はできないが、論者が1984年に実施した市民調査では[1]、私生活志向69.8％、社会志向14.2％となっており、一地方都市という限定はあるにしても、市民レベルにおける私生活主義の蔓延は急激である。このような市民レベルの生き方の進展に対していえば、弁護士の私生活主義の進展はかなり緩慢なものとみられるのである。

　ところで、このような生き方の変化は、予想されるように年齢あるいは世代的な生き方の違いとして現れてくる。すなわち、表2-16の全国データに見られるようにやはり、若い世代では「趣味」が圧倒的であり、世代を重ねるにつれて「清く正しく」や「社会につくす」が増えてくる。しかし注目されるのは、老齢世代においても社会志向的生き方の比率自体はきわめて低くなっており、結局のところ今日では、若い世代同様に「趣味」と「のんきに」が2大生活目標となっているのである。

　これに対して弁護士の場合には、図2-2に見られるように、確かに壮齢世代では「趣味」と「のんきに」が優勢であり、世代が上がるにつれて「清

I部　弁護士職の法社会学

く正しく」や「社会につくす」が増えてくる。しかし市民と違って弁護士の老齢世代では、「清く正しく」と「社会につくす」が「趣味」と「のんきに」を凌駕しているのである。このように、H市の弁護士においては、市民と異なり壮齢世代と老齢世代の間にはハッキリとした生き方の違いがあり、壮齢世代の私生活志向的生き方に対して老齢世代の社会志向的生き方が対置される。

　このように見ると、弁護士世界への私生活主義の浸透は市民に比べてまだ幾分緩やかなものといえるかもしれないが、しかし、若い世代への私生活主義の急激な浸透を見ると、必ずしもそうとばかりはいえない。すなわち「40歳未満」層においては、「清く正しく」はわずか4.9％にすぎず、「社会につくす」にいたっては皆無である。しかも「趣味」や「のんきに」に加えて、立身出世主義的な「名をあげる」や拝金主義的な「お金持ちに」の生き方が他の世代を凌駕しているのである。

　以上のように、今日の市民の生き方は私生活中心主義に大きく傾斜しているが、H市の弁護士の生き方もまた、市民ほどではないにしても私生活主義

表2－16　市民の年齢別生き方（全国）
（単位：％）

| | 社会につくす | 清く正しく | 名をあげる | お金持ちに | 趣味 | のんきに | その他 | 不明 | 計 |
|---|---|---|---|---|---|---|---|---|---|
| 20～24歳 | 3 | 4 | 2 | 8 | 52 | 29 | 1 | 1 | 100 |
| 25～29 | 2 | 6 | 1 | 13 | 54 | 20 | 2 | 2 | 100 |
| 30～34 | 4 | 9 | 1 | 16 | 43 | 20 | 2 | 5 | 100 |
| 35～39 | 5 | 9 | 2 | 15 | 42 | 21 | 2 | 4 | 100 |
| 40～44 | 9 | 11 | 1 | 18 | 39 | 17 | 2 | 3 | 100 |
| 45～49 | 7 | 12 | 3 | 16 | 33 | 21 | 2 | 6 | 100 |
| 50～54 | 9 | 12 | 1 | 16 | 39 | 18 | 2 | 3 | 100 |
| 55～59 | 6 | 17 | 4 | 9 | 37 | 22 | 2 | 3 | 100 |
| 60以上 | 12 | 17 | 3 | 13 | 21 | 25 | 1 | 8 | 100 |

（資料）『日本人の国民性』出光書店、1982年

（単位：％）

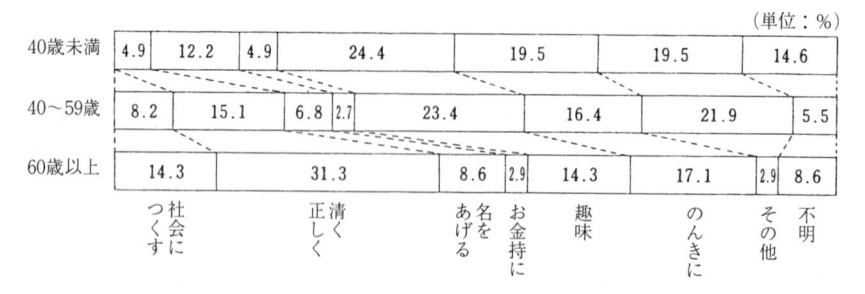

| | 社会につくす | 清く正しく | 名をあげる | お金持ちに | 趣味 | のんきに | その他 | 不明 |
|---|---|---|---|---|---|---|---|---|
| 40歳未満 | 4.9 | 12.2 | 4.9 | 24.4 | 19.5 | 19.5 | | 14.6 |
| 40～59歳 | 8.2 | 15.1 | 6.8 | 2.7 | 23.4 | 16.4 | 21.9 | 5.5 |
| 60歳以上 | 14.3 | 31.3 | 8.6 | 2.9 | 14.3 | 17.1 | 2.9 | 8.6 |

図2－2　弁護士の世代別生き方

に傾いている。しかも世代的にみると、私生活主義は若い世代に顕著な生き方となっているから、弁護士世界への私生活主義の浸透は着実に進んでいる、と受けとめられる。そしてこのような「趣味」や「のんきに」といった私生活志向の生き方が、基本的人権の擁護とか社会正義の実現といった社会的使命よりも、経済効率の追求と結びつきやすい生き方であることは想像に難くない。

### (2) 弁護士の社会関係的態度

次に、社会関係的態度についてみてみよう。これは、現在の社会を概ね良しとして同調的に生きるのか、あるいは悪しとして同調せずに生きるのか、といった、いわば現在の社会システムとのかかわり方をとらえる尺度である。ここでは、次のような2つの問いが設定されている。

（甲）今の世の中は、いろいろ欠点もあるが、全体としては合格点をつけてもよい。だから今の社会の動きから、あまりはずれないように歩調をあわせていくのが賢明な生き方である。

（乙）今の世の中は、いろいろ長所もあるが、全体としては欠陥の方が大きい。だから、今の社会の仕組みや動きに注目し、欠点に対しては抗議、批判していくのが正しい態度である。

（甲）は社会同調的態度、（乙）は社会非同調的態度を示すものである。このような2つの生活態度に対して4段階の回答を求めたところ、弁護士においては、「甲に賛成」15.1％、「どちらかといえば甲に賛成」40.8％、「どちらかといえば乙に賛成」28.9％、「乙に賛成」8.6％となり、社会同調的態度がかなり優勢となっている。

市民の場合は、一般に、市民意識調査にみられるように[2]、社会同調的態度が若干優勢であって、先にも引用した地方都市の場合にも、同調的態度が51.2％（「甲」30.9％、「どちらかといえば甲」21.3％）に対して非同調的態度は46.3％（「どちらかといえば乙」17.9％、「乙」28.4％）であった。しかしH市においては、興味深いことに、同調的態度が43.7％（「甲」10.4％、「どち

Ⅰ部　弁護士職の法社会学

らかといえば甲」33.3％）に対して、非同調的態度が53.2％（「どちらかといえば乙」31.8％、「乙」21.4％）で、非同調的態度のほうがかなり優勢となっているのである。このような違いは、H市調査の時期が、リクルート問題を始め政治的問題が噴出した時期と重なり、それを背景として社会批判的態度が鮮明化されたとみられるが、そのような社会的背景の違いがあるにしても、図2－3のように、市民の側に社会への非同調的態度が強く現れ、むしろ弁護士のほうに同調的な態度が多く現れている点は注目に値しよう。同調的態

(単位：％)

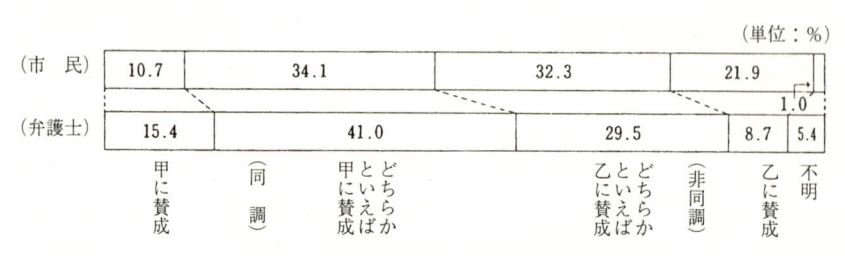

| | 甲に賛成 | (同調)<br>どちらかといえば甲に賛成 | どちらかといえば乙に賛成 | (非同調)<br>乙に賛成 | 不明 |
|---|---|---|---|---|---|
| (市　民) | 10.7 | 34.1 | 32.3 | 21.9 | 1.0 |
| (弁護士) | 15.4 | 41.0 | 29.5 | 8.7 | 5.4 |

図2－3　市民と弁護士の社会関係的態度

(単位：％)

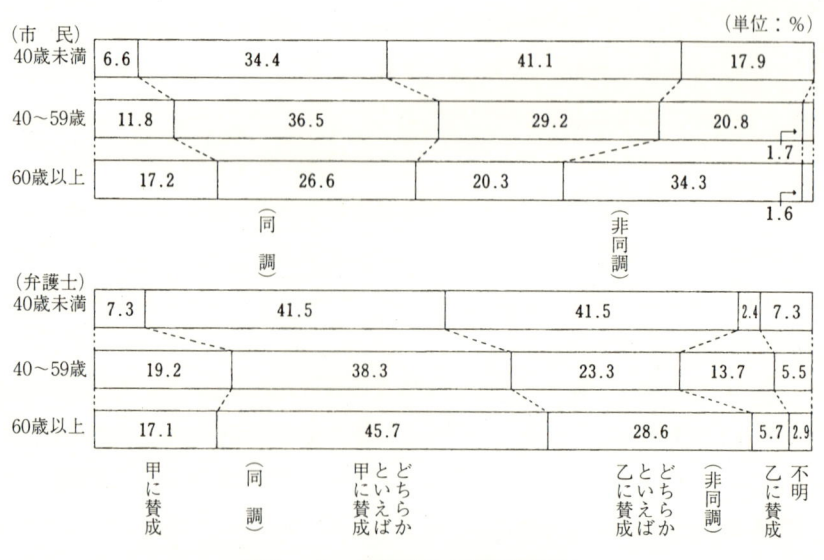

(市　民)

| | 甲に賛成 | (同調)<br>どちらかといえば甲に賛成 | どちらかといえば乙に賛成 | (非同調)<br>乙に賛成 | 不明 |
|---|---|---|---|---|---|
| 40歳未満 | 6.6 | 34.4 | 41.1 | 17.9 | |
| 40～59歳 | 11.8 | 36.5 | 29.2 | 20.8 | 1.7 |
| 60歳以上 | 17.2 | 26.6 | 20.3 | 34.3 | 1.6 |

(弁護士)

| | 甲に賛成 | (同調)<br>どちらかといえば甲に賛成 | どちらかといえば乙に賛成 | (非同調)<br>乙に賛成 | 不明 |
|---|---|---|---|---|---|
| 40歳未満 | 7.3 | 41.5 | 41.5 | 2.4 | 7.3 |
| 40～59歳 | 19.2 | 38.3 | 23.3 | 13.7 | 5.5 |
| 60歳以上 | 17.1 | 45.7 | 28.6 | 5.7 | 2.9 |

図2－4　世代別社会関係的態度

第 2 章　弁護士職の現代的性格

度が社会批判の視座を欠き、現在の社会に対する無批判な順応を意味するとすれば、そのような社会的態度が弁護士に多く見られることは、在野法曹としての弁護士の役割を限界づけることになろうし、また先にみたような経済効率にもとづく職業行動を導くことにもなろう。

　ところで社会関係的態度を世代別にとらえると、図2－4のように、市民の場合は、大枠でみれば世代的格差はないが、意見の分布に着目すれば、世代が上がるとともに同調も非同調も強い意見が増加し、次第に社会的態度が鮮明になってくることがわかる。一方弁護士の場合には、若い世代と壮齢世代、老齢世代の間にかなり明瞭な落差がみられ、同調的態度は壮齢世代と老齢世代に多くみられることになる。もっとも、壮齢世代においては強い非同調的態度がかなり多くみられ、いわば世代内対立の様相を呈しているから、その意味では同調的態度はとりわけ老齢世代に特徴的な態度と受けとめられよう。また、弁護士と市民を比べれば、壮齢、老齢両世代において市民よりも弁護士の方に多くの同調的態度がみられるのである。

　先にみた「生き方」では、弁護士の場合、市民と異なり大きな世代的格差があり、老齢世代においては社会志向的生き方が強く現れていた。しかし社会関係的態度については、いまみたように社会志向とはむしろ対立すると思われる同調的態度が、老齢世代に多く現れているのである。このような一見矛盾するような弁護士の態度構造を統一的に理解するために、いま、私生活志向的生き方－社会志向的生き方の軸と同調的態度－非同調的態度の軸の、2つ軸をクロスさせて、生活態度の類型化

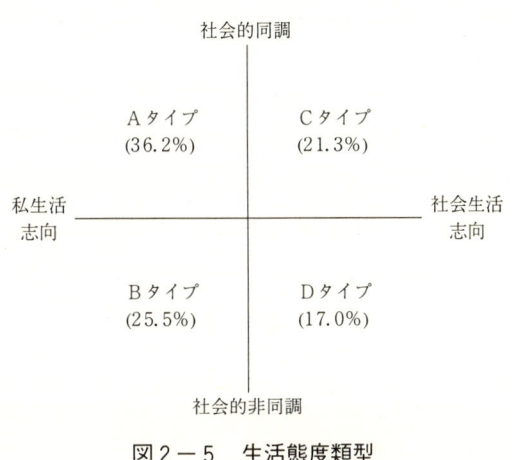

```
              社会的同調
                │
    Aタイプ    │   Cタイプ
    (36.2%)   │   (21.3%)
              │
私生活 ───────┼─────── 社会生活
志向          │            志向
              │
    Bタイプ    │   Dタイプ
    (25.5%)   │   (17.0%)
                │
              社会的非同調
```

図2－5　生活態度類型

を試みてみよう[3]。

　図2-5に明らかなように、もっとも多いのは、私生活志向-社会的同調（Aタイプ）、2番目が、私生活志向-社会的非同調（Bタイプ）、次いで、社会志向-社会的同調（Cタイプ）、そしてもっとも少ないのが、社会志向-非同調（Dタイプ）である。それぞれの類型の性格を大まかに述べれば、Aタイプは、現在の社会の是認の上に私的あるいは個人的生活を志向する生活態度であり、したがって体制的利益の享受と私的利益の重視を特徴としている。Dタイプはその対極にあって、社会への批判的態度の下に社会的生活を志向する生活態度であり、体制的利益の拒否と社会的利益の重視を特徴とする。この2つのタイプに対して、BタイプとCタイプは一見矛盾する生活態度とみられるが、まず2番目に多いBタイプは、現在の社会に対する批判的態度は堅持しながらも、他方で私的生活を志向する生活態度であり、体制的利益の拒否と私的利益の重視を特徴としている。このようにBタイプにおいては、社会批判的態度が必ずしも社会生活重視に向かわず個人の生活に回帰するというアンビヴァレントな態度構造が示されるが、これは、仮説的にいえば、非同調的態度の中身が社会批判を超えた無力感として現れていることによろう。巨大化し不透明化する現代社会の前で、人は自己の存在をいよいよ無力なものと感じるようになり、存立の基盤を己あるいは身近な者の中に求め始める。この意味でこの態度類型は逃避的あるいはアノミー的性格をもつといえよう。最後にCタイプは、現在の社会の是認の上に社会的生活を志向する生活態度であり、体制的利益の享受と社会的利益の重視を特徴としている。このタイプも、Bタイプとは逆方向ではあるが矛盾的生活態度を示しており、体制的利益享受層が私的利益に向かわずに社会的利益に志向されている。しかし、弁護士の社会階層的地位やその役割からいえば、これは矛盾ではなくてむしろ弁護士本来の生活態度なのかもしれない。こうして、4つの生活タイプは次のように名づけることができよう。すなわち、A——体制内私益型、B——逃避型あるいはアノミー型、C——体制内奉仕型、D——変革型、である。

このような類型化にしたがえば。今日の弁護士の主要な生活態度は、体制内私益型として明確に把握されることになる。先にみた経済効率にもとづく職業行動は、体制的利益享受者として、社会的使命よりも趣味や安楽に価値を置く弁護士の、このような生活態度に導かれるものといえよう。これに対して変革型は、支配体制に対する批判的視座のもとに私利私欲を離れた生き方を志向するものであり、その意味で一般に弁護士が理念としている（してきた）生活態度を具現するものといえるが[4]、経済社会の展開とともに、今日では少数派となっている。一方アノミー型と体制内奉仕型は、数の上からは両者ともに今日の弁護士の主要な生活態度とみられるが、それぞれに固有の問題をもつ。すなわちアノミー型は、社会への批判的態度はもつものの、その本質は社会逃避的性格のものであり、したがってその意味からは、市民サイドに立ってそのニーズを積極的に受けとめるというような役割はあまり期待できず、やはり、体制内私益型とともに経済的職業行動を支える役割を果たすに過ぎないと思われる。むしろこのような市民サービスの点では、体制内奉仕型の方がまだしも社会に尽くす姿勢がみられるだけに、大きな機能を果たすものといえよう。しかし体制内奉仕型にしても、確かに経済原則からは一歩距離を置くものとみられるが、その社会的機能は現在の体制の枠内に止まる、という限界は見逃せない。ともあれ、このような生活態度の類型化によって、今日における弁護士の経済的職業行動を導く生活態度が、1つには、弁護士の主要な態度類型である体制内私益型、2つには、2番目に多

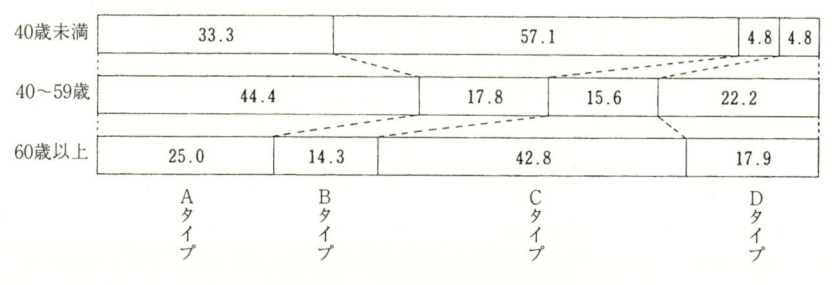

| | Aタイプ | Bタイプ | Cタイプ | Dタイプ |
|---|---|---|---|---|
| 40歳未満 | 33.3 | | 57.1 | 4.8 / 4.8 |
| 40〜59歳 | 44.4 | 17.8 | 15.6 | 22.2 |
| 60歳以上 | 25.0 | 14.3 | 42.8 | 17.9 |

図2－6　世代別生活態度類型

Ⅰ部　弁護士職の法社会学

くみられるアノミー型であることが明らかとなろう。

　ところで、この４つの生活態度類型は世代的にはどのように現れてくるであろうか。図２－６にみられるように、いま「40歳未満」「40－59歳」「60歳以上」の３つの年齢階層でとらえると、若い世代の弁護士の生活態度は、アノミー型が多くなっており、壮齢世代には体制内私益型、そして老齢世代には体制内奉仕型が多くなっている。このように世代別にみると、中心的存在である壮齢世代の弁護士と将来を担う若い世代の弁護士が、体制内利益型とアノミー型を主要な生活態度としながら、経済性にもとづく職業行動を展開する一方で、老齢弁護士によって、体制的枠内ではあるにしても、「社会的使命」の貫徹が志向されていることがわかる。このようにして結局今日では、変革型はとくに世代的担い手はもたず、壮齢世代と老齢世代の一部に支持される、マイノリティー的生活態度となっているのである。

　今後、経済社会のさらなる進展とともに、弁護士の生活態度がどのように変化していくかは興味深いことではあるが、予測困難なことである。ただ敢えていうならば、世代的にみて若い世代の弁護士に経済社会に即応するアノミー型[5]やさらには体制内私益型が優勢で、変革型にしてもまた体制内奉仕型にしても少数派であることからみると、将来的には経済社会状況に即応した生活態度がより強化されていくのではないか、と推測されよう。

注
1）この点については、拙稿「弁護士の社会意識」『広島法学』第11巻３・４号、1988年、249～69頁を参照。
2）例えば福岡市のデータでは、同調的態度50.7％に対して非同調的態度47.8％となっている。『福岡県民意識調査』福岡県、1985年、78～79頁。
3）なおこれは、「清く正しく」と「社会につくす」、「趣味」と「のんきに」の生き方を回答し、さらに社会関係的態度についても同調か非同調いずれかを回答している弁護士94サンプルについての分析である。
4）弁護士階層が、現代社会におけるエリートとしての地位にあるとすれば、本質的な態度類型としてはやはり、体制内奉仕型とみるほうが適切であろう。その意味では、変革型は伝統的な態度類型ではなく、理念的あるいは理想的なタイプとみられよう。
5）立身出世主義的な「名をあげる」や、拝金主義的な「お金持ちに」が若い世代に顕

著であるから、逃避主義が経済性志向に向かう可能性は大きいといえよう。

## 5．おわりに

　イリイチの『専門家時代の幻想』は[1]、現代社会における法律家を含めた専門家の本性を抉り出すものとして示唆的であるし、また刺激的でもある。一読すると、専門家のレゾン・デートルさえ怪しくなる。

　そこまでいかなくとも、本論の分析にみられるように、今日における法律専門家である弁護士の社会的存在もまた、別の性格を帯び始めているように思われる。すなわち、現代社会における弁護士の役割は、経済社会的状況のもとに醸成される市民の経済的ニーズを受けとめる一方で、弁護士自らも経済社会に身を置く現代的人間類型として欲望を肥大化させることによって、経済的利害対立の調整役として顕現している。またさらにこのような調整役としての役割は、特徴的な生活意識にも支えられており、今日では、社会的奉仕の理念とは縁遠いと思われる体制内私益型とアノミー型の2つが弁護士のメインな生活態度として特定化されるに至っている。そしてこのような現代の弁護士の基本的性格からみると、基本的人権の擁護とか社会正義の実現といった「使命」が、理念としてのみ機能しているに過ぎない、ととらえられるかもしれない。

　ところで、専門職は、一般にプロフェッションと呼ばれ、弁護士は伝統的にその代表的な職業とみられている。しかし、プロフェッションの2大要件は「高度な技能・知識・熟練」と「公共の利益サービスの提供」[2]にあり、弁護士の場合には、個々の行動と意識のレベルでみる限り、後者の要件を必ずしも充たすものとはいえない。むしろ現代の弁護士の性格からみるならば、「スペシャリスト」という職業概念がより適切と思われる。現代の経済社会にあって、善くも悪くも、専門的な知識・技能を活かして経済的利害対立の調整役としての役割を担うものこそが、スペシャリストとしての弁護士とい

えよう。ともあれ現代は、本来的な意味でのプロフェッションが育たない環境なのかもしれない。

注
1) I. ILLICH, J. MCKNIGHT, I. K. ZOLA, J. CAPLAN, H.SHAIKEN, *DISABLING PROFESSIONS*, 1977, 栗原彬・樺山紘一・山本哲士訳『専門家時代の幻想』新評論、1984年。
2) プロフェッションについての代表的見解としては、D. リシュマイヤー、T. パーソンズ、石村善助氏のものがあるが、共通的に取り出せるものはこのような2要件といえる。とくに石村氏の下記文献は、プロフェッションの問題を考える上で有用なものである。D. RÜSCHEMEYER, "Rekrutierung, Ausbildung und Berufsstruktur : zur Soziologie der Anwaltschaft in den Vereinigten Staaten unt in Deutschland," *Kölner Zeitschrift für Soziologie und Sozialpsychologie*（六本佳平訳「弁護士の補給・養成と職業構造——米国とドイツの比較——」石村・六本編『法社会学教材』東京大学出版会、1976年、92～117頁。) T. PARSONS, Some Problems Confronting Sociology as a Profesion, *American Sociological Review*, Vol.24, No4, 1959, 547-559. 石村善助『現代のプロフェッション』至誠堂、1967年。

# 第3章　日常生活の中の紛争処理

## 1．はじめに

　『司法統計年報』をみると、法的な紛争が多発しておりまた増加の傾向にあることがわかる。民事的紛争を例にとれば、交通事故や医療過誤の損害賠償をめぐる争い、不動産取引やサラ金・クレジットをめぐる争いなど多様な紛争がみられ、とりわけ最近では、バブル経済の浮沈を反映して、不動産取引やサラ金・クレジットをめぐる紛争が激増している。
　しかし、争いが裁判によって処理されるケースは、紛争全体からいえば氷山の一角であって、第三者的な処理機関たとえば消費生活センターとか交通事故紛争処理センターの仲介によって解決が図られたり、あるいは当事者自身のいわば自助努力とか私的交渉によって解決が図られたりするケースが多く存在する。その結果は、「円満解決」から「泣き寝入り」までさまざまであるが、このような裁判外の紛争処理をここでは「日常生活の中の紛争処理」[1]と呼んでおきたい。
　本論は、このような日常生活の中の紛争処理に焦点をすえて、市民が日常いかなる紛争に直面し、その争いをいかにして解決しているのか、第三者機関の仲介と私的交渉による処理との分岐点は何か、紛争処理の専門機関である弁護士は日常の紛争処理においていかなる役割を果たしているのか、総じて日常の紛争処理の過程にはいかなる問題が存在するのか、の諸点を検討し、わが国における紛争処理の構造に迫りたいと考える。
　このような問題設定は、近代社会の成熟にもかかわらず、依然として「訴訟嫌い」「裁判嫌い」を特徴とする日本人の法行動を、単に法意識の一般的調査からだけではなく、日常の一般的な紛争の諸事例に現れる、現実の多様

な処理の動態から考察したいと考えるからである。もちろん、一口に「日常生活の中の紛争処理」とはいっても、紛争それ自体多様であり、包括的な研究は困難である。将来的には紛争処理の中範囲理論というものが展望されるにしても、いまのところは問題を限定して、実相の部分的解明にとどまらざるをえない。すなわち、ここで扱う紛争は、1つには伝統的な争いである、不動産をめぐるトラブル、2つには消費社会を反映する、物品購入をめぐるトラブル、3つには多発する交通事故をめぐるトラブル、4つに新しいタイプのトラブルとして医療をめぐるトラブル、そして5つ目に親族関係の絡む相続をめぐるトラブルの、民事と家事の5つの問題領域にとどまる。

くわえて、方法についていえば、本論ではいわゆる質的分析が採られている。実証的研究においては一般に、統計学の発達とともに統計的量的分析方法が用いられているが、日常生活の中の紛争処理は多様でありまた動態的であることからいえば、質的分析こそ有効と考える。紛争処理研究は、現在の法社会学において大きなテーマであり、とりわけ経験的あるいは実証的研究の蓄積が期待されているが、本論は、経験的方法の中でもとくに質的データによる解読を試みようとするものにほかならない。

なお、本論は、1992～93年度の文部省科学研究費による調査研究「現代社会における紛争処理」の研究成果の一部である。この調査研究は、3つの調査から構成されているが、ここで用いたものは、広島市における全市的な紛争処理経験の実態把握を目的とした「紛争処理に関する基本調査」と紛争内容・処理過程・処理結果・処理上の問題などを調査した「紛争処理経験に関する調査」である[2]。前者は、市民1,000名を対象にした郵送調査（回収率26.1％）、後者は、処理経験を有する市民32名に対する聞き取り調査（有効24票）である[3]。

以下では、まず「紛争処理に関する基本調査」をもとに紛争の態様と処理過程の問題を概観し、次いで「紛争処理経験に関する調査」をもとに紛争処理の動態を検討し、紛争処理の構造に迫ろう。

第3章　日常生活の中の紛争処理

注
1) 裁判外紛争処理の概念は、一般に、自助努力あるいは私的交渉までをも含むものではない。そこで、より広範なとらえ方として「日常生活の中の紛争処理」を用いてみたい。
2) もう1つの調査は、紛争処理志向、法意識、社会意識、裁判や調停に対する評価、紛争処理機関の利用度・認知度など紛争処理全般にかかわる、統計的分析を目的にした「紛争処理に関する基礎調査」で、市民500名を対象にした留置による調査（回収率65.4%）。調査実施時期は、「紛争処理に関する基礎調査」が1993年2月、「紛争処理に関する基本調査」が同年3月、「紛争処理経験に関する調査」が94年2月。
3) 「紛争処理に関する基本調査」で、5つの問題のいずれかについて紛争経験を有するものが82名、このうち聞き取り調査に「協力可能」の回答を得たものが32名、実際に協力を得たものは24名であった。この24名に対して、紛争内容をはじめ必要事項を中心に聞き取り調査を実施した。


## 2．紛争の態様と処理過程の問題

「紛争処理に関する基本調査」によれば、回収票261のうち紛争経験アリは82票であり、問題類型ごとの分布は、不動産トラブル31、物品購入トラブル12、交通事故トラブル37、医療トラブル4、相続トラブル10、無記入12の、総計106件となっている（複数経験をもつものがあるためトータルは82を超える）。分布からは、最近の傾向と重なる形で、交通事故トラブルや不動産トラブルが多く現れ、また新しいタイプの医療トラブルも若干ながら現れていることが分かる。

以下では、5つの主要な問題類型について、ある程度内容が明確なケースを取り上げながら、紛争の具体的な態様をとらえるとともに、市民が処理過程で直面する問題について概観しよう。

### (1) 不動産トラブル

ケース1

内容：隣家からガスのメーターが境界線を越えているとの苦情を受けて

79

工事
問題：費用がたいしたものではなく、相手が隣家であるので、工事費の負担を我慢

ケース2
内容：田舎の土地で境界が売買時と違っていた
問題：相手方が土地の名士であり、また損害を金銭に換算してもたいした額にならないので泣き寝入り

ケース3
内容：隣家が長期間にわたり少しずつ土地の境界線を移動させてきたことから、境界線の確定をめぐって争いになった
問題：田舎のことで、とくに因習が深いことから近所の人の嫌がらせを受けた

ケース4
内容：説明のないまま出来上がった建物に、図面とは違うところが数箇所あった
問題：ミスを素直に認めて、よい方向での解決を考えようとはしなかった

ケース5
内容：マンション建築にともなう電波妨害および日照問題
問題：一人では無力であること、隣近所不満をもちながら泣き寝入りしていること

ケース6
内容：借地権の問題で、営業しているにもかかわらず地主との割合は半々だった
問題：弁護士をつけた方が権利が強かったようだ、弁護士をつければよかったかもしれないが、お金がかかりそうなのでつけなかった

ケース7
内容：引越しの際、家主より不当に敷金をとられた。入居する際、たた

み、ふすまなど取り替えていないのに、敷金の3分の2をとられた
　　問題：不動産屋はなくなっており、家主にいってもきいてもらえず、結局あきらめた。このような時、どこに怒りをぶっつければいいのかわからない

ケース8
　　内容：自己所有の建物に他人が居座ったが、立ち退きを要求してもなかなか立ち退いてくれない
　　問題：かえって嫌がらせを受けた

　不動産トラブルでは、全体的に土地の境界をめぐる争いが多くみられるが、ケース1、2、3にみられるように、境界紛争は近隣の人間関係がかかわる問題だけに、その処理には難しさがともない、忍耐して権利主張を抑制する場合には不満が残り、他方権利主張を抑制しない場合には近隣の反感を被るなど、適正な解決の道は遠い。

　その他では、建築にともなうミスや日照権をめぐる争い、借地権や賃貸借をめぐる争いなど多様な争いが出ているが、いずれのケースでも独力での相手方との交渉には困難がともない、当事者は不満を抱えながらも「泣き寝入り」せざるをえない状況となっている。その中で注目されるのは、ケース7のように、当事者が、第三者機関へのアクセスを志向しながらも、どこに相談してよいかわからないため「泣き寝入り」の結果になっていることである。また、ケース6はとくに、紛争処理に果たす弁護士の役割の大きさとその問題性を示唆するものとして注目される。すなわち、市民は、弁護士の関与が紛争解決において有利に働くことを認識してはいるものの、実際には報酬の高額性が阻害要因となってアクセスがもたれないのである。このように、問題解決のためのアクセス情報や具体的なアクセス機関の少なさ、さらには弁護士アクセスの困難性が、市民の日常の紛争処理を規定する条件となっていることがわかる。

## （２）物品購入トラブル

ケース１
内容：５年前に75万円で取り付けたルームエアコンが故障、メーカーに聞いたところ10万円程度の修理費が必要との回答
問題：メーカーに苦情をいっても受け付けてもらえず、たらいまわしにされ、未処理のまま

ケース２
内容：約60万円の受験用教材を購入したが、営業と教材を教える人との間の話が食い違っていて、教材を十分活用できないことがわかり解約を要求
問題：消費生活センターの仲介で解約したが、戻って来たお金は10万円程度で泣き寝入り

ケース３
内容：訪問販売でうまくのせられ、書類に判を押してしまったが、その後すぐに断った。だが中々相手は応じてくれなかった
問題：断ってからも、何回も仕事場に来たり、電話がかかってきたり、また言葉で脅かされたりして怖かったが、消費生活センターに相談してやっと断ることができた

ケース４
内容：会員権（旅行、ブランド品等を安く利用できる）を購入し、１年後に解約しようとしたところ、できなかった
問題：途中で解約すると、ブラックリストにのり、金融機関の利用もできなくなるといわれ、しょうがなくあきらめた

ケース５
内容：申し込んだ覚えのない名簿が送られ、代金（15,000円）を請求された
問題：すぐに名簿を返送したが受け付けてもらえずまた戻ってきた、そこで消費生活センターのアドバイスを受けたが、まだ未解決のま

まである

ケース6
　　内容：ダイエット食品を購入したが効果がみられないので苦情をいった
　　ところ、別の食品が送られてきた
　　問題：代金は返してもらえず、別の食品を送ってきてそれで終わり

　物品購入トラブルでは、全般的に、訪問販売にかかわる争いが多いが、ケース2や3にみられるように、契約内容を短時間で確認することが困難で、後から契約内容にソゴが発見されたり、あるいは後で冷静になってから思い返して解約するなどしてトラブルに遭遇するケースが典型である。注目されるのは、訪問販売のケースでは、販売側が簡単に解約に応じないばかりか脅迫めいた言動で消費者を抑圧するといった状況があり、「泣き寝入り」に終わる場合が多いことである。その点で、消費者問題の専門機関であり手軽なアクセスが望める消費生活センターの役割は大きく、本調査でも、ケース3のように、当該機関が紛争処理において効果を発揮している。

　訪問販売以外では、家電製品の故障といった伝統的なトラブルをはじめ、会員権、健康食品、名簿販売をめぐる新しいトラブルが現れているが、ここでもケース4のように、相手方からの威圧をうけ解決をあきらめる場合がみられることに注意しなければならない。

　物品購入トラブルは、不動産にくらべれば比較的財貨的価値が低いこともあり、また相手の威圧的な対応もあって第三者機関にアクセスするよりも「泣き寝入り」で終わる場合が多いといえる。しかし、いまみたように、消費生活センターにアクセスしたケースではそれなりの処理結果が出ていることからいえば、当該機関のより積極的な利用が日常の紛争処理において大きなポイントとなるが、市民のセンターの認知度こそ高いものの利用度はかなり低調である[1]。またこれと関連していえば、今回のケースでは弁護士へのアクセスがみられないが、やはりセンターが認識の上では当該問題の処理機関として特定化されているとともに、弁護士が少額事件を敬遠したり相談業務を軽視する[2]といったマイナスイメージや弁護士報酬の不明確性がここでも影

Ⅰ部　弁護士職の法社会学

響しているとみられよう。

### （3）交通事故トラブル

ケース1
内容：こちらが一旦停車しなければならない交差点での事故だが、見通しの良いところなのでお互い確認して通行すると思っていたところ、ブッツケてきた。相手は前方を見ていなかったと謝ってきたが、保険会社同士の話し合いで、こちらが80％悪いことになった
問題：相手は弁護士を使って、内容証明で脅迫、こちらの保険会社はあまり熱心でなく、相手の言い分通りで決着

ケース2
内容：交差点で車同士が衝突し、車が当方のガレージに飛び込み、ガレージ内の車と柱等が損傷。しかし車は借り物の上運転者は25歳のため保険の支払い不能（26歳未満免責保険）
問題：損害賠償を取るために、弁護士、交通事故紛争処理センターなどにアクセスし、約2年間かかった

ケース3
内容：自転車で通勤途中、路上に止めてあった軽トラックの左ドアが急に開き、顔と腰を強打
問題：相手方から「病院で治療したほうが良い」といわれ、治療を受け、また保険の手続きは「こちらでやっておきます」といわれたので安心して待っていたら連絡も何もなかった。法律知識の無いことが残念だった

ケース4
内容：夫の車が、無理に横道から出て来たタクシーにドアをへこまされた。当方には過失がないと思うが、相手方は当方にも少しの過失があるといって引き下がらない
問題：当方が諦めるのを待っている様子で、今日まで未解決

第 3 章　日常生活の中の紛争処理

ケース 5
　　内容：大学生の息子が三差路で、出合い頭に接触、双方怪我はなかったが、双方の車が飛び込んだブロック塀の破損と塀の中の車の修理、ならびに双方の事故車の修理をめぐって持ち分の比率が問題
　　問題：相手方は運転代行会社の運転手が運転しており、任意保険未加入のため費用負担比率の話し合いが長くなった

ケース 6
　　内容：前車の後を20～30メートルほどあけて時速40～45キロメートルで走行中、左側に停車中の車が方向指示機も出さずいきなりUターンしようとしたため、自車が大破、相手の運転手は全面的に自己の非を認めたが相手保険会社は当方にも1割の非があると主張
　　問題：相手保険会社の言い分に納得いかない。交通事故の判例について、個々の事情の違いをかなり一律的にかたづけている様で、もっとケース・バイ・ケースで考えるべき

ケース 7
　　内容：相手方がヤクザで、大金をふっかけられた
　　問題：保険会社の勧めもあって裁判にしたところ、相手方は裁判を降りたが、脅されるかもしれないとの不安があった

ケース 8
　　内容：優先道路の信号を確認しながら走行中、単車の学生が信号を無視して交差点内に進入、接触して車の一部を破損
　　問題：大は小に弱しで、泣く泣く単車の弁償をした

　交通事故トラブルにも多様な形態があり、またその処理も複雑で、相手方の対応や諸種の条件によってさまざまである。上記の8つのケースでは、処理の状況要因として、1つに相手方の人間性や保険加入状況、2つに事故の発生状況、3つに仲介の保険会社の姿勢を分けることができる。前者でいえばケース3、4、7およびケース2、5、中者ではケース8、後者ではケース1、6が相当しよう。

85

Ⅰ部　弁護士職の法社会学

　交通事故トラブルでは多くの場合、保険会社へのアクセスが取られているが、これは損害保険との関係できわめて当然のことである。しかし中には自助努力あるいは私的交渉で解決を図るもの、逆に弁護士や紛争処理センターにアクセスを試みるケースもある。そうした場合やはり、自助努力の処理結果は他に比べて不満足に終わる傾向にある。その意味では保険会社をはじめとする専門処理機関のアクセスは重要なものである。ただし、保険会社の場合、依頼者のために全面的な解決努力を期待できるかといえば、いささかの疑問が残る。例えばケース1にみられるように、保険会社同士で、依頼者不在の交渉が行われ、かなりの譲歩が余儀なくされている。このようにみれば、依頼者の権利を擁護するための別の専門的処理機関の役割が注目されるが、弁護士にとって交通事故紛争は「相談業務」としては希少であり[3]、また交通事故紛争処理センターは、利用度はもちろん認知度自体もかなり低い[4]。

### （4）医療トラブル

ケース1
　　　内容：医師が治療ミスを犯し、責任逃れのために患者（自分）を病院の外に放置。この時患者は意識障害を起こしており最も危険な状態にあった
　　　問題：各行政機関に依頼したが、病院側の証拠湮滅で、証拠の確保が困難。現在もこの件を追及中

ケース2
　　　内容：父親が初期の食道ガンで手術を受けたが、成功したはずの手術で併発症を起こし、肺炎になり、呼吸不全で死亡
　　　問題：容体が悪くなってから説明するのではなく、もっと早い段階で見通しを説明してほしかった。お陰で不信感をもった

　医療トラブルは今日急増傾向にあるが、今回の調査で示されたものは、わずか2つにすぎない。しかしこれらは、今日の医療問題の一端を表すものといえる。

ケース1は、いわば病院ぐるみの医療ミス隠しとでもいうべきもので、こうした無軌道な病院経営が、治療行為に名を藉りた犯罪行為であることは自明であろう。それに対してケース2は、手術にともなう医学的問題であり、因果関係の立証や医師の法的責任を問うことがきわめて困難なケースといえる。しかし今日主張されるインフォームド・コンセントはまさに、こうしたケースに当てはまるもので、医師による手術についての事前の十分な説明と患者の側の承諾が要請されるものである。このケースでは、手術による合併症のかなりの危険性が予見されていたかもしれないし、そうであれば高齢者の手術は回避され、クオリティオブライフの視点から、別の選択肢が選ばれた可能性も高い。医療機関におけるこのような患者への配慮にかけた医療行為が、医療機関に対する不信を募らせ、医療紛争を発生させることになる。

後者のケースはどのようにして問題を処理したのかは今のところ分からない。それに対して前者は、紛争解決のために奔走し、各種行政機関へアクセスを試みている。しかしその結果は芳しくない。医療問題の因果関係の立証は困難な作業であり、少なくとも各種行政機関の能力を超えるものがある。その意味では、適切な問題解決のために弁護士の役割が大きいが、弁護士においても医療問題の専門家はきわめて少ないのが現状である。

(5) 相続トラブル

ケース1
　内容：父親が自分で家を建て、祖父と一緒に住み、経済的にも援助していたが、祖父が亡くなり遺産相続をする際、父の兄弟姉妹が自分たちにも権利があるとして反対、トラブルとなる
　問題：相続争いが発生してからの兄弟姉妹のいがみ合い

ケース2
　内容：弟の死亡の責任は弟の妻にあると判断しているし、妻もそれを認めており、また生命保険等3,000万円以上のお金を受け取っているにもかかわらず、葬儀費用一切を出さない

I部　弁護士職の法社会学

　　問題：弟の妻の両親が感情的になり話が進まないので弁護士に依頼する
　　　　　ことになったが、弁護士は当方の事情について非常にクールで
　　　　　あった

　相続トラブルについては、内容まで記載してあるものはわずか2ケースにすぎず、このことからも相続問題が当事者にとって如何にデリケートなものかがうかがわれる。

　2つのケースは、内容的にも異なるし、処理方法の点でも対照的である。ケース1は、親族だけの話し合いにとどめられており、それだからこそ感情的な軋轢を解消できないでいるとみられる。その意味では、弁護士あるいは家裁による解決が必要なケースともいえよう。しかし、ケース2にみられるように、弁護士が第三者として紛争に関与しても、かならずしも当事者に満足いくような解決が十分得られる保障はない。肉親の問題だけに弁護士の対応によってはかえって抑鬱感を増幅させ、問題解決にしこりを残す恐れも出てくる。

　今日、身内の問題である相続トラブルにしても、権利意識の昂揚や財貨への執着から、自助努力を越えて弁護士の介入さらには家裁による処理も展望されているが、相続という問題の性質上、依然としてその解決は多大の葛藤を当事者に負わせているといえる。

　注
　1）「紛争処理の基礎調査」によれば、市民のうち、「よく知っている」「まあ知っている」と回答したものが併せて67.6％、利用経験のあるものは7.1％にすぎない。
　2）弁護士の業務特性については、たとえば拙著『紛争処理の法社会学的研究』（昭和63年度科研成果報告書）、1989年を参照。
　3）同上書、42頁。
　4）「紛争処理の基礎調査」によれば、市民のうち利用経験のあるものはわずか3.4％、「あまり知らない」「知らない」「わからない」と回答したものが併せて41.0％にのぼる。

## 3．紛争処理の構造

はじめに述べたように、「紛争処理経験に関する調査」では、紛争内容、処理機関、処理機関の選択理由、処理結果についての評価、処理全般を通じての問題点、紛争処理についての要請・意見など、紛争処理の構造を把握するために必要な項目について聞き取りによるインテンシブな調査を実施した。調査協力を得たものはわずか24サンプルにすぎないが、興味深い知見が得られる。

24サンプルを問題類型でみると、不動産トラブルが10ケース、物品購入トラブルが3ケース、交通事故トラブルが11ケース、相続トラブルが5ケース、医療トラブルが2ケースの、トータル31ケースとなっている。以下では、必要な項目についてほぼ完全な回答を得たケースだけを取り上げ、日常生活における紛争処理の構造に迫ってみよう。

### （1）不動産トラブル

ケース1
　　内　　容：土地の境界及び通路
　　処理機関：弁護士
　　選択理由：裁判まで考慮
　　処理結果：最高裁まで争った、通行権だけは認められたが、相手は通路に植物を植えたりしていて、結局は通れなかった
　　評　　価：大変不満
　　問　　題：相手の道徳心の欠如。最低限の権利しか守ってもらえなかった。裁判とは結局そういうものだと思った

ケース2
　　内　　容：住居の改築で、台所と風呂場を出窓風にしたため、隣家よ

り境界線を越えているのではとクレーム
処理機関：自分と家族
選択理由：とくに違法だとは思っていなかったから
処理結果：隣家との話し合いで解決。法的措置は必要なし
評　　価：まあ満足している
問　　題：近所付き合いに今後問題が残らないように処理しなければならなかった

ケース3
内　　容：義母の借家をマンションに立て替えたいという理由で3カ月以内の立ち退きを要求された
処理機関：行政機関の窓口
選択理由：他にどこに相談していいかわからなかった
処理結果：相手方が取り下げた
評　　価：まあ満足している
問　　題：当初どこで相談にのってもらえるかわからなかった

ケース4
内　　容：隣に3階建マンションが建築され日当たりが悪くなった（10月～5月全然日が当たらない）
処理機関：行政機関の窓口
選択理由：区役所なら何か手だてがわかるかと思った
処理結果：泣き寝入り。高さの基準が3階になり日が当たらず、行政機関は基準がすべて
評　　価：大変不満
問　　題：先住者に対する配慮が足りない。時代の流れと思いあきらめざるを得ない

ケース5
内　　容：ダム建設にともなう県道の拡張工事により、農地の提出を求められた

処理機関：自分と家族
選択理由：田舎のことでもあるし、相手が県であったため、出来たものはどうにもならなかったから
処理結果：泣き寝入り
評　　価：大変不満
問　　題：親が近所のものから差別された

　不動産トラブルの処理過程をみると、行政機関の窓口は大きな役割を果たしているが、その意味づけは対照的で、「他にないから」という消極的なものと、「役所なら何とか」といった積極的なものとがみられる。とくに注目されるのは、消極的なケースでは、若く、高学歴の者でもトラブルに直面してたちまち混乱に陥る様子や手軽な相談機関への強い要望が示されていることである。「一般の者にとって何かトラブルが起きると、まずどうしてよいのか迷います。非常に混乱し弱い立場です。知識があれば順序だてて解決して行けるでしょうが。もう少し身近に様々なトラブルについての相談に気軽にのってくれるところが欲しいと思う（女性・30代・主婦・大卒）」。
　ケース２、５は私的交渉による処理であるが、興味深いのは、一方では「仕方ない」というあきらめによるものであるのに対して、他方では「違法ではない」という合法性の信念が示されていることである。これらは、私的交渉の２つのパターンといえるかもしれない。処理結果は双方の受けとめ方によって満足と不満足に分かれるが、注目されるのは、いずれの場合にも、近隣関係が処理過程上のキーポイントになっている点である。すなわちケース２では、処理結果こそ不満はないものの、「近隣関係に十分な配慮が必要であった」と述べられており、ケース５では、村八分とはいえないまでも、身内に対して「差別的な対応」がとられている。ここに、不動産トラブルの中でも近隣関係にかかわる争いの特殊性がうかがわれる。
　ケース１は、処理過程に弁護士が関与したもので、そこにはやはり「裁判のために」といった明瞭な動機づけがあり、「訴訟弁護士」という受けとめ方が見て取られる。このケースは、近隣問題にもかかわらず最高裁まで争っ

ており、特異なケースといえようが、それだけに問題の根深さがうかがわれる。とくに興味深いのは、こうした近隣紛争がかならずしも裁判によって円満な決着をみないことである。最終決着の後も「通路に植物を植えたりして」妨害がなされ、近隣紛争自体は終結しない。こうして裁判に対する不信が生まれることになる。

### （2）物品購入トラブル

ケース1
  内　　容：契約の解除と契約の解除にともなう違約金の支払い
  処理機関：弁護士
  選択理由：専門家に任せた方が良いと思った
  処理結果：クーリングオフが認められた
  評　　価：まあ満足している
  問　　題：弁護士の料金が高すぎる

ケース2
  内　　容：カードで購入していないのに代金の請求を受けた
  処理機関：自分と家族
  選択理由：弟が銀行員
  処理結果：未払い
  評　　価：不満である。購入していないものを一方的に請求されて不愉快
  問　　題：いつ問題がふりかかってくるかと思うと大変怖く感じた

　物品購入トラブルのケースは少ないので、正確なことはいえないが、それでも興味深いことがうかがわれる。すなわち、処理機関として弁護士などが選択される1つの要因はやはり、専門家に対する信頼感である。弁護士の不祥事が今日紙面を賑わせているが、少なくとも法律的問題については力になる、と受けとめられているようである。しかし注目されるのは、料金の問題である。実際どれくらいかかったかは聞き出せなかったが、弁護士アクセス

第3章　日常生活の中の紛争処理

を阻害する要因の1つとして、弁護士報酬の高さや不明確性があることが、ここにも示されている。

　他方、「私的交渉」にとどまる場合、合法性の信念もたしかに1つの要因であろうが、ケース2のように、身内に頼みになる人材が存在しているかどうかが大きく、頼みになる人材が見い出せない場合にはじめて、行政機関や専門機関にアクセスが開始されるといえよう。

### （3）交通事故トラブル

ケース1
　　内　　　容：小さな路地での出合い頭の事故
　　処理機関：警察、保険会社
　　選択理由：相手方の強硬な態度から、とにかくすみやかに処理をして、この事故から抜け出したかった。専門機関に依頼すると解決までに時間がかかりそうに思いあきらめた
　　処理結果：保険をつかって処理しようとしたが、相手方から示談での解決を強要され、やむなく全額を負担
　　評　　　価：大変不満である。事故後の混乱と、相手方の態度が怖かったせいもあって言うがままに全額負担したが、冷静に考えるともっとどうにかしようがあったように思われる
　　問　　　題：先方に脅され（嫌がらせ電話等）、大変怖い思いをした。警察には保険会社同士で処理するようにいわれたが、保険会社もあまり当てにはならなかった

ケース2
　　内　　　容：接触事故、物損
　　処理機関：自分と家族
　　選択理由：保険会社や弁護士に相談することは思いつかなかった
　　処理結果：示談。相手方が無保険だったのでほとんど泣き寝入り
　　評　　　価：不満。賠償額が少ない

93

問　　題：相談機関について無知であった

ケース3
内　　容：交差点を直進中に、右折のために停止していたスクーターが倒れ、当方の運転席横にぶっつかってきた。相手方は入院3カ月

処理機関：保険会社

選択理由：仕事上の知人がいるため

処理結果：自賠責補償限度額内（120万円）で治療費を補償

評　　価：まあ満足している

問　　題：処理は代理店の知人に相談して、自賠責の範囲内で納まったが、中間管理職の立場上、現場検証終了までの3カ月余りがつらかった

ケース4
内　　容：横断歩道外で、老人を、急ブレーキの後止まる寸前で轢いた

処理機関：警察、保険会社

選択理由：交通事故の処理においては、それが適切な方法であると思った

処理結果：被害者が2人いたが、1人は示談で解決、もう1人は過剰な請求をするので保険会社を通して解決

評　　価：まあ満足している

問　　題：2人目の被害者との交渉が手間取り、解決が少々長引いたこと

ケース5
内　　容：接触事故

処理機関：警察、保険会社

選択理由：当方がぶっつけたのに「たいしたことないから示談で」といわれたが、翌日「ムチ打ちになった、治療代をほしい」といわれ、当たり屋かと思い、当該機関に相談するのが最も妥当

　　　　と考えた
　　処理結果：相手方は、実際は良識者であって、賠償問題等の話し合いが
　　　　　　　出来たので、示談で解決
　　評　　価：満足している
　　問　　題：警察に行ったとき、「女の子1人でこんな所に来るな」と説
　　　　　　　教された。事故の話よりも「女じゃ話にならん」という説
　　　　　　　教の方が長かった

　交通事故トラブルでは、主要な処理機関として警察と保険会社が出てきている。前者は、事故証明の必要性から当然にアクセスが予定される機関であるが、それ以上に相手方の「スジ」（当たり屋の恐れ）によってとくに頼みとなる機関と受けとめられているようである。それに対して保険会社はやはり、損害賠償の支払いの関係で当然にアクセスされる機関となっている。

　今回のケースでは、交通事故紛争処理センターや弁護士へのアクセスはみられないが、前者については、前節でも触れたように社会的認知度の低さが影響していると思われる。当該機関のアクセスは、たとえばケース1、2の場合などではより適切な解決をもたらす可能性が高く、その意味で制度の機能不全が問題となっている。また弁護士については、今回のケースがそれほど紛糾したものでないことによろう。回答の中には、「とくに弁護士アクセスの必要はなかった」とするものがあり、市民においては一般に、交通事故トラブルは保険会社のレベルで十分な解決が行われる、とする考えが主流となっている。問題が紛糾し、訴訟や調停ということになればその時はじめて弁護士の登場となる。実際ケース3では、「保険会社に聞いても過失割合は低く、事故規模がたいして大きくなかった。規模によっては弁護士に依頼する」と回答している。

　処理結果の評価は、前節の交通事故トラブル同様に、多様な条件によって規定される。しかし一般的にいえるのは、加害者の場合では保険利用がうまくいかず自腹を切ったケース、被害者の場合では相手方が無保険で十分な損害賠償が得られないケースにおいて、評価は低い。

なお、警察の問題に言及すれば、ケース5に指摘されているように、女子に対する差別的な取り扱いがあるのではないか。一般市民にとって普通警察は近寄り難い権力機関であるが、現実の紛争処理過程にみられる、大学院在学中の成人の女子に対するかような警察の態度は、交通事故紛争にとどまらず、市民生活全般における警察機関の問題性を浮き彫りにするものといえよう。

**（4）医療トラブル**

ケース1
　　内　　容：長男出産時、妻の出産に医師が立会っていなかったため、骨盤のズレを発見することができなかった
　　処理機関：自分と家族
　　選択理由：妻が事を荒立てたくないとの意向
　　処理結果：泣き寝入り
　　評　　価：大変不満
　　問　　題：1年後に骨盤のズレと断定されたが、時間も経っており、何ら対処できなかった

ケース2
　　内　　容：開業医の父親が一人の時に産婦人が突然飛び込んできて出産。死産となりトラブルとなった
　　処理機関：弁護士
　　選択理由：裁判になったから（訴えられたから）
　　処理結果：勝訴
　　評　　価：満足している
　　問　　題：医療に対する目が必要以上に厳しく、少しのことをミスという目で見るようになり、すぐ裁判などを口にする人が増えた

医療トラブルは2ケースにすぎないが、ここには患者と医療従事者の両者の立場からのトラブルが現れていて興味深い。まずケース1は、患者側から

のものであるが、注目されるのは、「事を荒立てたくない」という妻の意向であり、医療問題の難しさはあるものの、それ以前に争うことを好まない国民性といったものがここにもうかがわれる。このケースは、妻の意向もあり、泣き寝入りという結果になってはいるが、夫自身は問題解決に意欲的であり、アドバイスを求めて諸機関にアクセスを試みて、次のような問題点の指摘や要望を提出している。すなわち「一般市民には裁判所や市の相談所には何かと訪問しにくく、電話などで無料相談に応じてくれる機関と、実際に調査してもらえる調査員がいれば、早い対応ができる」。ここには、市民にとって公的機関の敷居は結構高いものであること、医療問題では事実関係の把握が死活を制することから迅速な調査を実施する機関が必要であること、の2点が示されているが、日常の紛争処理の問題点を明確に指摘するものといえよう。

　他方ケース2は、医療関係従事者が患者から訴えられたケースである。一般に医療トラブルといえば、弱い立場の患者が被る医療ミスや薬害のケースが想起されるが、訴えるものがいればその対極には当然訴えられるものがいるわけで、医療トラブルの場合には、患者とともに医師も紛争当事者としてその主要な構成要素であることを改めて認識する必要がある。

　そうした場合、このケースは、常に悪役を演じざるをえない医療関係従事者の立場からみた紛争処理過程として興味深いものがある。訴訟であるから弁護士に依頼することは当然であり、その結果勝訴で終わっているといえるが、これは、弁護士の関与が紛争の処理の上で有利であることをかならずしも示すものではない。むしろ勝訴は、訴追された医療ミスがもともとミスといえるほどのものではなかった（飛び込みの緊急的出産）からといえよう。むしろ留意すべきは、回答者が処理過程の問題点として指摘しているように、いささか過剰ともいえる医療バッシングが今日起こりつつあることである。

　訴訟社会アメリカの問題とも重ねて考えれば、医療トラブルの増大は、かならずしも望ましい現象とばかりはいえず、インフォームド・コンセントをはじめ患者の権利を擁護することは当然であるにしても、他方における医療

従事者の日々の苛酷な営為をも視野に収める必要があるのではないか、と思われる。

## （5）相続トラブル

ケース1
　内　　　容：義父が亡くなったあと、姉一人に相続させたいとの義母の意見があってもめた
　処理機関：自分と家族
　選択理由：無用なトラブルを避けるため
　処理結果：義母の今後のこともあり義母に相続してもらった
　評　　　価：まあ満足
　問　　　題：家族間でトラブルをおこしたくないので、表面は平静を装った。義母が亡くなったら、すべて姉が相続する約束。他の兄弟は、入院中の父の世話を一所懸命したので、納得できないが、争いはしたくない

ケース2
　内　　　容：夫の遺産分割
　処理機関：税理士
　選択理由：親戚だった
　処理結果：一応納得の行く分割
　評　　　価：まあ満足。一般的にはどうなのかわからないので
　問　　　題：今後夫側の家庭とうまくやれるか、若干不安

ケース3
　内　　　容：実家の父親の遺言の件で
　処理機関：自分と家族
　選択理由：身内で決着をつけたいと思った
　処理結果：継続中
　問　　　題：感情論になり苦しかった

第3章　日常生活の中の紛争処理

ケース4
　　内　　容：老人性痴呆症の両親（義父母）を長男（父母と別居）と当方
　　　　　　の妻とが交替で世話をしてきた、しかし義父が死亡した途
　　　　　　端、長男から母はこちらで面倒をみるので父の遺産相続に
　　　　　　ついては権利放棄するように一方的な申し入れがされた
　　処理機関：自分と家族
　　選択理由：弁護士や他の機関に相談するまでにはいたっていない
　　処理結果：進展なし。継続中
　　問　　題：話が中々すすまない。相手もいってこないし、こちらもいわ
　　　　　　ない

　2つのケースは目下継続中ではあるが、以上の4つのケースからは相続トラブルにかんする興味深い知見が得られる。第1に、相続トラブルはやはり身内の問題と認識され、したがって身内で解決を図ろうとする傾向が強い。少なくとも、可能な限り自分と家族による私的交渉の努力を継続し、いよいよとなってはじめて弁護士へのアクセスが開始される。このことは「身内で決着をつけたい」「弁護士に相談するまでにはいたっていない」に端的に示されており、このような処理の二元的構造が、問題類型別にみたときの、いささか常識的知見ではあるが、相続トラブルの処理過程の特徴といえる。くわえて興味深いのは、相続が財貨に関するものだけに税理士が第三者機関として登場してくるが、その場合にも親戚や知人といった身内のネットワークとしてとらえられている。また、税理士は、財貨の管理にとどまらず、弁護士へのアクセスを判断する役割をも果たしている。たとえばケース2では、「税理士が、金銭管理の結果から『弁護士の必要はない』と判断した」とあり、相続争いで税理士が準弁護士の役割を果たしていることがうかがえる。
　第2に、相続トラブルは多かれ少なかれ当事者に大きな葛藤をもたらすものとなっている。すなわち、ケース1にみられるように、不満を抱えながらも身内のゴタゴタを回避しようと配慮するもの、ケース2のように、一旦決着をみたものの、その後の親戚づきあいに危惧を覚えるもの、ケース3のよ

うに、どうしても感情的な諍いになってやりきれない思いを抱くものなど、である。身内の問題であるからこそこうした精神的葛藤に苛まれるとすれば、やはり第三者機関の介入が必要となろうが、その場合弁護士はあまりにも紛争処理の専門機関としての色彩が強いので、それ以外のもっと手軽な機関が望まれているようだ。実際、相続トラブル経験者の1人は、次のように述べている。「トラブルが生じた時にどこにたずねればよいかわからない。私のように、突然独り身になった無知な人間は途方にくれてしまう。世の中には色々な相談機関があるにもかかわらず、あまりにも一般人は知らないことが多い（女性・30代・事務職・大卒）」。

## 4．まとめ

　以上の分析を通じて得られた、紛争処理の構造についての知見を整理しておこう。
　第1に、市民の紛争処理行動の特徴の1つは私的交渉であるが、その動機づけには4つのタイプを見いだせる。1つは、「あきらめ」にもとづくもの、2つは、合法性の信念に支えられたもの、3つは、親族・知人のネットワークに頼る存在がえられるもの、4つは、紛争が近隣関係や近親関係にかかわるもの、である。中で留意されるのは、第1のタイプで、そこには長いものには巻かれろ式の「あきらめ」と他に相談する途がないからとする「あきらめ」が区別される。同じ「あきらめ」でも後者のあきらめ型が多くみられるが、これは手軽な相談機関の不在や相談機関の「近寄り難さ」とった問題状況を反映するものと受けとめられよう。
　第2に、市民の紛争処理行動は、トラブルの性質によるよりもむしろ当事者間の関係性によって規定されており、近親関係を特徴とする相続トラブルや不動産トラブルの中でも境界にかかわるトラブルなどでは、近親者や近隣者との関係を考慮して、私的交渉という穏便な方法が取られる傾向にある。

しかもそれ以外のトラブルにしても、対社会的関係を考慮して「事を荒立てない」という配慮がもたれる場合には、同じ様に穏便な形で処理される。たしかに権利意識の昂揚とともに、関係性にこだわらない明快な紛争解決志向もみられるが[1]、日常生活の中の紛争処理においては依然として、関係性の中に埋没する傾向がみられることはたしかな事実である。

　第3に、5つの問題類型を通じてみると、第三者機関へのアクセスには、問題ごとの特色があり、交通事故トラブルでは警察と保険会社、物品購入トラブルでは消費生活センター、相続トラブルでは税理士となっている。しかし、認知度の低さからか、予想に反して交通事故紛争処理センターへのアクセスはほとんどみられず、紛争処理の分化的構造とでもいえる状況がみられる一方で、重要な専門的公的処理機関の機能不全は著しい。

　最後に、処理機関の階層性とでもいえる構造的特徴である。これは2つの文脈でとらえられるが、1つは、処理の専門機関である弁護士と私的交渉を含めたその他の機関が、専門性のレベルに応じて重層的な関係にあることである。つまり、トラブルの重大性によってはじめて弁護士は処理機関として登場するが、それまでは自助努力あるいは他の第三者機関で処理が試みられるというわけである。2つには、弁護士は専門性のみならず高額報酬という点で営利性においても他の機関の上位に位置する。

　このような弁護士の紛争処理システムにおける特異な位置づけが、市民の日常の紛争処理において一定の枠となり、弁護士の一般的関与を希薄にしている。そしてとくに重要なことは、市民の志向自体としては紛争処理の専門家である弁護士へのアクセスに向かっていながらも、とりわけ弁護士報酬の高額性・不明確性によってそれが妨げられていることである。このことは、たとえば、「弁護士への相談となると一体どれ位金額がかかるのかと尻ごみしてしまいます。市の相談日とかがありますが、もっと簡単に弁護士に相談できるシステムがあればと思います。○○法律事務所とかちょっと『敷居が高い』という感じです（女性・30代・主婦・大卒）」といった意見に代表される[2]。

Ⅰ部　弁護士職の法社会学

　専門サービスがそれなりの報酬を必要とすることは、認めなければなるまい。弁護士の場合、一本立するまでの資本投下は無視し得ないものがあるし、高度な専門的知識は決して安価なものではないはずである。だが問題は、報酬額の高さ、不透明さにあろうし、くわえていえば「敷居の高さ」にあろう。こうした弁護士の階層的位置が、日常生活の中の紛争処理を私的交渉にとどまらせたり、他の第三者機関へのアクセスを求めさせる要因といえるし、いわば処理の三重構造を生み出しているといえよう。

注
1）拙著『紛争処理の法社会学的研究』(昭和63年度科研成果報告書)、1989年、3〜14頁を参照。
2）その他の例としては次のようなものもある。「弁護士への相談を気軽にできるようにすべき。なぜかとっつきにくいようであるし、いくらお金がかかるとか前もって知りたい（男性・30代・労務職・大卒）」。

# 第4章　医療事故と被害者救済
　　——裁判と弁護士に焦点をあてて——


## 1．はじめに

　医療事故が多発している[1]。新聞やテレビなどマス・メディアを通じて医療事故のニュースが流されない日はない。医療事故にかかわる相談や訴訟の件数も増加の傾向にある。

　まず医療過誤訴訟の動向を見ると（表4－1）、1983年（昭和58）は271件であったが、その後増加を続け、97年（平成9）には595件と2倍強に及んでいる。しかも、未済件数も増加し、今日2,547件と膨大なものになっている。

　一方、医療事故被害者の救済を目的に、弁護士が無料で相談電話に応じる「医療事故全国一斉相談」によれば、相談電話が始められた1991年度は856件、続いて93年度998件、95年度243件、97年度677件、そして99年度895件となっている。95年度には相談件数はかなり落ち込んだものの、その後はまた増加に転じ、最近では900件近くに及んでいる。電話相談は通常、昼間の数時間程度しか行われていないので、900件という数はかなりの相談件数であり、医療事故の広範な広がりを示すものである。

　また、「一斉相談」の被害状況をみると（表4－2）、「脳障害以外の後遺症」がトップではあるものの、「死亡」という重大な被害が25％も生じており、医療事故の被害の深刻さがよく分かる。

　さらに、診療科別で見ると（表4－3）、もっとも診療件数が多いと思われる「内科」が21.9％でトップを占め、ついで事故の可能性が高いと予測される「外科」「整形外科」が高率を示している。三者の数値は年次によって若干の変動はあるが、順位はこの10年変わらない。診療件数の多い科、危険

表4－1　通常・医療過誤訴訟事件の処理状況（昭和58年～平成9年）

|  | 通常 新受 | 通常 既済 | 通常 未済 | 医療 新受 | 医療 既済 | 医療 未済 |
|---|---|---|---|---|---|---|
| 昭和58年 | 99,037 | 99,518 | 107,443 | 271 | 224 | 1,290 |
| 昭和59年 | 107,677 | 104,745 | 110,375 | 255 | 219 | 1,326 |
| 昭和60年 | 115,697 | 113,362 | 112,710 | 272 | 262 | 1,336 |
| 昭和61年 | 118,211 | 111,393 | 112,528 | 335 | 267 | 1,404 |
| 昭和62年 | 120,085 | 120,723 | 111,890 | 335 | 304 | 1,435 |
| 昭和63年 | 118,683 | 119,480 | 111,093 | 352 | 279 | 1,508 |
| 平成元年 | 110,970 | 115,502 | 106,561 | 369 | 301 | 1,576 |
| 平成2年 | 106,871 | 112,020 | 101,412 | 364 | 282 | 1,658 |
| 平成3年 | 112,080 | 111,958 | 101,534 | 357 | 310 | 1,705 |
| 平成4年 | 129,437 | 122,780 | 108,191 | 373 | 303 | 1,775 |
| 平成5年 | 148,511 | 137,934 | 113,768 | 444 | 292 | 1,927 |
| 平成6年 | 148,382 | 144,693 | 115,467 | 504 | 328 | 2,103 |
| 平成7年 | 144,479 | 146,651 | 113,295 | 434 | 293 | 2,244 |
| 平成8年 | 142,959 | 145,858 | 110,396 | 581 | 432 | 2,393 |
| 平成9年 | 146,588 | 147,373 | 109,611 | 595 | 441 | 2,547 |

(注)　1　医療過誤訴訟事件については、報告事件として報告のあった事件数に基づく物である。
　　　2　通常訴訟事件には、医療過誤訴訟事件を含まない。
　　　3　通常訴訟事件には、通常訴訟の再審事件を含まない。
　　　4　医療過誤訴訟事件には、保全事件を含まない。
※日本弁護士連合会人権擁護委員会『医療事故被害者の人権と救済』明石書店、2001年、214頁。

表4－2　被害別の医療事故

| 被害 | 1991年度 件数 | 1991年度 % | 1993年度 件数 | 1993年度 % | 1995年度 件数 | 1995年度 % | 1997年度 件数 | 1997年度 % | 1999年度 件数 | 1999年度 % |
|---|---|---|---|---|---|---|---|---|---|---|
| 死亡 | 167 | 19.5 | 239 | 24.0 | 49 | 20.2 | 111 | 16.4 | 227 | 25.4 |
| 脳障害 | 66 | 7.7 | 85 | 8.5 | 24 | 9.9 | 53 | 7.8 | 84 | 9.4 |
| 脳障害以外の後遺症 | 341 | 39.8 | 307 | 30.8 | 87 | 35.8 | 222 | 32.8 | 261 | 29.2 |
| その他 | 245 | 28.6 | 324 | 32.4 | 68 | 28.0 | 268 | 39.6 | 254 | 28.4 |
| 不明 | 37 | 4.3 | 43 | 4.3 | 15 | 6.2 | 23 | 3.4 | 69 | 7.7 |
| 合計 | 856 | 100.0 | 998 | 100.0 | 243 | 100.0 | 677 | 100.0 | 895 | 100.0 |

※1999医療事故全国一斉相談速報値

第4章　医療事故と被害者救済

表4－3　診療科別の医療事故

| 診療科 | 1991年度 件数 | % | 1993年度 件数 | % | 1995年度 件数 | % | 1997年度 件数 | % | 1999年度 件数 | % |
|---|---|---|---|---|---|---|---|---|---|---|
| 産　　　科 | 72 | 8.3 | 75 | 7.5 | 24 | 9.5 | 28 | 4.2 | 69 | 7.6 |
| 婦　人　科 | 38 | 4.4 | 36 | 3.6 | 7 | 2.8 | 28 | 4.2 | 41 | 4.5 |
| 外　　　科 | 153 | 17.7 | 190 | 18.8 | 39 | 15.5 | 117 | 17.4 | 153 | 16.8 |
| 整　形　外　科 | 111 | 12.9 | 129 | 12.7 | 32 | 12.7 | 96 | 14.3 | 100 | 11.1 |
| 脳　外　科 | 47 | 5.4 | 54 | 5.4 | 11 | 4.4 | 45 | 6.7 | 67 | 7.4 |
| 美　容　外　科 | 8 | 0.9 | 5 | 0.5 | 0 | 0.0 | 4 | 0.6 | 7 | 0.8 |
| 内　　　科 | 184 | 21.2 | 220 | 21.8 | 75 | 29.7 | 127 | 18.9 | 198 | 21.8 |
| 小　児　科 | 31 | 3.6 | 36 | 3.6 | 3 | 1.2 | 17 | 2.5 | 36 | 4.0 |
| 耳鼻咽喉科 | 30 | 3.5 | 39 | 3.9 | 5 | 2.0 | 33 | 3.3 | 28 | 3.1 |
| 眼　　　科 | 36 | 4.2 | 33 | 3.3 | 8 | 3.2 | 28 | 4.2 | 26 | 2.9 |
| 精　神　科 | 31 | 3.6 | 39 | 3.9 | 6 | 2.4 | 21 | 3.1 | 27 | 3.0 |
| 歯　　　科 | 45 | 5.2 | 60 | 6.0 | 19 | 7.5 | 43 | 6.4 | 44 | 4.9 |
| 麻　酔　科 | 10 | 1.2 | 6 | 0.6 | 5 | 2.0 | 6 | 0.9 | 5 | 0.6 |
| そ　の　他 | 68 | 7.9 | 84 | 8.4 | 18 | 7.1 | 95 | 13.3 | 104 | 11.5 |
| 合　　　計 | 864 | 100.0 | 1006 | 100.0 | 252 | 100.0 | 688 | 100.0 | 905 | 100.0 |

※1999医療事故全国一斉相談速報値（構成比は、重複を含めた合計数で算出）

性の大きな科に、当然のことながら、「事故」率が高いわけである。とはいえ、率にバラツキはあるもののほぼすべての診療科で「事故」が生じており、その意味で、医療の安全は「神話」以外の何物でもない。

　その中で注目されるのは、「麻酔科」と「美容外科」の事故率の低さである。麻酔専門医の少ないわが国において、麻酔事故の恐怖が語られることが多いが[2]、「一斉相談」にみるかぎり、恐怖はそれほどのものでないように思われる。

　だが、日本消化器内視鏡学会が行った調査によると、1988年から92年までの5年間に、内視鏡や腹腔鏡を使っての検査・治療や検査前に行う麻酔や投薬での事例を含め、225人の患者が死亡していた。しかも、前回調査(82年～87年)とくらべると、検査・治療自体による死亡は減少したものの、逆に、内視鏡を使用する前に投与する鎮痛剤、麻酔薬の過剰投与、薬物過敏症などが原因で呼吸停止、心停止などを起こす事例が増えており、こうした「前処置」で134人の患者が死亡している[3]。

Ⅰ部　弁護士職の法社会学

　わが国の麻酔事故の正確な統計はないが、こうした調査報告をみると、時間限定の「電話相談」にはあまり出てこなかった「麻酔科」での事故も、現実には広範に広がっていることがよく分かる。また「美容外科」にしても、美顔整形の失敗による皮膚障害や顔貌崩壊などはよく知られた事実である。こうした意味では今日、「事故」のない安全確実な医療分野は存在しない、といっても過言ではない。

　医療行為が、身体に対する侵襲や薬物の投与を行うものであるかぎり、誰しも100％の安全が保証されるとは思わない。にもかかわらず現実には、医療事故の相談電話や医療過誤訴訟の数があまりにも多い。そこにはやはり問題の多い医療の実態が存在するといえる。たとえば、最近起こった筑波大学病院での「患者間違え肺ガン手術」のような重大なミスはそのよい例である[4]。こうした医療事故の広範な広がりを前にして、取り組むべき重要な課題の第1は、事故原因の究明、第2に、事故の防止策の検討、第3に、医療事故被害者の救済、である。今日多くの研究者や実務家が独自の視点からこれらの問題に取り組んでいるが、本論では、法社会学の視点から、医療事故の原因究明と医療事故被害者の救済とくに裁判と弁護士に焦点をあてて、われわれが行った「医療と介護に関する意識調査[5]」ならびに「弁護士の業務活動に関する調査[6]」をもとに、関連する研究文献[7]、新聞記事や最新のネット情報などを活用して、実証的に検討したいと考える。

　ところで、不幸にして医療事故の被害者となった患者や家族がすべて裁判を起こすわけではない。加害者である病院や医師との間で話し合いがもたれ、被害に対する謝罪や相応の損害賠償がスムーズになされれば、患者側もかなりの程度慰謝されると思われる。しかし、こうした話し合いによる解決は中々困難である。また、医事紛争処理委員会や民事調停制度もうまく機能していない。こうした状況の中で、裁判は被害者救済システムの中心的役割を担うことになる。

　今日、いわゆる医療過誤訴訟における原告側の勝訴率は4割近くに達しており、医療過誤の救済方法として訴訟はかなり有効なものとなってきている。

第 4 章　医療事故と被害者救済

だが、勝訴に至る途はけして平坦ではない。勝訴判決を得た患者や家族の多くが、裁判過程での苦悩を訴えている[8]。その意味で、医療過誤の救済方法としての裁判そして裁判において重要な役割を果たす弁護士について考察することは、法社会学の視点からは、きわめて重要な課題といえる。

注
1）用語についてあらかじめお断りしておきたい。一般に、「医療事故」は、医療にかかわる場所で、医療の全過程において発生する人身事故一切を包含する言葉として使われている。医療事故には、患者ばかりでなく医療従事者が被害者である場合も含み、また、廊下で転倒した場合のように医療行為とは直接関係しないものも含んでいる。医療事故のすべてに医療提供者の過失があるというわけではなく、「過失のない医療事故」と「過失のある医療事故」（医療過誤）を分けて考える必要がある。しかし、本論では、医療事故の7割が医療過誤ということもあり、また、データや文脈の都合もあって、医療事故と医療過誤の両者を厳密に区別せずに用いている。
2）浅山健『患者はこうして殺される』飛鳥新社、1998年。
3）『朝日新聞』1994年10月31日。
4）『朝日新聞』2000年8月4日。
5）この調査は、平成10〜12年度文部省科学研究費補助金による「現代医療問題の総合的研究」（代表者・渡辺満）の一環として、平成11年12月から平成12年3月にかけて実施されたものである。調査対象者は医師と患者。サンプル数は医師2,725、患者1,104。回収票と回収率はそれぞれ1,059（38.8％）、550（49.8％）である。
6）この調査は、平成12〜14年度文部省科学研究費補助金による「離婚紛争処理過程にかんする法社会学的研究」の一環として、平成13年2月に実施されたものである。調査対象者はH県弁護士会所属の弁護士。回収率は46.9％。
7）医療事故の原因究明や医療事故被害者の救済にかんして、参考になる文献をいくつか挙げておきたい。鹿内清三『訴訟事例に学ぶ医療事故と責任』第一法規、1990年。読売新聞社健康・医療問題取材班（編）『変わる医療現場』読売新聞社、1993年。塚本泰司『判例からさぐる医療トラブル』講談社、1994年。弁護士実務研究会『医療過誤ものがたり』大蔵省印刷局、1995年。大野正雄（編）『現代医療と医事法制』世界思想社、1995年。植木哲（他）『医療判例ガイド』有斐閣、1996年。平沼高明『医事紛争入門』労働基準調査会、1997年。高久史麿『医の現在』岩波新書、1999年。中野次郎『誤診列島』集英社、2000年。
8）たとえば『朝日新聞』（2000.10.9）の次の記事を参照。
　神奈川県に住む亨さん（59）の妻裕子さん（56）は、8年前に東京の大学病院で脳外科の手術を受けた。以来、体のまひなどの重い後遺症に苦しんでいる。
　5年前、大学病院を相手取って損害賠償を求める医療過誤訴訟を起こした。
　その大学病院を紹介してくれた医師から、「教授を訴えるなんて何を考えているん

だ」と怒りの電話がかかってきた。後遺症の残る妻を抱えて仕事を減らし、収入も大幅に減った。
　ようやく今年5月、2,590万円の賠償金が認められた。
　控訴期間の2週間が近づいたころ、弁護士から電話があった。「病院が、2,000万円にまけてくれといっている」。一瞬、何を言われたかわからなかった。

## 2．医療事故の発生原因

　表4－4は、2000年12月22日号の『週刊朝日』に掲載された、最近2年間の主要な医療事故である。これから分かるように、大学病院や公立病院のような高度医療を行う病院で、手術患者の取り違え、人工呼吸器の電源切れ、間違った薬剤の注射、抗ガン剤の投与量の間違い、異なる血液の輸血、そして体内へのガーゼ置き忘れなど、ちょっと考えられないような単純ミスによる医療事故が発生している。
　医療事故というと、何か困難な治療行為にともなう不可避の危険性から生じるものと思いがちだが、現実には単純なまたは不注意なミスが多くを占めている。また、スタッフも設備も整った大学病院や公立病院などは、医療事故とはあまり関係がないと思われようが、現実はむしろ逆である。
　『週刊朝日』掲載の医療事故はけっして特殊なものではない。全国いたるところで同様の事故が発生している。確認のために身近な中四国地域で最近発生した医療事故のいくつかを、新聞記事から拾ってみよう。
　①　東広島市の私立病院での事故
　1994年6月、当時72歳の男性が、交通事故で腹を強く打ち病院に搬送された。翌日に手術を受けたが徐々に血圧が低下して死亡。死因は心筋梗塞。(『朝日新聞』1999．3．31)
　②　広島市の公立病院での事故
　1996年7月、県内在住の女性が、耳なり、めまいなどの症状を訴え入院。診察の結果、脳内に動脈瘤がみつかり、医師の「破裂の可能性は1％。とく

第4章 医療事故と被害者救済

## 表4－4 主な医療事故リスト

| 病院名・患者 | 新聞報道日 | 事故発生日 | 事故内容 |
|---|---|---|---|
| 横浜市立大学付属病院（神奈川県）、A心臓疾患患者74歳男、B肺疾患患者84歳男 | 1999.1.13 | 99.1.11 | 手術患者取り違え事故、A心臓疾患患者に肺手術、B肺疾患患者に心臓手術 |
| 都立広尾病院（東京都）、58歳女性 | 99.3.16 | 99.2.11 | 点滴に消毒薬注入の疑い（血液凝固抑止剤を注入すべきところ消毒薬を誤って注入か）、同日死亡 |
| 杏林大学医学部付属病院（東京都）、4歳児 | 99.8.17 | 99.7.10 | 7.6センチの割り箸が脳内に残ったまま帰宅させ、頭蓋内損傷群で2日後に死亡 |
| 帝京大学医学部付属病院（東京都）、66歳男性 | 99.8.30 | 99.8.13 | 1時間に3ccの割合で点滴をすべきところ、その調節を行う輸液ポンプが外れた状態で点滴が行われた。当日中に死亡 |
| 国立療養所岩手病院（岩手県）、35歳男性 | 99.9.14 | 99.9.10 | 人工呼吸器の電源が切れ死亡（1時間前に巡回したときは異常なかったという）。午前1時45分死亡を確認 |
| 国立循環器病センター（大阪府）、6歳女児 | 2000.1.4 | 99.11.25 | 心臓手術中、調合されていない薬剤を投与（術中、技師が交代したため、引き継いだ技師は調合済と誤認）。約1ヵ月後死亡 |
| 国立療養所松江病院（島根県）、12歳少女 | 00.1.23 | 00.1.22 | 人工呼吸器の電源を入れ忘れ、同日死亡 |
| 高知赤十字病院（高知県）、69歳女性 | 00.2.19 | 00.2.17 | カテーテルと点滴用のチューブの接続脱離（カテーテルは静脈に挿入していたため、その導管から大量の出血があったもよう）同日死亡（出血性ショック死） |
| 京都大学医学部付属病院（京都府）、17歳女性 | 00.3.8 | 00.2.28 | 人工呼吸器の加温加湿器に水と間違え消毒液を注入（3月1日に補充しようとした際に気づく）、3月2日死亡（司法解剖の結果、死因はエタノール中毒） |
| 大阪赤十字病院（大阪府）、63歳女性 | 00.3.10 | 99.12.27 | 主治医が抗がん剤の量を間違え（10mgを80mgと指示）投与。2000年1月13日多臓器不全で死亡 |
| 済生会川口総合病院（埼玉県）、44歳女性 | 00.3.31 | 00.3.21 | 塩酸モルヒネ80mgを投与すべきところ、医師の指示書を婦長が院内処方箋に書き写し、80mgと記入すべきところ、80アンプル（800mg）と誤記入し、通常使用量の10倍を投与。3月24日死亡 |
| 東海大学医学部付属病院（神奈川県）、1歳6ヵ月女児 | 00.4.11 | 00.4.9 | 内服薬を誤って点滴で静脈に注入（看護婦が抗生物質など6種類を5ccの水で溶かした内服薬を腸に送るチューブに注入すべきところ誤って点滴用チューブに注入）、4月10日死亡 |
| 癌研究会付属病院（東京都）、60代男性 | 00.4.27 | 99.12.17 | 胃がん患者に通常の3倍量の抗がん剤を投与。主治医が薬剤の指示簿への記入を間違え、薬剤部も誤りに気づかなかった。12月28日に死亡。副作用による死亡と認識しながら警察に届けていなかった |
| 筑波大学付属病院（茨城県）、A30代男性、B60代男性 | 00.8.4 | 00.7.4 | 肺の感染症だったA患者を、肺がんとの合併症と診断し、誤って肺の切除手術をした。同じ日に肺の組織採取をした肺がんのB患者の標本が、手続きの途中でA患者のものとされたための取り違え。同病院ではその後、0歳児に通常の10倍の抗生物質を投与し、手の血流障害を起こし、片手の5指を切断しなければならなくなった医療ミスも発覚した |
| 日本大学医学部付属板橋病院（東京都）、89歳男性 | 00.8.18 | 00.8.11 | 研修医が、ぶどう糖を注射するつもりで別の患者用の降圧剤を注射。約5分後に死亡。準備した看護婦が注射器に薬剤名、患者名を書かず、医師も中身を確認しなかった |
| 埼玉医大総合医療センター（埼玉県）、16歳女性 | 00.10.11 | 00.9.27 | あごの腫瘍ができる病気で入院していた女子高校生が、抗がん剤を誤って大量投与され、10月7日、多臓器不全で死亡。主治医が投薬の手引き本に記載された薬の量を読み間違え、激しい副作用が起きて初めて間違いに気づいた |
| 神戸大学付属病院（兵庫県）、64歳女性 | 00.10.23 | 00.10.21 | 人工血管の除去手術を受けた女性が、呼吸困難を改善する器具を誤って装着され、酸欠状態になって死亡。病院は医療ミスを認め謝罪 |
| 三重大学医学部付属病院（三重県）、79歳男性 | 00.10.26 | 00.10.22 | O型の患者にA型の血液を輸血したため、急性胃不全などで意識不明になり、25日死亡。患者を担当していた26歳の研修医、28歳の大学院生、25歳の研修医がカルテで血液型を確認せず、適合を調べる交叉反応検査でも違っていることに気づかなかった |
| 鹿児島県立大島病院（鹿児島県）、71歳男性 | 00.11.21 | 00.11.19 | O型の患者にB型の血液を輸血、17時間後に死亡。病院は「血液を準備した看護婦と輸血した看護婦の連携が悪かった」と説明。輸血された血液は別の患者用で、男性には輸血の必要はなかった |
| 新潟大学医学部付属病院（新潟県） | 00.12.4 | | 同病院の医療事故対策委員会が調べたところ、16年前から今年10月までに手術した患者の体内にガーゼを置き忘れた事例が5件あった。今年8月、心臓手術をした60歳女性の体内に長さ13ミリの特殊針を置き忘れ、翌日除去手術をしていた |
| 高岡市民病院（富山県）、48歳男性 | 00.12.4 | 00.11.22 | 肺炎で入院していた患者に誤って筋弛緩剤を投与。30日に死亡。病院は「投薬ミスはあったが肺炎の悪化につながっていない」 |

109

に難しい手術ではない」との説明を受け、10月に血管内手術を受けたが、意識不明になり、12月に脳内出血のため死亡。(『朝日新聞』1999．8．28)

③　高知市の公立病院での事故

1998年7月、当時69歳の男性が胆嚢摘出手術を受ける。1週間程度で退院の予定が、胆管の損傷で胆汁の流出や黄疸などが続いたため、再手術(胆管の損傷部分の切除)を受ける。しかし、同月27日に吐血、28日に死亡。(『朝日新聞』1999．9．3)

④　広島市の大学病院での事故

1998年9月に、心臓の血液循環機能に障害をもつ、当時29歳の男性が、人工心肺装置を使って手術を受けた。約7時間に及ぶ手術は成功したが、最終段階で循環血液を濾過する装置のフィルター部分が詰まったことによって、約7分間装置が停止するアクシデントが起きた。このため急遽心臓マッサージなどをしたが、十分に血液や酸素が供給できず、後遺症の原因となった。(『朝日新聞』1999．12．4)

⑤　岡山市の大学病院での事故

1998年12月、同大学病院で88年に生まれた女児に心臓異常が見つかったため、手術を受けるが、脳障害を起こし、常時介護が必要な状態となった。(『朝日新聞』2000．5．20)

⑥　福山市の公立病院での事故

1998年12月、当時31歳の男性が急性出血性すい炎で手術を受けた際、血を吸い取るために使った医療器具のネジが脱落して、腹部に残存。2001年3月、胃痛を訴えて来院した際発見、摘出。(『朝日新聞』2001．5．15)

⑦　徳島市の公立病院での事故

1999年6月、入院していた末期の肝臓ガン患者に医師が患者の血液型(A型)とは違うO型の血しょう輸液を投与。7月になって患者は死亡。(『朝日新聞』1999．7．20)

⑧　岡山市の公立病院での事故

2001年4月、2月に脳梗塞で入院中の当時75歳の女性患者が3月になって

不整脈を起こしたため、抗不整脈薬の点滴を始めた。4月8日夕、点滴の切り替えをした際、設定を誤り約20倍の速さで点滴を投与。約30分後、患者は心停止した。(『朝日新聞』2001．4．15)

　取り上げた例は、わずか8ケースにすぎないが、ここにも多くの大学病院や公立病院での医療「ミス」による事故の実態が現れている。

　医療事故の原因は複雑である。本田・弘中『検証医療事故』[1]を見ても、診察、検査、注射・投薬、手術等々、さまざまな局面で多様な事故が発生している。しかし、その大枠は、上述の『週刊朝日』や新聞記事の事故例から把握される。それはまさに「(医療事故の)全体の7割は医療ミスと判断できる[2]」とされているように、「ミス」によるものなのである。

　ただ問題は、ミスの中身である。中身の分類は中々難しいが、上述の8つのケースには、主要なミスが網羅されているので、これを俎上に載せてみよう。

　8つのケースでは、④⑥⑦⑧の4つが、「注意不足によるミス」と把握されるものである。④は人工心肺装置の停止という医療技術云々以前の不注意にもとづくミス、⑥は医療器具の置き忘れや部品の脱落といったうっかりミス、⑦は患者誤認という注意不足によるミス、そして⑧は点滴操作のイロハを忘れたミスである。これらのミスは日常、基本的な注意を払っておけば避けられるミスであり、その意味で「単純ミス」ともいえるものである。

　それに対して、①のケースは診断ミスあるいは判断ミスによるもの、③のケースは手術部位を傷つけるといった、未熟な手術技能によるものである。そして②と⑤は、記事だけでは判断が難しいが、診断ミスと手術ミスの複合ミスによるものといえよう。これらのミスは、結局、医師の能力水準の低さに起因するものであり、「能力不足によるミス」にほかならない。

　そしてこの2つのミスに付け加えるならば、第3のミスとして、インフォームド・コンセント (IC) の欠如あるいは不徹底が挙げられる。『検証医療事故』にある「ゼンソク治療に説明なしに副腎皮質ホルモンを投与し、歩行困難に」などはその例である。これは、診断や判断のミスというよりも医師

111

のパターナリスティックな態度から発生する問題であり、あえていえば、「説明不足によるミス」である。上記の②のケースは「能力不足によるミス」の例であるが、他面で、十分な説明を行った上で手術の選択をさせなかったという問題が重なっており、また⑤のケースも、現在係争中のものだが、控訴審では術後の不適切な診療のみならず「説明義務違反」が問われている。つまりこれらのケースは、医師の能力水準の問題とともに、医師による説明不足が問題となっているのである。

以上、8ケースの分析から3つの主要な医療ミスのカテゴリーが析出されたが、さらに考えなければならないのは、こうしたミスの背景である。システム・エラーという言葉がよく用いられるが、実は、「注意不足によるミス」にしろ「能力不足によるミス」にしろ、その背景にはそれらを生み出す病院システムあるいは病院組織の問題が横たわっている。また「説明不足によるミス」の背景には、医師の医療観あるいは患者観といった意識レベルの問題が潜んでいる。

「医療と介護に関する意識調査」において、われわれは医療事故の発生原因を探るために、システムの問題性や医療観・患者観等を視野に入れ、次の5つの回答を用意した。

①「3分間診療など医師の勤務条件のハードさ」、②「看護婦不足など病院の医療体制の手薄さ」、③「治療の難しさ」、④「医師の医療技術の未熟さ」、⑤「患者の命の軽視」の、5つである。調査では、医師と患者双方に、あてはまるものすべてに○印をつけてもらっている。

表4－5　医療事故の原因
(%)

|  | 医師 | 患者 |
|---|---|---|
| 勤務条件のハードさ | 52.8 | 53.1 |
| 医療体制の手薄さ | 61.0 | 71.6 |
| 治療の難しさ | 31.2 | 19.5 |
| 医療技術の未熟さ | 45.8 | 57.1 |
| 命の軽視 | 15.4 | 47.8 |
| その他 | 19.1 | 12.5 |

※複数回答

表4－5でまず目に付くことは、「治療の難しさ」を指摘するものが意外と少ない。医師においても、かなり低くなっている。これだけをみても、医療事故が治療の難しさにともなう必然的なものあるいは不可避的なものでないことが明らかである。つまりその多くは「ミス」な

のである。

　医師と患者ともにもっとも多いのは「医療体制の手薄さ」であり、システム・エラーの問題性について認識が一致している。

　全国大学高専教職員組合のアンケート調査によれば、国立大病院の看護職員の93％が、あわや医療事故というミスやニアミスを経験しており、とくに注射や点滴の際の患者・薬品の取り違えが多く、受け持ち患者に関する情報が不十分なまま仕事に入るケースは「よくある」と「時々ある」をあわせて65％にのぼっている。ここにはまさに、血液型誤認とか点滴操作ミスといった「注意不足によるミス」の背景にあるシステムの問題性が浮き彫りになっており、医師と患者の認識を裏付けるものとなっている[3]。

　「手薄さ」に続く項目も、順位の点では若干の変動はあるが、ウエイトの点からは大きな違いはない。すなわち、医師では「勤務条件のハードさ」「医療技術の未熟さ」となるのに対して、患者では「医療技術の未熟さ」「勤務条件のハードさ」となっている。順位の違いはただ、患者にくらべ医師の方がやはり自らの労働環境の問題性に敏感であることによろう。それよりも興味深いことは、医師自らが、「医療技術の未熟さ」を強く認識しており、他方で、患者の場合も、医師の立場を汲み取り、その苛酷な労働条件の問題性をそれなりに認識していることである。

　医療事故の原因について、医師と患者の認識は大筋で一致しているが、もっとも違う点が、「患者の命の軽視」である。医師では5項目中最下位であるとともに比率も15.4％ときわめて低く、それに対して患者では、順位こそ高くないものの比率は47.8％と相当高くなっている。両者の開きは実に30％を超えている。医師サイドに立てば、「患者の命を軽視しているつもりはさらさらない」ということだが、患者サイドに立てば、「医師は患者の命を何とも思っていない」ということになろう。医療提供者と受益者の、こうした認識のズレこそ、医療事故の根幹部分を示すものといえる。それは、「病気を診て患者を診ない医療」、「患者の自己決定権を尊重しようとしない医師の態度」、「患者の病苦を共感的にとらえようとしない医師の態度」等々、患者不

在の医療体制そのものであり、「説明不足によるミス」を生み出す土壌にほかならない。その意味で、医療事故原因としての「患者の命の軽視」には、医療技術の未熟さといった技術水準の問題や看護婦の人手不足や連携不足といったシステム的問題を超えた重要な問題性が示されているといわねばならない。ホームページに載った、次のような投稿記事は、このような「患者の命の軽視」の問題性を物語るものとして注目されよう[4]。

> 私達夫婦にとってこの裁判は、真実を明らかにするとともに息子の無念を晴らすべく、医師側に謝罪と反省を求めるための裁判でもあった。
> 　5年にもわたる裁判をようやく終え、息子の命を奪った最大の過失を一人の女医の処置に認めた判決が言い渡され、被告側からの控訴がなかったので、少なくともこの女医だけは、自分の処置の誤りを反省し、息子や私たちに謝罪するものと考えていた。いくら裁判で嘘ばかりついていても、ここまで自分の手で一人の人間の命を奪ったことが明らかになれば、医師だって人間、反省もすれば、仏前に手を合わせ、謝る気になるはず。
> 　しかし、信じられないことに、この女医は、私共の要請によって来訪はしたものの、仏前に手を合わせるどころか、謝罪の言葉ひとつ発せず、裁判でついた嘘ばかり再度並べたてた。
> 　ここまで医師という職業の人間には、普通の常識がつうようしないものなのか。
> 
> 　　　　　　　　（中略）
> 
> 　私どもが依頼した弁護士は、「謝らないですよ。」と、さも当たり前のように言う。そんなことがあってたまるか。お金さえ払えば終わりだとでも思っているのだろうか。そのお金は保険から支払われるのだし、病院も医師も何の打撃も受けないなんて。この医療過誤によって、私達家族3人の未来はぷっつりと絶たれてしまったというのに。
> 
> 　　　　　　　　（後略）

なお、参考までに、この医療事故の概要と裁判所の判断を紹介しておこう。高校2年生の息子は、自然気胸という病気に罹患。開業医の2度にわたる診断ミスによって、両側同時自然気胸（右肺5割虚脱・左肺完全虚脱）という重篤な状態になって病気を発見。近くの総合病院に転院。

　そこで事件が発生。患者にはごく軽い心疾患さえあり、1人の医師が簡単に治療に入ることは考えられない状況のところ、内科の女医が重度の気胸の治療経験も無いのに、たった1人で、安易・拙速な脱気処置を左肺から実施したため、直後からショック状態となり、その12時間後に絶命にいたる。

　平日の16時30分頃という時間帯で、他に10数人の内科医・外科医などの医師が緊急に駆けつけられる状態のなかで、女医は他の医師の応援を求める「エマージェンシーコール」もせず、1人後手後手の治療しかできなかったため、ショック離脱のための反対側（右）肺からの脱気と、気管内挿管の処置が50分以上も遅れた。この遅れが原因で、救命不可能となった。判決は、この50分もの遅れが、死につながる過失であると判定。名古屋地裁にて、2000年4月24日勝訴判決。5月確定。


注
1）本田勝紀・弘中惇一郎『検証医療事故』有斐閣、1990年。
2）「医療事故調査会」の報告。
3）『日本経済新聞』2001年2月7日。
4）「メディオニュース」（医療事故市民オンブズマン Medio）2000年10月。


## 3．医療裁判の問題構造

　不幸にも医療事故に巻き込まれた被害者は、どのようにして被害の救済を受けられるのか。医療事故の増大傾向に歯止めのかからない現在、またその多くが医療過誤といわれる状況の下で、受けた被害の救済方法に大きな関心が向けられる。

医療事故の救済方法として有力なものに、裁判がある。しかし、すべての医療事故が裁判にかけられるわけではない。患者自らの不注意で引き起こした重篤な事態に対してはもちろん、裁判はできまい。また、医療者側が過誤を認め、誠意でもって謝罪と損害賠償に応じるなら、裁判の必要はない。先に触れた、手術中に人工心肺装置が停止したケースや胆管を損傷したケースなどは、因果関係が明確であることから、話し合いで決着をみている。

　しかし、多くのケースは、過誤があるかどうかの判定が困難である。たとえば、先に触れた、血液型を間違えて死亡させたケースなどは、素人目には何の疑問も湧かないものであるが、実際には、血液型の間違いと死亡との間の因果関係について病院側は否定している。医療過誤の判定や救済はそう簡単ではない。こうして、多くの医療事故が、過失や過誤をめぐって法廷で争われることとなる。未済件数の増大は、過誤判定の難しさと、解決の困難さを表している。

　ではあらためて、裁判は医療過誤の救済方法として有力なものであるかどうか問うてみよう。いま原告の勝訴率をみると、最近上昇してきており、約4割となっている。これにはもちろん裁判中途での和解（訴訟上の和解）も含まれている。一般の民事事件の原告勝訴率が8割程度であることからいえば、物足りなさも残るが、10件中4件の勝ちは、複雑かつ困難な医療裁判を考えれば相当なものといえる。

　しかし問題は、勝訴率では推し量れない裁判の困難さである。医療裁判は長期にわたる。平均審理期間は33.5カ月と通常の民事訴訟の2倍を超えている。しかも、原告と被告の対決は最初から、病院・医師対一個人・家族という圧倒的な力関係のもとにスタートする。そうした状況で、個人が長期の裁判を維持することは並大抵ではない。肉親を失ったり傷つけられたりした心の痛手と闘いながら、仕事も家庭も犠牲にして、いわば"白い巨塔"に立ち向かうその苦悩は、計り知れないものがある。

　こうした被害者側の苦悩は何よりも、医療裁判の構造的問題から発生する。すなわち、医療裁判は事件の性格から、密室性や閉鎖性がつきまとい、その

第 4 章　医療事故と被害者救済

上専門性という難問が加わる（密室性の壁、封建性の壁、専門性の壁ともいわれる）。診療行為は通常病院内で行われるため、加害者と被害者とでは加害者である医師や病院の方が有利な立場に立つことは当然である。加害行為の真相を証拠として保全しようとしても、いわゆる証拠隠しやカルテ改竄などが行われる可能性がある。たとえば、次のような新聞報道は、こうした問題の存在を明らかにするものである[1]。

　　京都府立医科大学付属病院を相手取り、同病院で死亡した同市左京区のタクシー運転手の遺族が起こしていた医療過誤訴訟で、病院側が京都地裁に証拠として提出したカルテの一部が書き換えられていたことが30日、裁判記録などで明らかになった。原告側は「病院に有利になるように書き換えられている」と主張。病院側は「より分かりやすいようにしただけだ」としている。

このケースは、たまたま病院側が証拠として提出したカルテについて、原告側が男性の死亡後に担当医から借りてコピーしていたカルテと照合した結果判明したもので、逆に言えば、カルテを何らかの方法で確認しておかなければ病院側の不法行為を暴けないわけで、その意味で医療過誤訴訟の場合、事件現場の病院で証拠物件を速やかに保全しなければならないという困難さがつきまとう。後述する弁護士に期待される第1は、こうした迅速果敢な取り組みであり、それだけに医療問題に詳しい専門弁護士の養成が望まれよう。
　専門性と閉鎖性の問題は次のように絡み合っている。先の血液型誤認のケースを再度引き合いに出すと、病院側は血液型誤認については認めるものの、誤認と死亡との因果関係については否定している。そしてこの因果関係の是非については、医学的な判断を待たなければならない。そこでいわゆる鑑定が行われることになるが、誰が一体鑑定の任にあたるのか。もちろん専門家である医師の鑑定になるが、ここに問題が発生する。それは、鑑定の公正さの問題である。医師の社会が閉鎖的でなければ、危惧に終わろう。とこ

117

ろが多くの指摘にあるように、医師の社会は閉鎖的であり、同業者同士の結び付きがきわめて強固である。そのため、庇い合いが生じ、病院や他の医師の不利益になるような鑑定は行われにくい。そこで、「おかしな鑑定をした教授らは学会の権威になり、出世しています。意見書の内容を公開し、指導的医師がこんな姿勢でいいのかを医療界で議論すべきでしょう[2]」といった発言も飛び出すわけである。

このように、医学的な専門性の高い鑑定作業と医学界の閉鎖性が重なる形で、医療過誤訴訟の困難性が倍加されている。

今日、こうした問題に対して、いろいろな改革の動きがみられる。とくに注目されるのは、裁判の迅速化を進める改革である。新聞記事によると、「専門性が高く、審理に時間がかかることが多いとされる医療過誤訴訟と建築紛争に関する訴訟について、東京、大阪両地裁は、審理を専門的に行うための『集中部』を4月に新設することを明らかにした。一方、最高裁もこうした訴訟を迅速化させるため、鑑定人を選ぶための委員会を設置、学会などとの協力体制づくりに乗り出す[3]」。

さらに記事によると、医療過誤訴訟にかんする集中部（医事集中部）は東京に4部、大阪に2部、現在ある通常の民事部を移行する形で設置する。特許や著作権などを担当する知的財産部や著作権などを担当する知的財産部や交通事故を扱う交通部などの特化した「専門部」とは違い、並行して一般の民事訴訟も扱うが、新たに起こされた医療過誤訴訟はすべて集中部が扱う。

一方、最高裁が新設する委員会は、訴訟進行を遅らせる要因の1つとされる鑑定人の選任をバックアップするのが目的。鑑定人を引き受ける医師や建築士らを探すのに手間取るケースが多いことから、裁判所と学会との"仲介役"の役割を担う。法曹関係者に医師（あるいは建築士）を加えた計13人で構成。各裁判所からの要請を受け、同委員会がそれぞれの学会に候補者の選定を依頼する。同時に、訴訟進行のあり方などについて裁判官と専門家が意見交換をする場としても想定している。

「集中部」の設置はたしかに、裁判官が専門的な知識を身につけ、公平、

迅速に訴訟を進めていく上で大きな役割を果たしえよう。しかし、鑑定人選任のための委員会の方はどうであろうか。

　審理が長引く要因は、東京地裁の「医療過誤訴訟検討チーム」の中間報告にあるように、鑑定が実施された訴訟の平均審理期間が約4年7カ月に対して、鑑定をしなかった訴訟では約1年4カ月と3年以上も短かった。裁判所が鑑定人を採用決定してから鑑定人の指定までに時間がかかり過ぎるのが最大の原因のようである。「検討チーム」によれば、問題点は3つ。第1に、鑑定人を選ぶ際にどの医師に頼めばいいのか把握する資料がない。第2に、大学など医療機関に鑑定人の推薦依頼をしても時間がかかったり、結局は推薦を得られなかったりするケースがある。第3に、鑑定人になることに、消極的な医師が少なくない、などである[4]。

　こうした鑑定人の問題を考えれば、選任をバックアップする「委員会」の設置は、十分意義のあるものといえる。しかし、問題は、鑑定の中身である。先に指摘したように医学界の閉鎖的性格から、鑑定結果そのものに疑問をもたれることが少なからずあるのではないか。この点は、科学的で公正な鑑定を広めようとの趣旨で発足した「医療事故調査会」の世話人である近藤誠氏の指摘からも裏付けられよう。すなわち、氏によれば「同調査会が裁判所などから依頼され鑑定を終えた250件のうち、医師や病院に『過誤あり』との判定が195件（78.0％）にのぼる。ところが日本全体では、原告が勝訴した訴訟は3、4割である。この大きなギャップは、調査会に持ち込まれる案件が偏っている可能性がある、というだけでは説明しがたい。原告に立証責任があること、不公正な鑑定結果が存在することが影響しているのだろう[5]」。

　鑑定の中身の問題を考えれば、安易な鑑定人の増加はむしろ今以上の問題を生むことになろう。大事なことは、「鑑定人に対する綿密な反対尋問と、裁判所が自ら鑑定結果を検討する姿勢[6]」である。

　ところで、近藤誠氏によれば、鑑定人問題以上に審理の迅速化に必要なこととして、現在の、原告側の立証責任制に換えて、原告が因果関係や過失の存在を一応推定させるに足る証拠を提出した場合、被告が反対証拠をあげて

その推定を覆すことができなければ被告が敗訴する制度に転換することが挙げられている。その論拠として、近藤氏は、「事故原因の委細を熟知し、カルテなどの客観的資料を一手に握り、専門的知識の質量で原告を圧倒する医師や病院に無理をしいることにはならない[7]」と述べるが、ここには医療過誤事件の構造的把握、つまり原告と被告との間の隔絶した力関係のもとでの紛争という視点が強調されており、きわめて重要な指摘といえる。

注
1)『朝日新聞』1996年1月31日。
2) 森功八尾総合病院長の指摘。『朝日新聞』2000年10月8日。
3)『日本経済新聞』2001年1月27日。
4)『朝日新聞』1999年9月15日。
5)『朝日新聞』1999年10月5日。
6) 同上新聞。
7) 同上新聞。


## 4．医療裁判と弁護士

　医療過誤訴訟につきまとう困難には、いわば裁判システム自体にかかわるものがある。訴訟遂行に不可欠な代理人すなわち弁護士の問題と訴訟遂行にかかる費用の問題はその主要なものである。
　医療過誤による被害者救済をもとめて、裁判に訴えるとなるとどうしても法律の専門家である弁護士に依頼せざるを得ない。素人では訴状の書き方1つとってみても困難であり、先に触れた証拠保全にしてもまた法廷でのやりとりにしてもきわめて難しい。しかし、弁護士に依頼しようとしても、話しはそう簡単ではない。なぜなら、わが国の弁護士人口はきわめて少なく、その上医療問題を専門にしている弁護士となるとさらに少ない。したがって、一旦訴訟を起こそうとしても、適任者を見つけるのが一苦労である。さらに関連していえば、弁護士に依頼できたとしても、弁護士費用の問題がつきま

第4章　医療事故と被害者救済

とう。弁護士費用は、ハッキリいって分かりにくいことこの上ない。弁護士報酬基準を解説した『弁護士の値段』を見ても理解は簡単でない[1]。

しかも弁護士費用の問題は、分かりにくさにとどまらず、高額といった難点がともなう。こうした問題点から、医療訴訟はきわめて困難な訴訟となっ

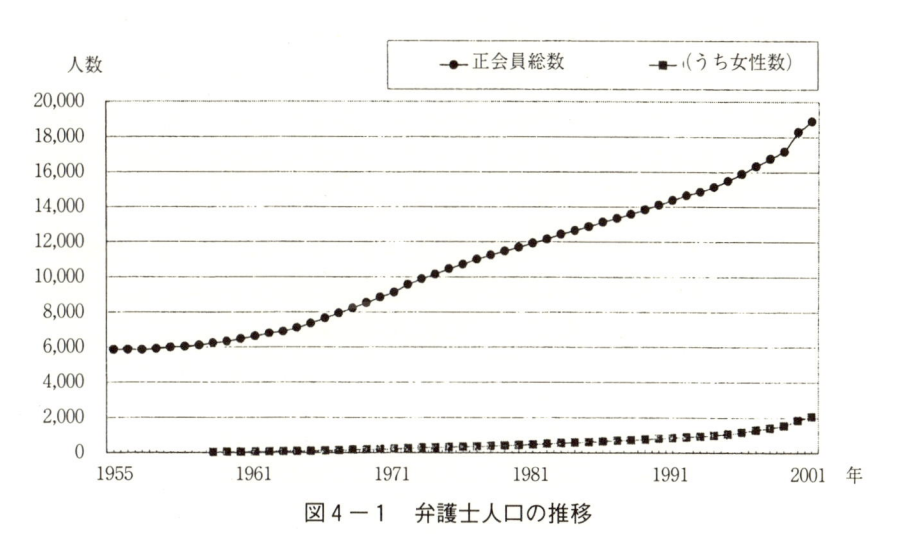

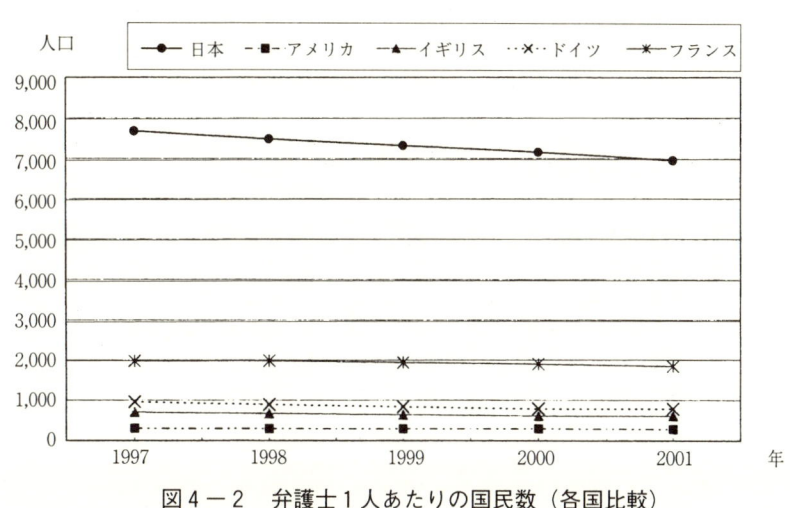

図4－1　弁護士人口の推移

図4－2　弁護士1人あたりの国民数（各国比較）

Ⅰ部　弁護士職の法社会学

ている。これらの諸点を、もう少し詳しくみてみよう。

　図4-1にみられるように、わが国の弁護士人口も、少しずつではあるが増加してきており、2001年現在、1万8,177人を数えるにいたっている。とはいえ依然として欧米諸国とくらべるときわめて少なく、弁護士1人あたりの国民数は欧米とは隔絶している（図4-2）[2]。しかも、医療問題を専門にしている弁護士となるとこれもきわめて少ないのが現状である。たとえばH市における弁護士業務の実情をみると、一般業務では（表4-6）、「破産」「離婚」「一般刑事弁護」「不動産関係」「交通事故損害賠償」「遺産分割」「債務整理」などが主になっており、「医療過誤損害賠償」はきわめて少ない。また、専門業務についても、「破産」「交通事故損害賠償」「不動産関係」は

表4-6　弁護士の一般業務

|  |  | 事件 | 実数 |  | 事件 | 実数 |
|---|---|---|---|---|---|---|
| Ⅰ | 1 | 土地法関係 | 4 | 4 | 会社法関係 | 6 |
|  |  | 税務関係 | - |  | 保険法関係 | 1 |
|  |  | 住民監査請求 | 1 |  | 海商法関係 | - |
|  |  | 交通行政 | - | 5 | 破産 | 15 |
|  |  | その他の行政 | 1 | 6 | 渉外 | 1 |
|  | 2 | 不動産関係 | 100 | 7 | 無体財産 | - |
|  |  | 貸金 | 30 | 8 | 集団的労働 | 3 |
|  |  | 建築工事紛争 | 8 |  | 労災 | 1 |
|  |  | 売掛金・手形小切手 | 26 |  | 個別名労働 | 1 |
|  |  | クレジット関係 | 30 | 9 | 一般刑事弁護 | 33 |
|  |  | 交通事故損害賠償 | 31 |  | 少年 | - |
|  |  | 公害損害賠償 | - | Ⅱ | 交通事故 | 14 |
|  |  | 医療過誤損害賠償 | 4 |  | 債務整理 | 3 |
|  |  | 国家賠償 | 2 |  | その他の示談交渉 | 12 |
|  |  | 消費者保護 | 3 | Ⅲ | 法律相談 | 31 |
|  |  | その他の損害賠償 | 19 |  | 契約書・遺言書等 | 8 |
|  | 3 | 離婚 | 33 |  | 会社設立 | - |
|  |  | 遺産分割 | 24 |  | その他 | 1 |
|  |  | その他の家事 | 3 |  | 合計 | 449 |

（注）1．公害損害—公害による損害賠償事件、消費者保護—消費者保護に関する損害賠償事件、破産—破産・和議・会社更生事件、個別名—労災事件を除いた個別名事件。
　　　2．マルティプル・アンサー。

20名を超えているが、「医療過誤損害賠償」は7名に過ぎない。しかも、10数年前のデータと比較すると、「医療過誤損害賠償」を専門にする弁護士は、7.2%（152名中11名）から5.4%（129名中7名）に減少している（表4－7）。昨今の医療過誤問題の増加を考えると、医療訴訟を専門にする弁護士の増加が期待されたが、データで見る限り停滞しており、医療問題の難易度の高さが壁になっているように思われる。

近年の弁護士広告の解禁をはじめ、弁護士の情報開示が進んでおり、週刊誌等にもいわゆる"実力弁護士"が紹介されたり、"国内初"と銘打った「弁護士評価ガイド」なるものも出版されているが[3]、それらをみても医療問題の専門家はやはり少ない。

こうした弁護士の状況が将来的に大きく変わる可能性が出てきている。そ

表4－7 弁護士の専門業務

| | 事件 | 実数 1988 | 実数 2002 | | 事件 | 実数 1988 | 実数 2002 |
|---|---|---|---|---|---|---|---|
| | 土地法関係 | 4 | 3 | | 会社法関係 | 14 | 16 |
| | 税務関係 | 5 | 4 | 4 | 保険法関係 | 1 | 5 |
| 1 | 住民監査請求 | 1 | - | | 海商法関係 | - | - |
| | 交通行政 | - | - | 5 | 破産 | 12 | 26 |
| | その他の行政 | 7 | 10 | 6 | 渉外 | 2 | 2 |
| | 不動産関係 | 35 | 21 | 7 | 無体財産 | 1 | 2 |
| | 貸金 | 14 | 8 | | 集団的労働 | 12 | 11 |
| | 建築工事紛争 | 10 | 9 | 8 | 労災 | 8 | 8 |
| | 売掛金・手形小切手 | 14 | 9 | | 個別名労働 | 9 | 13 |
| I | クレジット関係 | 14 | 9 | 9 | 一般刑事弁護 | 22 | 10 |
| 2 | 交通事故損害賠償 | 31 | 24 | | 少年 | 5 | 5 |
| | 公害損害賠償 | 5 | - | II | 交通事故 | 20 | 11 |
| | 医療過誤損害賠償 | 11 | 7 | | 債務整理 | 5 | 14 |
| | 国家賠償 | 4 | 3 | | その他の示談交渉 | 4 | 3 |
| | 消費者保護 | 9 | 4 | | 法律相談 | 8 | 13 |
| | その他の損害賠償 | 7 | 6 | III | 契約書・遺言書等 | 8 | 9 |
| | 離婚 | 19 | 14 | | 会社設立 | 1 | 1 |
| 3 | 遺産分割 | 20 | 17 | | その他 | 1 | 2 |
| | その他の家事 | 8 | 7 | | 合計 | 351 | 306 |

（注）1．マルティプル・アンサー。
　　　2．1988年の回答者数は152名、2002年は129名。

れは、国民に開かれた司法を目指して司法改革が進められる中で、法科大学院いわゆるロー・スクールの開設が計画され、近い将来年間3,000人の弁護士が誕生し、2010年には5万人体制が実現しそうである[4]。現在、司法試験制度もかなり緩和され年間700から800名の合格者を出しているが、それに比べてはるかに大規模な人員増加である。医療の専門弁護士も期待されよう。

弁護士費用が分かりにくいという不満は、常にいわれてきており、その不満を解消するために、1995年9月、全国各地の弁護士会の報酬規定の指針となる「日弁連報酬等基準規程」を改正した。しかし改正されたとはいえ、依然弁護士費用として、着手金、報酬金、手数料、法律相談料、鑑定料、顧問料および日当の7種類が規定されており、複雑というイメージは払拭されない。しかも着手金、報酬金、手数料などは、事件の性質によって細かく規定されているので、さらに繁雑である。弁護士費用の不透明さが弁護士アクセスの大きな阻害要因となっている所以である。

くわえて、弁護士費用が高額であることが、問題を深刻にする。参考までに、医療事故の場合弁護士費用がいくらぐらいかかるか、『弁護士の値段』からQ&Aの事例を引いてみよう[5]。

Q：私の息子が腹痛でA大学病院に入院したところ、同病院のB医師の手術ミスで下半身不随状態になりました。大学病院を医療過誤で訴える場合、どのくらいの弁護士費用がかかりますか。

A：医療過誤による損害賠償訴訟の弁護士費用も、その請求金額を基準として算出されます（14条1項1号）。下半身不随状態ですので、後遺障害による逸失利益のほか、慰謝料・治療費等が請求できます。例えば、その合計額を6000万円とすると、着手金は250万円程度、報酬金は、訴訟の結果5000万円が認められた場合で440万円程度が、それぞれ標準になります（17条）。

事例にあるように、5000万円の損害賠償が取れたとして、弁護士費用はトー

タル690万円くらいかかる。比率にすれば14％程度である。これをどう評価するかは難しいが、考えるべきは、この事例のように、医療過誤訴訟の場合、得られた損害賠償は、失われた身体機能や失われた通常生活の補填に充てられる場合が多いことである。けして余分あるいは余禄のお金ではない。とすれば、5000万円のうちから690万円支払はねばならないのは、かなり厳しいといえよう。その意味で、医療問題について弁護士アクセスをより活性化するためには、今一度弁護士費用の問題を考えねばなるまい。

　司法制度改革による弁護士人口の増大は、善かれ悪しかれ、弁護士業務に市場原理を持ち込み、解禁された弁護士広告と相俟って、需要の高まる医療問題の専門弁護士を生み出す契機となろう。ただ、弁護士費用の問題については、競争激化によって安価な利用が可能になるのか、それとも競争激化ゆえにかえって"もうけ主義"がはびこり、弁護士費用はより一層不透明感を増し、また"搾取的な"費用徴収が横行するのか、予測はつかない。

　そして、こうした弁護士費用の問題と絡んで重要なことは、医療過誤訴訟特有の、強者対弱者の構図の中で、弁護士利用の経済的負担を軽減する方策が採られることである。すなわち、法律扶助制度の拡充である[6]。しかし欧米諸国に比較して、財源そのものがきわめて貧弱である上に、所得制限や返還制度など、利用の上で制約が多い。医療訴訟原告の、長期にわたる経済的負担を考えれば、財源の拡充とともにその柔軟な活用の途を開かなければならない。

　最後に、医療問題にかかわる弁護士にとりわけ要請される重要なポイントに触れておきたい。それは心情的サポートである。医療問題が、医療機関(医師)対一般市民という強者対弱者の対立構図をもつかぎり、そして生命の損失をはじめ重大な損害が患者本人を含めて近親者に及ぶものであるかぎり、裁判闘争のプレッシャーは計り知れない。とすれば、受任弁護士に求められるものは、経済合理性を追究するよりはむしろクライアントの心情を汲み取り、彼らを支え、彼らが満足する解決を求めるために尽力することではないか。『ガイドブック』に、ある弁護士について、"患者側で医療事故を扱う"

と謳ってあるが、こうした姿勢は医療問題について強く望まれる態度であろう。

　ところで、医療訴訟がかかえる多くの難問を考えると、訴訟遂行を支える幅広い民間のサポートシステムの必要性が浮かび上がる。先にも触れた「医療事故調査会」などは、その１例であるが、その他「医療事故情報センター」や「医療事故市民オンブズマンMedio」、さらに「医療改善ネットワーク」や「ささえあい医療人権センターCOML」などが、医療事故の被害者に対して医療相談をはじめ弁護士の紹介や医療事故の鑑定などを行っている。

　近年では、先ほどの『ガイドブック』や週刊誌等で、弁護士の情報公開がかなり見られるものの、一般的にいえば、いまだ弁護士に事件を依頼する道筋は明確でない。わが国における弁護士への経路は、これまできわめて閉鎖的で、数の少なさと、宣伝・広告等の禁止によって、弁護士を見つけ、依頼する道程は遠かった。信頼のおける誰かの紹介でなければ受任にまで漕ぎ着けない。現在もそれほど状況が変わったとは思われない。そうした中で、民間のサポートシステムの弁護士紹介機能はきわめて貴重なものといえる。

　また今日、インターネットの活用も注目される。いま挙げたサポートシステムへのアクセスはもちろんだが、それに加えて、被害者個人がサイトを使って情報発信することによって、全国各地から、医療従事者をはじめ、弁護士、医療過誤被害者、一般市民等多くの人々から情報提供を受けることができる。それはちょうど、あの東芝クレーマー事件におけるネット利用と同様の効果をもつものといえよう。そして弁護士も、こうした幅広い情報ネットワークの中に身を置くことによって、医療過誤被害者との繋がりをもち、法律相談のみならず、裁判支援へと進んで行くことが期待されよう。

注
1) 弁護士報酬の問題については「特集弁護士報酬問題」『東京弁護士会会報』(No.87)、1997年、6～71頁参照。
2) 日本弁護士連合会編『弁護士白書』2002年版、2002年、21、32頁。
3) 鳥集徹『広島の実力弁護士』南々社、2002年。

4）ロー・スクール構想につては、『シリーズ司法改革Ⅰ：法曹養成ロースクール構想』（『法律時報』増刊）日本評論社、2000年を参照。
5）長野義孝（監修）『弁護士の値段』朝日新聞社、1995年、99～100頁。
6）法律扶助制度については「特集法律扶助制度のあり方」『ジュリスト』（No.1137)、1998年、10～75頁参照。


## 5．医療裁判を超えて

　医療過誤訴訟の勝訴率が高くなってきており、裁判による被害者救済の有効性は否定できないところである。裁判の迅速化が改革されれば、さらに訴訟による救済は有効性を高めることになろう。

　しかし、訴訟行為は相当大きな改革が進まないかぎり、当事者にとっては大きな負担であることに変わりはない。その意味で、勤務体制の見直しや医学教育の改善、カルテの開示やインフォームド・コンセントの法制化、また単純ミス防止の具体的手段、たとえば、全患者の名前などがバーコードになった腕輪を着用させるとか、注射・栄養剤などの連結管の口径を変えることなど[1]、医療事故を未然に防ぐための諸方策が早急に立てられなければならない。

　さらにまた必要なことは、医師や病院の医療過誤歴の公開や悪質な場合の厳罰化や病院の第三者評価（国立大学医学部の付属病院が、互いの病院に乗り込んで不備な点を指摘し合う、病院間の「相互チェック」が、2000年8月に始められている）であろう。過誤歴や評価が、インターネットによって簡単にアクセスできるようになると、いわゆる「悪徳医師」や「悪徳病院」の淘汰が行われよう。多くの善意の医師や病院が適切に紹介され、適切に選択されるなら、少なからぬ医療過誤は避けられるのではないか。

表4－8　医療事故の防止策
(％)

|  | 医師 | 患者 |
|---|---|---|
| 勤務体制 | 33.9 | 41.6 |
| スタッフの充実 | 46.4 | 55.5 |
| 再教育 | 60.7 | 70.9 |
| 人間教育 | 40.2 | 57.1 |
| 説明と同意 | 61.2 | 52.4 |
| その他 | 7.6 | 3.6 |

※複数回答

しかし、医療の本質が、医師と患者の信頼関係にもとづいた治療のための共同営為であるとするなら、やはりもっとも重要かつ基本的なことは、信頼関係の構築である。

われわれが、医療事故をなくすための方策として、①「病院の勤務体制を改める」、②「病院スタッフを充実する」、③「医師・看護婦・その他の医療従事者を再教育して医療の質を高める」、④「医学教育の中で人間教育に力を入れる」、⑤「治療の方法や危険性についてきちんと説明し同意を求める」の、5つの回答項目で尋ねたところ、表4－8のように、医師では「説明と同意」と「再教育」に力点が置かれているのに対して、患者では「再教育」「人間教育」「スタッフの充実」「説明と同意」と、多面的な方策が選ばれている。その中で、両者に共通するものは「説明と同意」と「再教育」であり、ともに治療についての意志の疎通を欠くことや、医療従事者の質の低下については認識を同じくしている。

しかし、とくに注目されるのは、「人間教育」についてである。両者のギャップがもっとも大きく、その差は17ポイントに及んでいる。先に、医療事故原因において、患者サイドでは「患者の命の軽視」の指摘の多さをみたが、やはりここにも患者不在の医療への厳しい目が見て取られる。

こうしたギャップをみると改めて、医師と患者の拠って立つ基盤の違いを認識させられる。重要なことは、単なる医療技術の向上ではなく、また形式的な説明と同意ではなく、1人ひとりの患者の命を尊重する姿勢であろう。これなくして本当の信頼関係は生まれようもない[2]。医事法学者の唄孝一氏のつぎの警句は、その意味で、医療者にとって心しなければならないものである。

「インフォームド・コンセントなどが、通過儀礼のようになり、これさえこなせば事足れりとする形骸化の横行が心配[3]」である。

注
1) こうしたいわゆる予防保全は、ある程度進められており、たとえば医療機器メー

第4章　医療事故と被害者救済

カーのテルモでは、誤接続を防止するための口径が大きな栄養ライン専用の注射器や活栓を開発・販売している。また同社では、「製品総点検運動」も始めている。
　また、東邦大学では、患者取り違え防止のために、つめにICチップを貼る方法などが研究されている。
2）油井論文の事例は、乳腺症をガンと誤診されて切除されたために、医療訴訟を起こしたものであるが、ここにみられる非人間的な医師の対応には驚くばかりである。しかし、こうしたケースが現実には多くみられ、医師と患者との信頼関係の構築への途は遠い。油井香代子「東大病院乳がん誤診訴訟の意外な展開」『文芸春秋』2001年9月号、317～23頁。
　もちろん心ある医師がいないというわけではない。たとえば、つぎのような文献を読むと、患者本位の医療を模索する医師の存在に感銘を受ける。二宮睦雄『心あたたまる医療を求めて』新星出版社、1994年。
3）『読売新聞』2000年10月22日。

# Ⅱ部　離婚紛争の法社会学

# 第5章　離婚紛争の諸過程

## 1．はじめに

　わが国の離婚率は終戦以降これまで、下降と上昇を繰り返しながら次第にその比率を高めている。すなわち戦後直後に1.02と戦前水準から若干の上昇を示したものの、それ以降は下降をたどり、1963年には戦後の最低値0.73を記録。その後再び上昇に向い、83年には戦後の最高値1.51を記録。その後再び下降をたどり、88年には1.26を記録したが、それ以降再び上昇に転じ今日にいたっている。98年の「人口動態統計」によれば、離婚率1.94、離婚件数24万3,183組と83年水準を大幅に上回り、人口動態統計史上（明治32年以降）

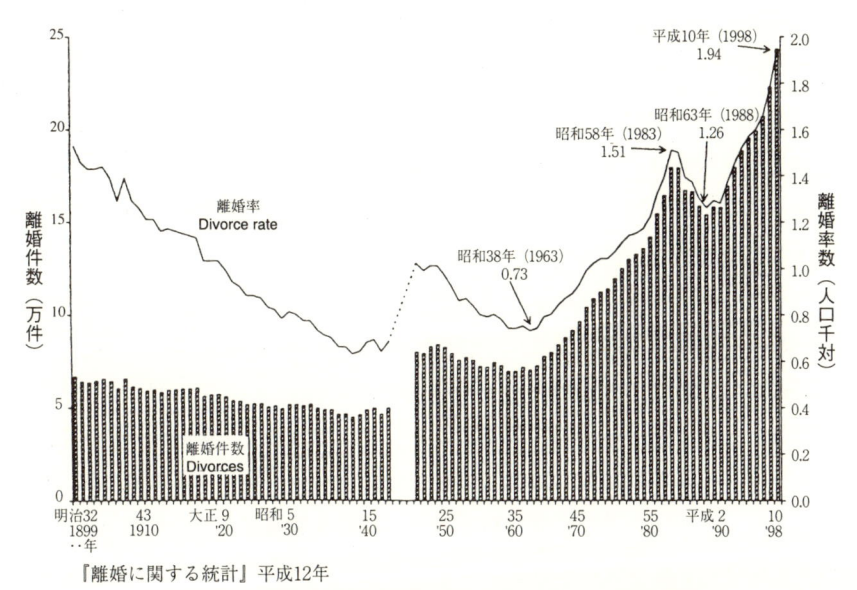

図5－1　離婚件数及び離婚率（人口千対）の年次推移

の最高値となっている（図5－1）。

　1991年（平成3）に始まった、結婚と離婚に関する制度の見直しは、92年12月の中間報告に続いて[1]、94年7月に「婚姻制度等に関する民法改正要綱試案」が発表され[2]、その骨格がほぼ固まってきている。そこでは、離婚に関するものとして、面接交渉権の明文化、財産分与に際して考慮すべき事項の具体化、離婚原因における夫婦関係破綻の明確な徴表としての別居期間（「5年以上」）の規定、の3点が示されている。法改正の実現にはいま少しの時を要するが、このような離婚制度の改革は、今後の離婚動向に大きな影響を及ぼすものとなろう。

　本論は、民法改正の実現が間近に迫り、離婚問題も新しい局面を迎えようとする今日、とくに法社会学の立場から、離婚の現状と課題について考察しようとするものである。離婚については、法社会学以外にも、家族社会学、社会病理学、家族福祉学、家族心理学、家族法学等さまざまな学問分野からアプローチされているが、法社会学的アプローチの特徴は次の3点に求められる。

　第1に、法にかんする社会学として、法の問題が分析の対象となる。しかし、一般の法律学のように、法規の意味解釈をもっぱらにするのではなく、法の社会的機能の考察が中心となる。第2に、離婚問題は夫婦間紛争として把握される。法学的・社会学的規定によれば、離婚は婚姻契約の解消と夫婦関係の終了であり、換言すれば、夫婦共同体の解体である。離婚が夫婦共同体の解体であるかぎり、それが当事者の合意にもとづくものであれ、また調停や裁判などの特別の手続きにもとづくものであれ、一般には、夫婦両当事者間に何らかの利害対立があるものと想定される。その意味で離婚はまさに「紛争」として把握される社会現象である[3]。離婚法は、このような夫婦間紛争を、時として厳しく、時として緩やかに規制し、離婚紛争の統制的機能を果たす。法が社会秩序の維持形成あるいは紛争の統制をその役割とするかぎり、法社会学の研究対象は1つには法規定それ自体であり、2つには法が規制する社会現象としての「紛争」である。そして第3に、このような対象

把握にもとづいて、紛争の発生から終結に至る全過程の理論的実証的究明が、法社会学の基本的課題となる。

以下では、離婚紛争の諸過程の中からとくに、離婚紛争の発生基盤、離婚紛争の処理方式、そして紛争処理にともなう諸問題の、3つの局面に焦点をあてて、民法改正試案ともからめながら、その現状と課題について考察しよう。

注
1) 中間報告の論点については、法務省民事局参事官室「婚姻及び離婚制度の見直し審議に関する中間報告（論点整理）」『ジュリスト』No.1015、1993年を参照。
2) 法務省民事局参事官室「婚姻制度等に関する民法改正要綱試案」『ジュリスト』No.1050、1994年、214～55頁。
3) 紛争の概念については、次のものを参照。六本佳平「紛争とその解決」『岩波講座・基本法学8――紛争』岩波書店、1983年、3～34頁。


## 2. 離婚紛争の発生基盤

離婚紛争はどのようにして発生するのか。ここでは離婚原因をもとに離婚紛争の発生基盤を究明してみよう。ただし、9割を占める協議離婚の原因については、きわめてラフなものしか見当たらない現状から、以下では調停離婚の申立て理由を分析対象としよう。

表5－1にみられるように、離婚請求を大部分とした「夫婦間の事件」が1998年（平成10）で5万6,585件である。75年（昭和50）以来横ばい状態であった調停申立ても、最近は増加傾向にある。また注目されるのは、妻側からの申立てが圧倒的に多く、各年70％以上を占めている。

申立て理由の中でまず目につくのは、「性格が合わない」である。夫と妻ともに第1位であり、98年ではそれぞれ64.0％、47.6％を占めている。しかもこの20年あまりの間に、それぞれ8.0ポイント、11.5ポイントの増加を示しており、伸び率はともに全項目中最高である。とりわけ妻側の顕著な伸び

が注目される。

次に目につくのは、「異性関係」である。夫と妻では順位に違いがあり、また減少傾向にはあるものの、依然としてともに大きなウエイトを占めている。3つめに目につくのは、「暴力を振う」である。とくに妻側の理由として「性格が合わない」に次ぐウエイトをもっており、「生活費を渡さない」「精神的に虐待する」などと照合すると、そこに伝統的な離婚理由の存在を見て取ることができる。最後に、4つめとして、「家族親族との折合いが悪い」である。とくに夫側の理由として上位に位置するものであるが、家の解体や核家族化の進展の中で、新しい夫婦関係を求める妻との軋轢をそこにうかがうことができる。

以上のように、調停申立て理由から離婚紛争の発生基盤を考察すると、主要なものとして、夫婦間における性格問題、異性問題、暴力問題、親族問題の4つが抽出される。その中でとくに問題となるのはやはり大きなウエイトを占めている「性格が合わない」の中身である。この点で参考になるのが、

表5－1　調停申立ての動機

| 75 | 80 | 85 | 90 | 95 | 98 | 年 | 75 | 80 | 85 | 90 | 95 | 98 |
|---|---|---|---|---|---|---|---|---|---|---|---|---|
| 11,462 | 12,597 | 12,032 | 12,116 | 14,601 | 15,913 | 総数 | 28,119 | 33,519 | 33,603 | 32,072 | 37,211 | 40,672 |
| 56.0 | 58.1 | 59.3 | 60.6 | 63.8 | 64.0 | 性格 | 36.1 | 41.4 | 43.9 | 46.5 | 46.2 | 47.6 |
| 22.8 | 23.3 | 23.2 | 22.2 | 20.7 | 20.0 | 異性 | 34.3 | 33.0 | 30.0 | 31.4 | 30.5 | 27.9 |
| 3.2 | 2.8 | 2.9 | 3.9 | 3.9 | 4.4 | 暴力 | 37.6 | 37.1 | 36.4 | 34.7 | 31.0 | 30.7 |
| 1.6 | 2.2 | 2.5 | 2.3 | 2.1 | 2.2 | 飲酒 | 18.2 | 17.3 | 16.7 | 15.0 | 12.4 | 11.5 |
| 8.1 | 8.8 | 9.6 | 10.5 | 12.0 | 10.5 | 性 | 4.4 | 4.7 | 4.9 | 5.6 | 6.1 | 5.8 |
| 7.9 | 9.4 | 11.6 | 11.6 | 13.3 | 13.9 | 浪費 | 13.0 | 16.1 | 17.2 | 15.9 | 18.1 | 17.5 |
| 13.2 | 13.8 | 13.2 | 13.3 | 13.3 | 13.4 | 異常 | 8.6 | 9.0 | 8.9 | 9.4 | 8.9 | 9.2 |
| 4.8 | 4.6 | 3.7 | 4.0 | 3.1 | 3.6 | 病気 | 2.1 | 2.0 | 1.8 | 2.0 | 1.6 | 1.8 |
| 9.1 | 9.4 | 10.9 | 11.5 | 11.5 | 11.4 | 虐待 | 17.0 | 16.7 | 17.8 | 19.6 | 19.7 | 20.7 |
| 17.2 | 16.5 | 13.9 | 13.8 | 10.9 | 9.9 | 家庭 | 17.8 | 17.6 | 16.6 | 17.6 | 17.6 | 16.5 |
| 19.7 | 21.7 | 20.9 | 21.8 | 21.3 | 18.9 | 親族 | 11.3 | 11.6 | 11.8 | 13.6 | 12.8 | 12.1 |
| 25.7 | 25.2 | 21.1 | 19.2 | 14.3 | 12.3 | 同居 | 7.8 | 6.4 | 4.8 | 5.0 | 4.1 | 3.5 |
| 0.9 | 1.0 | 1.1 | 1.0 | 1.2 | 1.6 | 給料 | 20.9 | 22.4 | 23.0 | 21.0 | 23.0 | 23.0 |

『司法統計年報』：申立人が挙げた3個までの動機（重複集計）の構成比

第5章　離婚紛争の諸過程

東京家庭裁判所で既済となった調停・審判事件についての分析である[1]。ここでは離婚調停申立て理由として挙げられた「性格が合わない」を、「知能」「生活態度」「人生目標」「役割不満」「愛情不満」の5つに分類して検討している。それぞれの項目の比率は、順に、3.5％、35.7％、10.9％、21.1％、28.8％となっている。

　夫婦関係は本来、相互の愛情と信頼にもとづくものであり、愛情の破綻は基本的な離婚原因とみられる。「性格が合わない」という抽象的な理由の中にも、たしかに1つの基本的要素として「愛情不満」が出現している。しかし、より注目されるのは、「生活態度」や「役割不満」がかなりの比率で現れている点である。「生活態度」は文字どおり生活に対する取り組み方とか姿勢であるが、「役割不満」も生活を営む上での夫婦の役割分担の問題であり、ともに夫婦の共同生活にかかわるものである。しかも「人生目標」にしても、共同生活の理念であるから「生活態度」と同じカテゴリーに属するものといえる。このようにみると、わが国では、生活に対する姿勢や取り組み方、分業の在り方、目標設定など、共同生活上の問題が、愛情問題以上に離婚原因として大きなウエイトをもっていることがわかる。

　先に取り出した4つの主要な離婚理由のうち、「家族親族と折合いが悪い」も、結局のところ、「性格が合わない」の中の「生活態度」とか「役割不満」と重なるものであり、その点を生活問題として整理すると、今日の主要な離婚紛争の発生基盤は、生活問題、異性問題、暴力問題の3つとなる。

　生活問題も多様であるが、近年特徴的なケースを挙げると次のようなものとなる[2]。

―― 事例1 ――
　妻は、中学校教師である父と、助産婦の母との次女として生まれ、自分のことは自分でするようにしつけられて育った。夫には姉2人、弟1人がいるが、父は早くに死亡したので、母が文房具店を経営しながら、4人の子供を育てた。夫の母は気丈な人で、「男は堂々と座っていればよい」「男は台所に入るな」と、ひたすら男の子の教育を重視した。妻は高校を卒業後、国家公務員として国立

137

> 大学に就職した。24歳の春、当時同大学の大学院生であった夫と知り合い結婚。当初は夫の収入は奨学金だけであったので、妻の働きによって生活は支えられていた。しかしその後、夫にも大学教官としてかなりの収入が入ってくるようにもなると、「妻を働かせているので、職場で肩身が狭い」「家が汚い」「人を招待できない」など、さまざまな不満をいうようになり、もともと口論になると妻は絶対にかなわないので夫婦らしい会話もなく、だんだんと互いの溝が深くなってきた。6年後、子供が2人になってさらに妻が忙しくなり、家事に手が回らなくなってからは、夫も研究に油がのってくるころではあるし、朝早く出かけ、夜は遅く帰ってきて、さらに土日も研究室で過ごすようになり、妻からみれば夫はほとんど下宿人のようになってしまった。8歳の長女にも夫婦の不自然な関係がわかるようになり、そこで離婚の決意をした。夫ははじめは世間体を気にして離婚を拒んだが、最終的には知り合いの弁護士に仲に入ってもらい協議離婚が成立した。いざ別れるとなると、夫は「専業主婦の人を奥さんにする」といきまいていた。

　ここにみられるように、生活問題の典型は、伝統的な男役割と女役割との対立葛藤であり、家庭教育の中で強固に培われた男役割の不条理さに対する異議申立てがいま、積極的に打ち出されようとしている。紙面を賑わしている「定年離婚」も、こうした役割葛藤の帰結といえる。また夫側の調停申立て理由の中の「性格が合わない」の大きさは、従来の夫主導の生き方に対する妻たちの"反乱"を目の前にした、夫側のリアクションと受けとめられる。いずれにしても、性役割の対立の背景には、女性の側の考え方や生き方の変化とりわけ地位の向上があることはたしかである。こうして離婚紛争の発生基盤という観点からは、女性の地位向上を基盤とする「生活問題型離婚」を1つめのタイプとして取り出すことができる。
　異性問題と暴力問題は、生活問題に比べて離婚理由としてはかなり分かりやす。それぞれ理由は愛人であり、暴力である。しかし、その内容は単純ではない。異性問題は、調停申立て理由では夫と妻ともに上位に位置しているように、かつては夫の側に特有の問題であったが、今日では妻の側の問題としても発現してきている。離婚後家庭の1つの形態である父子家庭が少なか

らず存在するが、父子家庭における子育ての困難さから養護施設に預けられている児童も多い。これらの児童に対する調査などから、母親の愛人問題が多く発見される。次に、異性問題の一般的と思われるケースを調停事例から挙げておこう[3]。

―― 事例2 ――

　夫と妻は昭和38年に見合結婚。夫は農家の三男、妻は農家の次女で、いずれも中学を卒業するとすぐに工場に勤めた。子が2人生まれ、妻はしばらく育児に専念した。長女が小学校に入学した年に、自宅を新築し、そのローン返済のため妻も勤めを始めた。妻はバイタリティに満ちており、朝晩社員寮の調理人をする外、昼は食堂に勤め、夜はラーメン店の手伝いをするといった形で、夫とほぼ同額の収入を得るほどであった。その甲斐があり、自宅を改築し、長男を専門学校に、長女も私立短期大学に進学させた。夫婦仲は極めてよかった。長女が大学生になったころから、妻は気持ちの上でゆとりが持てるようになったせいか、仕事仲間と酒を飲みに行ったり、カラオケを歌いに行ったりしはじめた。そのうち賄いをしていた寮の社員Aと意気投合し、何度か肉体関係を持った。妻の異性関係を夫は知ったが、夫は怒るとか離婚を迫るとかはせず、性交渉の様子をネチネチと問いただすだけであった。夫のやり方が耐えられなくなって妻は家を出たが、そこに妻から離婚を迫られたAが居候するようになった。

　一方、夫は、嫉妬から暴力団員を雇ってAを脅かしたり、慰謝料という名目で妻に新車を買わせたり、スナックでホステスを殴ったりという荒れた生活ぶりであった。夫が妻にさらに慰謝料を要求したため、逆に妻がそれなら財産分与を求めるといったため、夫は慌てて家裁に調停を申立てた。

　このケースにみられるように、妻の異性問題も、軽い気持ちあるいは一種の浮気のような形で発生している。このような妻の異性問題の背景には、女性の社会進出にともなう異性との接触機会の増加、女性の対等平等意識の高まり、さらに性意識の変化などがある。たとえば、婚前交渉についての考え方をみると[4]、厳格（結婚式がすむまでは、すべきでない）と寛容（深く愛していれば、よい）の意見では、若い世代に寛容が多く、中高年世代に厳格が多い。しかし最近の変化として、若い女性の寛容への急激な傾斜と、世代を超えた寛容な意見の広がりがみられる。離婚紛争の発生基盤から今日の離婚

のもう1つのタイプをとらえるとすれば、性の解放化を基盤とする「享楽型離婚」となろう。

　暴力問題は、とりわけ妻にとって大きな離婚原因となっている。1975年(昭和50)には37.6％で1位となっている。その後若干比率は低下しているものの、今日でも30％を占め、順位も第2位を維持している。

　アメリカでは今日、夫の暴力迫害を受けるバタード・ワイフとともに、妻からナイフで切りつけられたり暴力を受けるバタード・ハズバンドも急増している。わが国ではバタード・ハズバンドの例はまれであり、離婚原因としての問題はバタード・ワイフについてのものである。暴力問題の典型的ケースを調停事例から取り上げると、次のようなものである[5]。

---
**事例3**

　2人は同じ職場で働いていて知合い結婚。夫は早く母と生別、継母に育てられた。肉親の愛情を経験せず、人の顔色を窺いながら育った夫は、孤独で内にこもりやすく、無口で疑い深い性格を持つに至った。妻は、あけっぴろげで口数も多く大まかな性格であった。夫は、酒を好み、飲むと酒乱の傾向があり、大声で怒鳴ったり、物を投げたりしていた。このような父を嫌って、母に懐く子供らを見て夫は深い孤立感を抱くようになった。酒を飲んでは理由もなく妻や子供らに暴力を振った。妻が性交を拒むに至って暴力はいっそう激しくなった。夫が「子供と一緒に出て行け」というので、妻が子供と家を出ようとしたところ、気が狂ったように皿や茶碗を投げ、バットで妻を殴打した。たまりかねた長男と次男が父を捩じ伏せ、パトカーを呼んだ。妻はとりあえず単身で友人宅に避難した。夫は、妻をぶっ殺してやるとわめき、その行方を白状しろと子供に迫り、連日連夜子供を責め立てた。

---

　ここにみられるように、バタード・ワイフのケースは、まかり間違えば妻の生命にかかわる深刻な事態に及ぶものがある。暴力の背景として一般に男尊女卑の考えがあるが、夫の成育環境の問題も浮かび上がる。暴力を振う夫に限って、妻に執拗な未練をもち、離婚に応じない傾向があるが、このような特徴は何よりも、幼少期の愛情欠乏が妻への過剰な愛情期待に向かわせる結果といえる。いずれにしても、伝統的な父権を基盤とする「父権的迫害型

離婚」を3番目のタイプとして取り出すことができよう。

　離婚紛争の発生基盤から今日の離婚をとらえると、以上のように「生活問題型離婚」「享楽型離婚」「父権的迫害型離婚」の3つのタイプを析出できる。これらを、法制度的対応の観点からみると、とりわけ「父権的迫害型離婚」の問題性が大きい。先にみたように、バットで殴打されるケース、また別のケースでは包丁を振り回し暴れまわるといったものもみられる。家庭における妻の立場はきわめて脆く、旧態依然とした父権のもとでの虐げられた姿が浮き彫りにされる。このような夫婦関係において、離婚は妻の解放への有力な方途といえるが、しかし暴力を振う夫に限って妻に執着し離婚に応じない。したがって協議というかたちでの離婚が不可能であるばかりか、調停を申立てることさえも報復を恐れて躊躇せざるをえない。実際、調停の場においてさえ、暴力を受けるケースも少なくない[6]。たしかに現在、婦人相談所や母子寮、そして民間のシェルターなどが、いわゆる現代の「駆け込み寺」として緊急避難的対応を引き受けている。しかし前者の公的施設はあくまでも緊急対応的なものにすぎず、また後者の民間シェルターも数的にも量的にも十分とはいえない状況にある。アメリカにおけるウィミンズ・シェルターのような制度的対応と比べれば格段の差がある[7]。また一連の離婚制度改革も、迫害される妻たちの支援的役割を果たすものではない。今日バタード・ワイフの保護のためには、あらためて、離婚方式をはじめ種々の制度改革が必要となろう。

注
1) 井口正隆他「夫婦関係事件の実態調査（上）」『ジュリスト』No.473、1961年、124～34頁。
2) 有地亨編『現代家族の機能障害とその対策』ミネルヴァ書房、1989年、210～11頁。ただし表現を若干変えている。
3) 高柳慎一他「中高年夫婦の紛争事件に関する研究」『家庭裁判月報』42巻7号、1990年、114～15頁。ただし表現を若干変えている。
4) NHK世論調査部『現代日本人の意識構造』日本放送出版協会、1991年、83～87頁。
5) 兼頭吉市「家事調停に見られる夫婦間暴力の傾向」『年報社会心理学』第22号、

1971年、109頁。ただし若干表現を変えている。
6) 同上書、96頁。
7) 本田弘子「夫の暴力と現代のかけこみ寺」中川先生還暦祝賀論文集『現代社会と家族法』日本評論社、1987年、346～64頁。

## 3. 離婚紛争の処理方式

　離婚紛争はどのような形で処理されているか。たしかに、ある場合には別居、またある場合には家庭内離婚といった、多様な夫婦関係の破綻の形がみられよう。しかし、夫婦関係を公的に解消し、相互の権利義務関係を清算しないかぎり、種々の面で不都合が生じる。その意味で、公式の処理方式あるいは処理手続の在り方は、離婚問題の重要な焦点となる。

　周知のように、わが国の離婚方式には4種類のものがある。協議離婚、調停離婚、審判離婚、裁判離婚である。協議離婚と裁判離婚は民法に法的根拠をもち、調停離婚と審判離婚は家事審判法に根拠をもつ。審判離婚はきわめて少なくまた特殊であるから、ここでは他の3つの方式に焦点を当てよう。

　まず協議離婚は、当事者間の離婚の合意と戸籍法に則った離婚の届出のみによってその効力を生ずる、わが国独特の離婚方式であり、わが国の離婚紛争の約9割がこの方式で処理されている。この方式はたしかに、裁判離婚方式などに比べて、役所に離婚届を提出すれば離婚が認められる点で、当事者の自由な意思が尊重され、手続も簡易であり、その意味で民主的な方式といえる。しかし他面でこの方式は、離婚意思のない配偶者をも簡単に離婚させてしまうという問題を抱えている。すなわち、当事者間の本当の「協議」がなされずに離婚届が出されるケースが発生する。最近の調査でも、「十分な話合いがなかった」とするものが多数にのぼっている[1]。

　このような協議離婚方式のいわば形骸化とでもいえる問題は、明治民法以来のもので、そこでは父権的な家族制度の下で、協議離婚に名をかりた棄妻あるいは「追い出し離婚」がかなり見られた。このような経緯から、戦後の

民法改正に際しては、協議離婚方式の廃止が主張されたり、存続させる場合にしても、離婚意思の確認を制度化することが提案された。だが、意思確認の制度化は、自由な離婚を阻むおそれがあるとか、またかえって事実上の離婚が多発するおそれがある、といった理由から見送られた。

しかしながら、離婚が社会的にみてきわめて重要な問題であることからいえば、協議離婚方式はあまりにも簡易すぎる方式といわねばならない。その点で、このような協議離婚方式の欠陥を補う重要な行政的対応として今日、離婚届不受理申出制度が注目される。この制度は1952年（昭和27）に離婚意思の撤回された届出の不受理を認めるものとして出発したが、その後制度的な整備を経るとともに、まったく離婚意思のない場合のいわゆる「予防的不受理申出」にまで拡大されてきている。そして不受理申出制度の利用実態も、65年6,164件、74年19,628件、85年26,408件、90年25,714件、95年30,348件、2000年38,498件（この件数は不受理申出全体のもので、離婚にかんするものはほぼ9割）と逐年増加してきている[2]。このようにみると不受理申出制度が、相手方を話合いの席に着かせ、「協議」の実質を保障する契機となりうることが十分理解される。だが、不受理申出制度の認知度はかならずしも高くなく、また利用の面でも、申出有効期間が6カ月であること、本籍地の役所への提出が必要なことなど、きわめて煩瑣である。

今回の民法改正試案では、とくに協議離婚方式の見直しは具体化されていないが、1992年の「中間報告」では、離婚意思の真正を確保する手段を設けることが提案されている。それについて法学者の側からいろいろな意見が出されているが、たとえば家族法学の中川淳氏は「協議離婚における合意の制度的保障の必要性を痛感する」と述べている[3]。たしかに、「協議」のない離婚は、「追い出し」に似た非民主的な離婚であるばかりでなく、離婚後の生活を保障する財産分与・養育費の取決めについても曖昧さを残し、事後の生活保障という大きな問題を積み残す結果となる。その点で、不受理申出による間接的支援に代えて抜本的な制度改革が必要となろう。

次に調停離婚方式である。わが国の離婚紛争の約1割がこの方式で処理さ

れている。周知のように、協議離婚方式で決着がつかない場合には裁判による離婚が可能である。しかし制度的にはまず家裁の調停から始めなければならない。いわゆる調停前置主義である。この制度が現実に採用されたのは、1947年（昭和22）の家事審判法であるが、その構想は早くも大正後期に立てられていた。すなわち1918年（大正8）の臨時法制審議会において、「民法ノ規定中我邦古来ノ淳風美俗ニ副ハザルモノアリト認ム之ガ改正ノ要綱如何」との諮問がなされている。その後21年（大正11）には臨時法制審議会総裁による答申がおこなわれ、27年（昭和2）には、答申を受けて司法省に設けられた法律調査委員会において110条からなる家事審判法案が決議された。しかしその後は、時局の進展のため、家事審判法の検討を離れて調停制度の実施が急がれ、39年（昭和14）人事調停法の成立をみた。しかしここでは調停前置主義は採用されていない。こうして調停前置主義の現実化は戦後の家事審判法の制定までまたねばならなかった[4]。

　調停制度の要請は、1918年の諮問にもうかがわれるように、古来の淳風美俗の維持にあることはたしかである。しかし、より本質的なものとして、2つの理由が存在する。1つは、財産関係と異なる身分関係の特質である。たとえば中川善之助は、「合理的に仕組まれた財産関係は法律によってほとんど完全に処置し尽される。しかし身分関係のように自然的なる非合理的仕組を有った関係は法律を以てその全部を規律することが不可能である」と述べる[5]。すなわち、財産関係は合理的性格のもであるのに対して身分関係は非合理的性格のものであり、それゆえ法律による規制は適合しない。調停による解決が相応しいということになる。2つは、人事訴訟による処理の限界である。人事訴訟は、通常訴訟に対する特別の手続として生まれたが、やはり家庭事件を訴訟によって取扱うことには多くの難点がともなう。たとえば、離婚訴訟で離婚が許されないことを判決でいくら論理的に説いたところで、事実としての破綻はどうしようもないものである。そこで、家事事件については、訴訟という形式よりも、一歩進めて調停という形式が望まれることになる[6]。

調停制度の沿革や要請理由から理解されるように、調停離婚方式は、「裁判」ではなく、事件の実情に即した適正妥当な解決を目指して、説得斡旋し、当事者の納得・合意にもとづいて紛争を解決する方式である。そのため民間人を含む調停委員会による調停や家裁調査官によるカウンセリングが行われている。このような納得・合意を本質とする調停方式は、とりわけ「父権的迫害型離婚」にとって重要な意義をもっている。なぜなら、迫害型では協議そのものが成立せず、問題解決のためには公的機関での話し合いが必要だからである。

　ところで、わが国に欧米からはじめてカウンセリングが導入されたのは、56年（昭和31）の東京家庭裁判所であるが[7]、一般的になったのは、74年（昭和49）の最高裁事務総長通達によって「家事審判官の命を受けて家庭裁判所調査官が行う調整活動」が正式に認知されて以降である。欧米におけるカウンセリングは当初、離婚率の増加を背景に、和合つまり夫婦関係の回復を目的としてなされたが、その後、離婚の罪悪視や伝統的婚姻観の後退から、むしろ離婚を家族再編成のための新たなるステップととらえ、離婚当事者の支援システムとして機能させるようになってきた。すなわち、離婚のカウンセリングは、離婚後の円満な人間関係を保ち、家族の再編成を容易にするための有力な手段と位置づけられたのである[8]。わが国のカウンセリングも当初は和合的な性格が強かったが、近年では、欧米同様に、現実認識を志向するようになってきている。

　調停離婚方式の問題点として第1に挙げられるのが、調停委員会の在り方である。調停委員会は普通、家事審判官と民間人男女各1名から構成されているが、審判官は受け持ち事件が多いため、常に委員会に加わるわけではない。このような事情や家事事件の複雑化を契機に、74年（昭和49）からは人格識見の高さや社会経験の豊富さとともに紛争解決に必要な専門的知識経験の所有が委員の任用資格となった。また年齢も原則として40歳以上70歳未満とされた。調停委員の活動内容はそれなりに評価されるものの、「事件当事者の立場に無理解である」「自分の人生観や道徳を押しつけた」「不公平であっ

た」など、委員に対する不満も多い[9]。最近行った紛争処理にかんする調査でも、一部ではあるが、調停離婚経験者の意見として、「調停委員が夫の肩をもち、自己の（妻）主張がまったく認められなかった」とするものもみられる[10]。調停委員の問題は、離婚の3タイプでいうととりわけ「生活問題型離婚」の場合に生じやすく、新しい性別役割への理解をめぐって、委員と妻とが対立する構図が見られる。

　調停委員の問題を考えていくと、その選任方法、研修内容等、さまざまな問題が浮かび上がる。すなわち、選任方法にしても、明確なルールはみられない。委員が後任を推薦するといった方法がかなりみられ、広く人材を求め、個々面接して選任する、といった公明な方法は少ない。研修内容にしても、一般教養的なものが多く、女性学的な科目は少ない。また委員の職業によっては研修免除も認められている。家族や夫婦の対立・葛藤というデリケートな問題を扱い得る能力が養われるかは疑問である。くわえていえば、そもそも「既婚者」要件は適正か。離婚経験者のある程度までの登用は、当事者主義を採り入れる意味で重要ではないか。

　調停離婚方式の問題点の第2は、弁護士の関与である。本来的に当事者間の話し合いを基調とする調停で、弁護士が代理人となり、弁護士同士の話し合いで決着するケースも増えてきている。調停機能の低下といえるのではないか。

　調停離婚方式の問題点は、以上のほかに、手続きそれ自体にみられる。すなわち、調停においては、人間関係調整と紛争の法的処理とが同一手続のなかで行われている。論点は2つ[11]。1つは、そもそも人間関係調整は、当事者が援助者を信頼して何でも腹蔵なく話すことによって成立する。しかるに現在の制度では、人間関係調整に携わるものが同時に法的判断も行うことになり、ややもすれば腹蔵なく話したことが不利益な判断材料となるおそれがある。2つは、法的判断を示す場合には基礎となる事実を明らかにしなければならないが、その際、事実（たとえば不貞の事実）の有無を隠密裡に調査したことを明らかにせざるをえず、当事者の反発や不信の念を生じさせるこ

とになる。調停離婚方式の円滑な運用という観点からは、いわゆる峻別論にみられるように手続を二分しそれぞれ別々の専門家に委ねることも一案であるが、現行の家事調停制度の根幹にかかわる問題であり、いまのところ可能性は薄い。

ところで、前節でみたように、調停への申立てそのものは増加傾向にある。しかし、調停成立率は低下傾向にある。もちろん取下げによって協議に移行するケースもあるが、別居継続とか、裁判離婚へと向かうケースも多い。このような調停離婚方式の効力低下をみると、今触れたような調停委員会や手続の問題を含めて、開かれた離婚方式へ向けてその洗い直しが必要と思われる。何となれば、後でみるように、協議離婚方式に比べ調停離婚方式は少なくとも離婚後の生活保障の点で有効性が高いからである。

最後に裁判離婚方式についてみておこう。この方式は、あくまで当事者の一方が離婚に同意しないために調停が不調に終わった場合に利用されるものであり、この方式による離婚は、わずか1％程度にすぎない。裁判離婚が認められるには現行法に規定されている5つの原因のいずれかに適合しなければならないが、民法770条1項には、まず具体的離婚原因として、不貞行為（1号）、悪意の遺棄（2号）、3年以上の生死不明（3号）、強度の精神病（4号）、そして抽象的離婚原因として、その他婚姻を継続し難い重大な事由があるとき（5号）が規定されている。

とくに法社会学的に注目されるのは、770条2項の規定であり、そこには1号から4号の事由があるときでも裁判所は、「一切の事情を考慮して婚姻の継続を相当と認めるときは、離婚の請求を棄却することができる」となっている。すなわち、2項が設けられたことによって、裁判所の裁量権が認められ、1号から4号の事由は絶対的離婚原因ではなく相対的離婚原因となったわけである。しかも5号の「重大な事由」の有無の判断そのものも裁判所の裁量にかかわる相対的なものとなっている。

今日、世界の趨勢は有責主義から破綻主義に大きく変化しており、770条の規定も破綻主義を宣言したものであることはたしかである。しかしながら

わが国の場合、裁判所の裁量権によって、破綻の認定には一定の枠がみられる。重要なものを2つばかりみてみよう。そこには裁判所の判断に時代状況あるいは社会状況が反映されており興味深い。

1つは、精神病離婚である[12]。精神病にかかったことは本人の有責行為とはいえないが、精神病者との婚姻が健康な配偶者にとって婚姻生活の完全な破綻を意味するとき、健康な配偶者をその不幸から救済するために認められる離婚が、精神病離婚である。最高裁は、4号の判断に2項を適用して精神病離婚の請求を制限することに積極的であった。その理由として、精神病配偶者の将来生活を保障しうる具体的方途を講じる必要性を挙げている。精神病のケースでは普通、法的処理よりも、むしろ精神病者の親族との話し合いの中で解決される傾向にあるが、仮に裁判によって精神病者が離婚という事態になれば、その生活不安は見逃すことのできないものである。1958年（昭和33）当時は、いまだ精神病者に対する社会保障・社会福祉制度が整っておらず、最高裁は、そのような状況を慮って、ハンディーを負った配偶者の保護を図ろうとしたわけである[13]。ここに、法的判断と社会状況との相互連関が読み取られる。

2つは、有責配偶者からの離婚請求である。わが国ではこれまで「その他婚姻を継続し難い重大な事由があるとき」という高度な破綻主義を示す条項があるにもかかわらず、最高裁はこれを制限的に解釈し、有責配偶者については適用しないとしてきた。これが52年（昭和27）のいわゆる「踏んだり蹴ったり」判決である[14]。この有責配偶者からの離婚請求拒否の原則は、いまだ戦前の父権的抑圧の残る社会状況の中で、妻の人権を擁護しその地位を守るという考えに立脚しており、今日でも離婚届不受理申出制度と並んで協議離婚方式の弱点を間接的に支援する役割を果たしている。

しかし、87年（昭和62）には、この原則も大きく修正されることになった。すなわち、最高裁は、①別居期間が相当長期にわたること、②未成熟の子が存在しないこと、③相手方配偶者が離婚によって精神的・社会的・経済的にきわめて苛酷な状態におかれないこと、の3つを要件として、有責配偶者か

らの離婚請求を認める判断を示した。すでに戦後半世紀近くが経過しようとする時点において、妻の人権擁護の役割も大きな意味を失い、新たな方向として破綻した夫婦関係のより積極的な解体が展望されたといえる。もちろん、このような有責配偶者からの離婚請求拒否原則の変更は、協議の形骸化を助長するという問題を残すものではあるが、妻の異性問題も少なからぬ今日、離婚の平等性あるいは自由化の観点からはむしろ妥当な方向とみられる。

ところで、今回の民法改正試案には、破綻の具体的徴表として「5年以上の別居」が示されている。5年の期間について長短の論議はあるが、別居は最も明確な夫婦関係破綻の徴表であり、その意味で画期的といえる。このような民法改正試案や、いま述べた有責配偶者からの離婚請求拒否原則の変更にみられるように、わが国の裁判離婚方式は破綻主義の徹底への方向を辿りつつあり、今後、善かれ悪しかれ、破綻した夫婦関係の解体がさらに促進されよう[15]。

注
1) 有地亨編『現代家族の機能障害とその対策』ミネルヴァ書房、1989年、109頁。
2) 利谷信義他編『離婚の法社会学』東京大学出版会、1985年、67～72頁。また詳しくは、利谷信義「創設的届出の不受理申出制度」『現代家族法体系1』有斐閣、1980年、522～53頁。データは、全国連合戸籍事務協議会『戸籍』より。
3) 中川淳「婚姻・離婚法改正の中間報告について」『ジュリスト』No.1019、1993年、81頁。
4) 青山達「調停前置主義について」『現代家族法体系1』有斐閣、1980年、311頁。
5) 中川善之助「身分法及び身分法関係の純粋形相(3)」『法学協会雑誌』第47巻4号、1929年、549頁。
6) 青山、前掲書、314～19頁。
7) 磯野誠一「家事調停とカウンセリング」『現代家族法体系1』有斐閣、1980年、339～40頁。
8) 島津一郎「家庭裁判所における離婚とカウンセリング」『ジュリスト』No.665、1978年、41頁。
9) 安倍正三他『家庭紛争と家庭裁判所』有斐閣、1988年、217頁。
10) 拙著『現代社会における紛争処理』(平成5・6年度科研成果報告書)、1994年。
11) 島津、前掲書、42～43頁。
12) 精神病離婚については、次のものが参考になる。浦本寛雄「精神病離婚」『現代家

族法体系2』有斐閣、1980年、163～84頁。
13) 最高裁の判断は、見方によれば、福祉的対応を抜きにして、ハンディーを負った配偶者の保護を一方の配偶者に押しつけてしまうものであり、一般に不評であった。その後、裁判所の態度も変わったが、高齢化の進む現在、改めて考える必要のある問題である。
14) これについては、次のものを参照。水野紀子「離婚」星野英一編『民法講座7』有斐閣、1984年、143～64頁。井口茂『裁判例にみる女性の座』法学書院、1992年。
15) もっとも、5年以上の別居期間があっても、有責配偶者からの離婚請求には、苛酷条項や信義則条項の適用が考えられている。

## 4．離婚紛争にともなう諸問題

　離婚当事者とりわけ妻にとって再生自立のためにクリアしなければならない重要な問題は、1つは生活保障の問題であり、2つは子どもの問題である。
　まず、生活保障の問題として、ここでは財産分与と慰謝料などいわゆる離婚給付について取り上げよう。財産分与の法的性質については、民法768条の規定しかないので、それをどのようにとらえるかには異論がある。現在、清算説、離婚後扶養説、損害賠償説の3説あるが、有力なのは前2説である。清算説は、婚姻共同生活中に夫婦が共同して蓄積した財産を夫婦関係の解消に際して清算するという点に重点を置いて理解する説で、768条3項との関係で通説といえるものである。そして離婚後扶養説は、離婚後生活に困窮する夫婦の一方に対し他の一方が扶養料を給付すべきことを定めたものと理解する説で、離婚が夫婦間の権利義務関係を解消するものであることからみれば不適切であるが、現在、法政策的要請として認められているものである。こうして判例では、「離婚における財産分与は、夫婦が婚姻中に有していた実質上の共同財産を清算分配するとともに、離婚後における相手方の生活の維持に資することにある」とされる。
　法理論や判例に示されるように、財産分与が共同財産の清算や離婚後の扶養であるにしても、法社会学的に注目されるのは、妻の家事労働の位置づけ

である。そこで、離婚による財産分与において、労働が婚姻中形成財産にどの程度寄与したものと判断されるかをみると、妻の就業形態によって大きな格差があり、妻が賃労働に従事していた場合や自家営業労働に従事していた場合には寄与割合がかなり認められるのに対して、妻が家事労働のみに従事していた場合には寄与割合は低い。つまり、家事労働は社会的生産労働と比較すると婚姻中形成財産の清算の根拠としてあまり評価されていない[1]。

　専業主婦の場合にも、たしかに離婚後扶養としてなにがしかの生活保障はなされるかもしれないが、夫婦の平等性・対等性という視点からは、家事労働の正当な評価の下に財産の適正分与が必要となろう。その意味で、今回の民法改正試案では、離婚後の夫婦の財産上の衡平の確保の観点から、財産分与に際して考慮すべき要素の具体的例示がなされ、さらに夫婦の寄与度が不明な場合には2分の1にすることが盛り込まれており、財産分与について改革の一歩を押し進めるものとして高く評価される。

　財産分与とともに重要な生活保障が慰謝料である。離婚にともなう慰謝料は、法理論的には、離婚そのものによる精神的苦痛に対するものと、離婚原因である有責行為による精神的苦痛に対するものがあるが、実務的には両者を統一的にとらえて、精神的苦痛の損害賠償とする。しかし問題は、財産分与と慰謝料との関係である。民法768条は、家庭裁判所が財産分与をさせるべきかどうかならびに財産分与の額および方法を定めるときは、「一切の事情」を考慮しなければならないと定めている。この「一切の事情」の中には、離婚にいたった事情や原因についての判断も含まれる。そこで財産分与と慰謝料との関係が改めて問われることになる。法理論的には、財産分与請求だけが可能であり、慰謝料請求はできないとか、両方とも請求可能であるとか、いろいろ考えられるが、判例の立場は、財産分与と離婚慰謝料の請求をともに認めるもので、その場合、財産分与と離婚慰謝料を同時に請求することが可能であり、また財産分与がなされた後に慰謝料を求めることも可能である[2]。先にみたように、財産分与が、婚姻中形成財産に対する家事労働の寄与評価の点で問題を残すものであるとすれば、慰謝料によるフォローアップ

が必要であり、財産分与と離婚慰謝料を別建てとする考え方はきわめて妥当なものといえる。

　では、財産分与と慰謝料の実態はどうであろうか。離婚に際して、財産分与や慰謝料などの取決めが行われることになっているが、実際には取決めのないケースが多い。表5－2のように、調停離婚でも取決めのあるものは5割半ばにすぎず、協議離婚にいたっては2割程度である。また、財産分与・慰謝料トータルの支払額をみても、調停離婚の場合、この20年余りの間、経済情勢に対応して上昇し、1995年で平均405万円となったが、98には380万円と減少している。また協議離婚にいたっては、調停離婚の平均額を超えるものは今日2割に充たない状況である。

　また裁判離婚について、80年（昭和55）から89年（平成元）にかけて東京地裁で離婚判決がなされた301件でみると[3]、財産分与の平均額は1,035万円、慰謝料の平均額は190万円で、トータル1,225万円となる。調停や協議にくらべて高額の離婚給付のようにみえるが、これは若干の事件で高額の財産分与が認められたからにほかならず、資産の無い大多数の事件の離婚給付額はそれほど高くはない。

表5－2　「離婚」の調停成立または24条審判事件における婚姻期間別財産分与・慰謝料支払額

| 年次 | 「離婚」の調停成立・24条審判のあったもの（%） | うち財産分与・慰謝料の取決めのあるもの（%） | 総数（万円） | 5年未満 | 5~10年 | 10~15年 | 15~20年 | 20年以上 |
|---|---|---|---|---|---|---|---|---|
| 1975年 | 100.0 | 55.5 | 140.8 | 78.3 | 143.7 | 190.4 | 230.4 | 278.9 |
| 1980年 | 100.0 | 55.8 | 216.1 | 116.3 | 209.9 | 271.6 | 323.8 | 355.4 |
| 1985年 | 100.0 | 53.2 | 336.7 | 159.1 | 275.6 | 387.5 | 503.1 | 616.4 |
| 1990年 | 100.0 | 56.3 | 413.9 | 210.1 | 340.4 | 496.2 | 625.9 | 721.2 |
| 1995年 | 100.0 | 56.0 | 405.2 | 195.0 | 337.9 | 434.7 | 612.2 | 727.6 |
| 1998年 | 100.0 | 56.9 | 380.2 | 199.9 | 304.3 | 438.0 | 534.9 | 699.1 |

『司法統計年報』

第 5 章　離婚紛争の諸過程

　このように、離婚後の生活保障の観点からみると、協議離婚方式は、取決めの面でもまた支払額の面でも保障水準は低い。しかし問題は、協議離婚方式だけにとどまらず、調停離婚にしても、かならずしも保障水準が高いわけではない。たしかに婚姻期間が20年以上のケースでは700万円前後とかなり高額な保障がみられるが、額が大きくなるとそれだけ分割払いが増え、かえって支払いの確実性が失われていくという問題もある。また裁判離婚にしても、一部高額の財産分与が示されてはいるものの、慰謝料額自体の給付水準は一般に200万円程度にすぎず、今日の経済情勢からみるとそれほど高い水準とはいえない。結局、いずれの方式を採るにしても、離婚後の妻の生活不安は依然として大きいといわねばならない。財産分与制度の改革が注目される所以である。
　さて、離婚夫婦に未成熟子がいる場合、どちらが子どもを引き取るかという問題と子どもの養育費をどうするかという問題が浮上してくる。周知のように、65年（昭和40）頃までは夫が親権を行う割合が多かったが、その後は女性の就業機会の増加や児童手当の増額など経済条件の変化を背景に、妻が親権者になる割合が増加してきており、今日ではおよそ7割に達している。
　子どもの引き取りをめぐる問題は、少子化を背景として深刻化しており、話し合いで決着がつかず、家裁に調停を申立てるといったケースも多い。わが国で子どもをめぐる問題が紛糾するのは、離婚後に、親権者または監護者にならなかった親に、子どもとの面会や電話・手紙による交渉を認める、いわゆる面接交渉権がいまだ確立されていないからである。わが国では現在のところ、民法上明文の規定はなく、64年（昭和39）の東京家庭裁判所の「親権もしくは監護権を有しない親は、未成熟子と面接ないし交渉する権利を有し、この権利は、未成熟子の福祉を害することがない限り、制限されたは奪われることはない」との判示が、面接交渉権の拠所となっている。それに対して、たとえばドイツでは、民法1634条に「①子の身上を監護する権利を有しない親は、子と個人的に交渉する権利を有する。②後見裁判所は、交渉について詳細に規定することができる。裁判所は、それが子の福祉のため必

要であるならば、一定日時もしくは継続する期間、交渉を排除することができる」との規定が存在する。

　今回の民法改正試案で面接交渉権の明文化が提案されているのも、このようなわが国の現状と、諸外国の趨勢を念頭に置いたものといえる。だが、翻って、面接交渉権の明文化には何の問題もないのであろうか。この点で注目されるのは、精神分析学の知見である。それによれば、子どもにとって親が真実の愛情、信頼、同一性の対象となることができるのは、継続的な日常性を基盤として、いつまでも接触できる場合であって、お互いが積極的なかかわりをもたない2人の親との接触は、むしろ子どもにとって忠誠心の葛藤を引き起こしかえって2人の親に対する積極的な関係を破壊してしまう結果ともなる[4]。

　わが国の面接交渉の現状をみると、母親は基本的には会わせることに消極的であり、また子どもの判断に任せるとするものも、交渉の実態はきわめて少ない。そして注目されるのは、母親が離婚後は種々の理由、たとえば夫婦間の憎悪、子どもへの悪影響に対する警戒、子どもを取られることへの恐れ、子どもの養育に妻だけが苦闘しているという思い入れなどから、夫とは完全に絶縁する意識を有していることである。そのために、離婚時に夫の養育費の分担を辞退したり、夫の自発的送金を返却したり、住所を変えたりしている[5]。このように、わが国では、離婚は夫と妻の完全な関係の断絶を意味しており、したがって敵対する2人の親との接触は、むしろ子どもの成長にとって望ましいことではない。

　面接交渉権の法的性質については、親に帰属した権利、すなわち子との面接は、監護する機会が与えられない親としての最低限度の要求であり、親の愛情、親子の関係を事実上保障する最後のきずなとする立場から、子の権利、すなわち親との交流をとおして精神的に成長・発達することは子が生まれながらにしてもっている権利とする立場へと変わりつつある[6]。このように親の視点よりも子の視点から面接交渉の問題を考えることは、たしかに大切である。しかし、そのことからただちに面接交渉権の法定が正当化されるわけ

ではない。そのような主張は、いささか観念的な法律論である。むしろ精神分析学の知見や夫婦関係の実態から考察すれば、面接交渉は法がかかわる問題ではなく、当事者の判断に委ねるべき問題といえる[7]。

離婚夫婦に未成熟子がいる場合、離婚後の生活問題としてたちまち子どもの養育費問題が浮上してくる。養育費の支払いは、親の子に対する一方的な義務であり、父母が共同で負担しあうものである。しかもそれは、生活保持義務という高度な扶養義務である。婚姻中は、婚姻費用分担義務を定める民法760条がその根拠になる。しかし、それは支払義務を直接規定したものではなく、そのため養育費支払問題は依然として離婚紛争の焦点の１つである。

表５－３は、調停離婚の養育費支払の実態である。支払いの取決めがあるものは約８割である。財産分与や慰謝料に比べると、子どもに直接かかわる問題であるだけに、かなり高率になっている。養育費の額は、平均してほぼ２～６万円である。子ども数が多ければ高額のものもあるが、３～５人子どもがいてもほぼ８割は10万円以下である。これに対して協議離婚の場合には、

表５－３　「離婚」の調停成立または24条審判事件のうち母を監護者と定めた未成年の子有りの事件――夫から妻への養育費支払額別子の数別割合

| 母が監護者になった未成年の子の数 | 総数 | 総数(%) | うち夫から妻への養育費支払いの取決め有り ||||||||||
| --- | --- | --- | --- | --- | --- | --- | --- | --- | --- | --- | --- | --- |
| | | | 総数 | 一万円以下 | 二万円以下 | 四万円以下 | 六万円以下 | 八万円以下 | 十万円以下 | 十万円以上 | 額不定 | 一時金 |
| 総数 | 14,539 | 80.1 | 100 | 3.5 | 9.6 | 37.5 | 29.4 | 7.6 | 6.9 | 5.0 | 0.4 | 12.1 |
| １人 | 7,753 | 79.2 | 100 | 3.6 | 12.8 | 50.7 | 24.0 | 3.7 | 2.2 | 1.1 | 0.4 | 1.4 |
| ２人 | 5,330 | 83.9 | 100 | 3.4 | 6.4 | 23.3 | 36.2 | 12.8 | 10.6 | 6.0 | 0.4 | 1.0 |
| ３人 | 1,326 | 81.7 | 100 | 2.7 | 3.3 | 17.2 | 30.2 | 7.5 | 18.1 | 19.7 | 0.6 | 0.8 |
| ４人 | 113 | 81.4 | 100 | 5.4 | 8.7 | 18.5 | 12.0 | 12.0 | 9.8 | 31.5 | - | 2.2 |
| ５人以上 | 17 | 52.9 | 100 | 11.1 | 11.1 | 33.3 | 22.2 | - | - | 22.2 | - | - |

『司法統計年報』平成10年
※なお、「胎児」11人は除外している。

Ⅱ部　離婚紛争の法社会学

２人の私的約束事として、取決め率はかなり低く、しかも履行となると滞りがちである。ここにも協議離婚方式の問題性が露呈している。

　ところで、養育費の取決めや支払額ももちろん重要だが、それ以上に問題なのは取決めの履行である。その点で注目されるのが、いわゆる履行確保制度である。これは1956年（昭和31）、家事債務の特殊性から、できるだけ任意の履行を容易にしかつこれを促進するために設けられたもので、履行勧告、履行命令、寄託の３つから成っている[8]。その中では、審判・調停で定められた義務の履行状況を調査し義務の履行を勧告する、履行勧告が最も多く、総勧告数は近年増加傾向にあり、98年（平成10）で１万1,452件である。それに対して、審判・調停で定められた金銭その他の財産上の給付を目的とする履行命令は、40件と低調で、また寄託も、受入れ件数1,242件、受入れ金額約5,500万円と、ともに減少している。

　養育費にかんする履行勧告の結果を表５－４でみると[9]、遅滞分全部履行の比率は低下傾向にあり、98年（平成10）で「残部履行に希望」を併せても

表５－４　履行勧告事件のうち扶養料についての件数と割合──全家庭裁判所

| 年次 | 総数 | 遅滞分全部履行 | 一部履行 ||| 全部不履行 |||| 履行状況不詳その他 |
|---|---|---|---|---|---|---|---|---|---|---|
| | | | 残部履行に希望がある | 残部について履行の見込みなし | その他 | 連絡つかず | 履行能力なし | 履行意思なし | その他 | |
| 70 | 4,521 | 1,866　41 | 1,453　32 | 206　5 | 65　1 | 152　3 | 221　5 | 468　10 | 100　2 | －　－ |
| 75 | 5,155 | 2,135　41 | 1,636　32 | 258　5 | 38　1 | 138　3 | 276　5 | 523　10 | 89　2 | 62　1 |
| 80 | 6,040 | 2,146　36 | 2,044　34 | 290　5 | 44　1 | 167　3 | 486　8 | 688　11 | 114　2 | 61　1 |
| 85 | 6,650 | 1,976　30 | 2,240　34 | 299　5 | 42　1 | 241　4 | 759　11 | 838　13 | 197　3 | 58　1 |
| 90 | 5,550 | 1,871　34 | 1,780　32 | 239　4 | 31　1 | 191　3 | 463　8 | 773　14 | 141　3 | 61　1 |
| 95 | 7,465 | 2,313　31 | 2,327　31 | 346　5 | 35　1 | 271　4 | 869　12 | 1,021　14 | 230　3 | 53　1 |
| 98 | 8,601 | 2,513　29 | 2,481　29 | 451　5 | 46　1 | 361　4 | 1,232　14 | 1,170　14 | 253　3 | 76　1 |

『司法統計年報』平成10年

60％に届かない状況である。しかも履行の能力や意思のないものが増加し実に3割近くに達する。無論勧告も一度にとどまらず二度三度となされる場合もあるが、履行能力の欠如は如何ともしがたい。履行確保制度の限界といえよう。

　養育費については、民法改正試案でとくに新しい提案はなされていないが、問題の重大性から、これまで日本弁護士連合会によって「養育費取り決め届出制度」とか「給与天引制度」など目新しい提案がなされている。このような方式が果たして履行能力のないケースにも妥当なものであるかは疑問であるが、これまでみたように調停離婚のケースでも履行確保がなかなか困難であること、ましてや協議離婚のケースでは履行はもちろん取決めさえ困難であることを考えれば、養育費確保の制度化は喫緊の課題といえよう。

注
1）山脇貞司「戦後日本における妻の家族財産上の地位」『法社会学』30号、1983年、63～64頁。
2）佐藤義彦「財産分与と離婚慰謝料の関係」『判例タイムズ』No.747、1991年、126～28頁。
3）鈴木真次「東京地裁離婚判決にみる離婚給付の額・方法と決定基準」『判例タイムズ』No.788、1991年、6頁。
4）梶村太一「子のための面接交渉」『ケース研究』153号、1976年、88～153頁。
5）有地亨編『現代家族の機能障害とその対策』ミネルヴァ書房、1989年、236頁。
6）田中通裕「面接交渉権の法的性質」『判例タイムズ』No.747、1991年、322～23頁。
7）この意味で、J．ゴールドシュタインや島津一郎氏の立場が支持される。
8）履行確保制度については、次のものが参考になる。山脇貞司「養育費支払義務の履行確保」『ジュリスト』No.858、1985年、34～38頁。
9）扶養料のほぼ95％が養育費である。

## 5．おわりに

　以上、離婚紛争の発生から終結にいたるプロセスのなかの、主要な局面について考察してきたが、そこから得られた主な知見をまとめておこう。

Ⅱ部　離婚紛争の法社会学

　第1に、今日における離婚紛争の発生基盤として注目されるのは、社会経済的条件の変化を基底に、対等・平等意識を培い、伝統的な性別役割に対して積極的に異議を申立てる妻の行動である。とはいえ、その一方で、依然として旧来型の虐げられた弱い立場の妻も多く、その意味では、離婚紛争の発生基盤を男性優位型社会の持続と変容の両面に求めることができる。

　第2に、離婚紛争の処理システムとしてやはり注目されるのは、ほぼ9割を占める協議離婚方式である。離婚抑止の機能を最小限に押さえた、このきわめて容易な離婚方式は、「離婚の自由」を制度的に保障するものであり、また日本人の国民性に適合した方式でもある。だがそれは反面で、「協議のない離婚」あるいは「追い出し離婚」を生み出すものとなっている。たしかに離婚届不受理申出制度による救済の途はあるものの、それはあくまでも補完的なものに過ぎない。しかも協議方式は、「父権的迫害型離婚」のような、夫が離婚に応じることの少ないケースでは無力さを露呈する。

　調停方式も、国民性に適合した離婚方式として重要な機能を果たしてはいるが、さらに開かれたシステムとして展開するには、機構上の問題や手続自体の問題を解消する必要がある。

　さらに裁判方式は、いわゆる消極的破綻主義のもとで、離婚を抑止する方向で機能しており、そのため離婚当事者のアクセスはかならずしも多くない。離婚判決が社会的に大きな影響力をもっていることからいえば、裁判方式の離婚抑止的傾向はそれなりに是認されよう。とりわけて有責配偶者からの離婚請求拒否原則は、弱い立場の妻に対して一定の保護機能を果たしうる。だが今日、妻たちの異性問題さえ発現する状況において、このような裁判方式の抑止機能はかえって「離婚の自由」の制約となろう。

　第3に、離婚紛争の処理過程で発生する、財産分与・慰謝料・養育費の問題には、法規定の未整備、保障水準の低さ、保障確保の不十分さという問題がある。しかもこれらの問題は、とりわけ妻にとって離婚時の不利な条件として働き、妻の離婚を抑止する方向で機能する。また、面接交渉権は、現在のところ明文化されてはいないが、離婚した夫婦の関係や親子の関係は、幅

## 第5章　離婚紛争の諸過程

広い社会科学の見地や社会的実態から、慎重に検討・判断する必要のある問題であり、観念的な法律論では律しきれないものである。

　そして以上の個々の知見を通じて最後にいえることは、次のことである。すなわち、明治民法によって成立した戦前の離婚法は、男尊女卑の思想を反映した父権的法システムであり、家制度、教育制度、社会的風潮と相俟って、妻の離婚の自由を拘束する方向で機能した。それに対して、戦後の離婚法システムは、成立の契機からいえば、民主的原理を基盤とするものといえる。だが、個々の規定の性格や内容、さらには機能の実態を考察してみると、それは民主的法システムとしてかならずしも十分なものではない。つまり、現行の離婚法システムは、妻が離婚を決意したときそれを支援するシステムとはなっていない。その点、今回の民法改正試案は、財産分与制度の改革や積極的破綻主義の導入などを図ろうとしており、離婚の自由を保障する法システムへの変革の第一歩として注目される。

# 第6章　離婚紛争の処理過程
――第三者機関の援助役割――

## 1．問題の所在

　離婚関係の研究文献や一般書をみても、離婚の決意を固めてから最終的に離婚に至るまでのプロセスはあまりハッキリしない。離婚紛争が発生したとき、人々は一般にどのようにして処理しようとするのか、独りで悶々と悩みながら手探りで進めるのか、それともこんな時に頼りになるのはやはり肉親や親戚か、それとも知人・友人であるのか。あるいは堂々と公の、いわゆる「相談窓口」にアクセスするのか、それとももっと専門的な機関たとえば弁護士事務所を訪れるのか。

　離婚紛争の法社会学的研究枠組みとして、紛争の発生から終結、さらにはアフター・ディボースにいたる全過程の理論的実証的究明を設定した場合[1]、紛争の類型や発生基盤、紛争処理方式の特質や問題、紛争処理にともなう離婚給付や養育費の問題、さらにはひとり親家庭の生活問題と社会的支援といった問題群は、離婚にかんする多くの研究において、ある程度まで論及されている。しかし、離婚紛争に直面した当事者の、紛争解決に至るまでのプロセスについては残念ながら光が当てられていない。

　わが国の離婚の多くが協議方式で解決されており、独力で簡単にまた円滑に処理されているかにみえるが、実際には多くの問題、たとえば養育費の支払いの取決めがなされないなど、問題を積み残している。その意味でとりわけ、社会に布置されている第三者機関、すなわち行政機関の相談窓口、家庭裁判所の相談窓口、女性センターの相談窓口、そして弁護士の援助をうけて十全な問題解決を図ることはきわめて重要である。

　本論は、こうした第三者機関の、離婚紛争の処理において果たす援助役割

を検証し、その意義と課題について論究するものである。

以下ではまず、問題の糸口として、市民調査をもとに、離婚紛争が発生したとき、一般的に、人々は相談相手としてどのようなものを期待しているのかを探り、ついで一般的な相談窓口である行政の「市民相談窓口」、第3に、重要な司法機関である「家庭裁判所の相談窓口」(家事相談)、第4に、女性問題において大きな役割を果たす「女性センターの相談室」、そして最後に紛争処理の専門機関である「弁護士」の役割について検証しよう[2]。

注
1) 拙稿「離婚の法社会学的考察」『社会分析』22号、1995年、51～70頁参照。
2) 本論は、平成12～14年度文部科学省科学研究費による「離婚紛争処理過程にかんする法社会学的研究」の一部である。

## 2．市民意識にみる離婚相談の相手

1997年に広島市民を対象に行った「結婚と離婚にかんする意識調査」をもとに[1]、離婚相談に対する一般的な考え方をみておこう。

表6-1に明らかなように、相談相手のベスト・スリーは順に、「親」「知人・友人」「きょうだい」である。三者の比率に差はほとんどなく、離婚といったプライバシーにかかわる問題はやはり、もっとも親しい肉親や友人が相談相手になることがわかる。血縁や姻戚関係である親類は、都市化のすすむ社会状

表6-1　離婚相談の相手　(%)

|  | 実数 | 構成比 |
|---|---|---|
| 親 | 382 | 49.4 |
| きょうだい | 363 | 47.0 |
| 親類 | 54 | 7.0 |
| 知人・友人 | 368 | 47.6 |
| 仲人 | 61 | 7.9 |
| 弁護士 | 69 | 8.9 |
| 市・県の相談窓口 | 29 | 3.8 |
| 家裁の相談窓口 | 115 | 14.9 |
| 福祉事務所 | 19 | 2.5 |
| その他 | 28 | 3.6 |
| 特に相談しない | 88 | 11.4 |

※複数回答

第6章　離婚紛争の処理過程

況のもとではさすがに、身近かな相談相手として登場してこない。離婚問題の相談相手は、家族の小さなまとまりの枠をでることはない。また一般に、夫婦の危機的問題は、婚姻時の仲立ちである仲人がその仲介役を担うと期待されるが、実際にはほとんど当てにされていない。今日の仲人そのものがすでに儀礼的な役割しか果たしていないことをうかがわせる。

　一方、第三者機関への相談意思はきわめて低く、いずれも近親ネットワークの半分以下の比率にすぎない。その中で注目されるのは「家庭裁判所の相談窓口」で、14.9％とかなりの比率を占めている。今日では離婚もテレビドラマや週刊誌等で日常的に取り上げられ、家庭裁判所での離婚調停という話も目新しくなくなった。「家庭裁判所の相談窓口」の浸透は、こうしたマスメディアの影響が大きいと思われる。実際、紛争処理にかんする調査でも、離婚問題の相談機関として家庭裁判所が挙げられる割合はかなり多い[2]。

　またもう1つ注目されるのは、もっとも市民に身近で、手軽と考えられる「市や県の相談窓口」が最低ランクにあることである。東京都をはじめとして、窓口調査を行った全国の大都市では、いわゆる市民相談窓口を充実して、市民の各種の相談業務を取り扱っている。またその多くは、今日の家族問題の多さや深刻さに対応して、家族問題や離婚問題の専門コーナーを設けている。こうした現状の一方で、市民意識のレベルでは、相談相手としてほとんどあてにされていないという状況はきわめて注目される。離婚問題はやはり問題の性質上、公的な機関には馴染まないものなのか、あるいは市民相談窓口も末端とはいえ官僚機構の一部であるかぎり、市民サービスの点で何か欠けるところがあるのか、いろいろ考えられるところである。

　また、紛争処理の専門機関である「弁護士」の比率が低いのも注目される。わが国では、一般の法的紛争においても弁護士へのアクセスが低調であるが、離婚紛争においても同様の傾向が現れている。その理由については後述するが、先取りして言えばやはり報酬あるいは費用の問題と"敷居の高さ"が大きい。それに対して「家庭裁判所の相談窓口」は、無料で手軽に相談できる庶民的な機関であり、それがかなりの支持を得た理由といえよう。

表6－2　性別による離婚相談の相手

(%)

|  | ① | ② | ③ | ④ | ⑤ | ⑥ | ⑦ | ⑧ | ⑨ | ⑩ | ⑪ |
|---|---|---|---|---|---|---|---|---|---|---|---|
| 男性 | 37.5 | 39.5 | 10.5 | 40.9 | 9.8 | 7.8 | 3.7 | 13.2 | 2.0 | 2.7 | 17.9 |
| 女性 | 56.9 | 51.6 | 4.7 | 51.8 | 6.8 | 9.5 | 3.8 | 16.1 | 2.7 | 4.2 | 7.2 |

①親　　　　　④知人・友人　　⑦市・県の相談窓口　　⑩その他
②きょうだい　⑤仲人　　　　　⑧家裁の相談窓口　　　⑪特になし
③親類　　　　⑥弁護士　　　　⑨福祉事務所

なお、もう1つ付言しておくと、「福祉事務所」への期待はきわめて低い。東京女性財団の『ひとり親家族に関する研究』によると、離婚者の意見として、「もっと福祉事務所で児童扶養手当のこととか、離婚後の社会保障について親切な説明が欲しかった」とあり、福祉事務所への期待の一方で、現状への強い不満がうかがわれる[3]。

ところで、離婚相談の分布を男女別にみると（表6－2）、相談相手の傾向はよく似ており、「親」「きょうだい」や「知人・友人」などの親族・友人ネットワークへの相談志向がみられる。しかし、男性にくらべて女性の方が全体的に相談志向は強く、「親」「きょうだい」をはじめ「知人・友人」「家庭裁判所の窓口」「弁護士」などで女性の比率が高くなっている。他方、男性では、全体的に比率が低いとともに、「特に相談しない」ものの割合がかなり多い。このように、離婚によって抱え込む問題が多く、また社会経験の点で男性よりも劣位にある女性の側に、男性よりも相談志向が強く現れていることがわかる。

注
1）「結婚と離婚にかんする意識調査」は、1997年1月から2月にかけて広島市民2,000名を対象に、郵送法で実施したものである。有効票は、773票（38.7％）。
2）拙著『紛争処理の法社会学的研究』（昭和63年度科研成果報告書）、1991年。
3）東京女性財団『ひとり親家族に関する研究』（東京都女性問題調査研究報告）、1993年。

## 3. 行政機関相談窓口の援助役割

　前節でみたように、もっとも身近と思われた市や県の「相談窓口」は、市民意識のレベルでは、きわめて不人気であった。それは一体いかなる理由によるものであろうか。市民相談の実態を通して、「相談窓口」の問題を検証しよう。

　東京都をはじめとする13大都市では、市政に対する苦情や要望などの声を聴くとともに、日常生活上の困りごとなどの相談に応じるための窓口を設けている。窓口の機構は、大きくは、一般相談と特別相談の二本立てであり、後者には、いわゆる「法律相談」「税務相談」「登記相談」「交通事故相談」などが含まれている。しかし今日では、離婚を含む家庭問題の重要性から、家庭問題の相談を独立させている場合が多い。たとえば東京都では、「夫婦間や親子間の不和、兄弟同士の相続争いなど家庭内のいざこざはだれにもうちあけられないものです。このような悩みごとを経験豊かな専門家が相談に応じるほか、青少年相談も行います」として、「身の上・青少年相談」を設けている。また大阪市では、「家庭問題相談」、千葉市では「家事相談」、札幌市では「家庭相談」を設けている。横浜市や福岡市では「人権相談」として家庭問題を扱っている。なお特別相談として今日目を引くのは、高齢社会を反映した「高齢者職業相談」や国際化を反映した「外国人相談」、環境問題の悪化を反映した「緑の相談」であり[1]、幅広い相談業務が展開されている。

　窓口のスタッフは、一般の市民相談では、役所の職員やOBが多いが、特別相談では、弁護士、司法書士、税理士といったそれぞれの専門家が相談にあたっている。「家庭問題」のケースでも、家庭問題の専門家があたっており、札幌市の場合には、家事調停委員協会の会員が相談員となっている。今日の家事問題の複雑性から、一般職員では相談をこなせないとの認識が、こ

うした家事問題の専門家を登用させた理由である。

　離婚にかんする相談は普通、「市民相談窓口」や「法律相談窓口」さらには「家庭問題の相談窓口」に寄せられるが、一般の市民相談では相談に答えるというよりも交通整理が主で、相談者に対する適切な相談機関の紹介が行われている。たとえば、法律にかかわるものであれば、「法律相談の窓口」や「家庭裁判所の相談窓口」、あるいは「弁護士会」などの紹介がなされる。このように、一般窓口は離婚相談の仲介的役割を果たすことが多いが、中には離婚した方がよいのかどうかといった、離婚の決断にかかわるものも寄せられており、窓口の守備範囲を超えた相談に、窓口のスタッフは離婚相談の難しさを訴えている[2]。逆にこれが、市民の側にすれば「頼りない」「物足りない」「不親切」と映る理由であろう。

　一方、「法律相談」は、今も触れたように、その内容は法律問題であり、たとえば財産分与はどうなるかとか、慰謝料はどうなるか、子どもの親権はどうなるか等々である。つまり、もうすでに離婚を決意し、残る法律問題の見通しを得ようとするケースが一般的となっている。その点では、ある程度市民ニーズに応えるものといえる。しかし、「法律相談」は、法律専門職である弁護士の関与を必要とすることから、自治体側の費用負担の問題や弁護士側の人員不足もあって、大幅に法律相談を拡充するわけにもいかず、予約制や相談者の人数制限が一般的である。こうして多くの市民ニーズを十分に満たすまでにはいたらず、「法律相談」にしても市民の期待が低い水準にとどまる[3]。

　そこにいくと、家庭に関する専門的な相談窓口は、一般相談と法律相談を総合的に扱うものとして、より機能的である。今日、専門的相談窓口への市民アクセスが増加している所以である。モデルケースとして、大阪市の「家庭問題相談」をみてみよう[4]。

　大阪市ではとくに家庭問題の重要性に鑑みて、「法律相談」や「交通事故相談」「税務相談」などとともに、「家庭問題相談」が設けられている。それは「夫婦・親子などの家庭内の問題や人間関係、人生問題などの相談」となっ

ており、月曜日と水曜日の２回、午前10時から午後１時まで、家庭問題専門相談員によって行われている。97年度では、表６－３のように夫婦間の問題の相談が半数を占めており、しかも454件とかなりの数であることが分かる。

「家庭問題」の内訳を、性、年齢、職業別にみると、興味深いことが分かる（表６－４）。まず性別では、女性が703人に対して男性は195人となっており、圧倒的に女性が多い。また年代別では60代以上の高年齢者の相談が顕著である。職業別では、主婦が468人と圧倒的である。相談の詳細は残念ながらハッキリと分からないが、関連の資料によれば、「夫の不貞や暴力など

表６－３　家庭問題相談の内容
(％)

| 相談内容 | 件数 | 構成比 |
| --- | --- | --- |
| 夫婦に関する相談 | 454 | 50.6 |
| 親子・親族に関する相談 | 303 | 33.7 |
| 相続に関する相談 | 26 | 2.9 |
| 近隣に関する相談 | 16 | 1.8 |
| 扶養に関する相談 | 13 | 1.5 |
| 戸籍に関する相談 | 3 | 0.3 |
| その他 | 83 | 9.2 |
|  | 898 | 100.0 |

表６－４　属性からみた相談状況
（　）は電話による相談

| | 受付側 | | | 性別 | | 年代別 | | | | | 職業別 | | | | |
| --- | --- | --- | --- | --- | --- | --- | --- | --- | --- | --- | --- | --- | --- | --- | --- |
| | 本庁 | 区 | 計 | 男 | 女 | 30未 | 30代 | 40代 | 50代 | 60以上 | 会社員 | 公務員 | 自営業 | 主婦 | その他 |
| 法律 | 8,136 | 6,209 | 14,345 | 5,735 | 8,610 | 1,256 | 2,062 | 2,580 | 3,102 | 5,345 | 2,695 | 263 | 2,569 | 4,913 | 3,905 |
| 交通事故 | 312 (532) | 1,063 | 1,375 (532) | 693 (200) | 682 (332) | 197 (100) | 219 (157) | 281 (124) | 292 (98) | 386 (53) | 345 (160) | 47 (14) | 203 (63) | 350 (160) | 430 (135) |
| 家庭問題 | 352 | 546 | 898 | 195 | 703 | 120 | 179 | 133 | 172 | 294 | 118 | 6 | 68 | 468 | 238 |
| 税務 | 269 | 454 | 723 | 278 | 445 | 23 | 76 | 129 | 168 | 327 | 101 | 30 | 87 | 299 | 206 |
| 年金 | 39 | | 39 | 18 | 21 | 2 | 1 | 3 | 9 | 24 | 9 | 0 | 3 | 14 | 13 |
| 登記 | 207 | | 707 | 107 | 100 | 4 | 15 | 40 | 39 | 109 | 37 | 9 | 38 | 50 | 73 |
| サラ金 | 1,256 | | 1,256 | 590 | 666 | 160 | 291 | 253 | 275 | 277 | 364 | 3 | 123 | 318 | 448 |
| 一般 | 645 | 12,667 | 13,312 | 5,340 | 7,972 | | | | | | | | | | |
| 相談案内 | 1,813 | 18,104 | 19,917 | 7,807 | 12,110 | | | | | | | | | | |

で離婚を考える女性の相談がめだつ」ようで、属性に現れた、女性、主婦、高年齢者といった相談者の特徴から考えると、思い余ったすえに、市の相談窓口をたよってきた弱い女性の姿が垣間見られる。

なお、大阪市の試みで注目されるのが、「ナイター法律相談」である。夜間（午後5時から8時まで）に、交通機関の集中するターミナルや地域活動の拠点である区民センター等で開かれている。内容は、「法律相談」をはじめ「交通事故相談」「家庭問題相談」「税務相談」「年金相談」「登記相談」である。

一番多いのは、「法律相談」であるが、「家庭問題相談」も少なからず寄せられており、こうした「ナイター相談」の果たす役割は大きい。

大阪市のような、いわば市民に開かれた「市民相談」であれば期待や評価も高いと思われるが、先にみたように、一般的には市民相談に対する期待は低い。その理由としては、先に触れたような、市民相談の種々の制約――たとえば予約制、人数制限、家庭問題専門窓口の少なさなど――もあるが、より根本的な問題として、機構そのものの問題が指摘されよう。すなわち、「相談窓口」も末端とはいえ官僚機構の一部である限り、本当の市民サービスに欠けるところがあるのではないか。また、離婚問題はやはりプライベートな性質の問題であり行政機関には馴染まないものなのではないか。実際、貧しい時代から豊かな時代への社会変化の中で、「市民相談の役割は終わった」という冷めた意見さえもみられる[5]。同じ公的機関ではあっても、司法機関である「家庭裁判所の相談窓口」への期待の高さは、機関の性格の違いをあらためて浮き彫りにするものといえよう。

注
1）「緑の相談窓口」は、大阪市に設置されている。
2）科研テーマ「協議離婚の現状と課題」の一環として、1997年～98年に大都市の市民相談窓口の調査を行ったが、スタッフの話では、離婚したらよいのかどうかアドバイスを求められることが多いということであった。
3）法律相談の弁護士を増やす必要があるが、財政負担以上に、弁護士側の都合も大き

い。つまり、法律相談はあくまで限定的なサービスであって、本来的には、弁護士事務所での有料相談を受けてもらいたいのが本音のようである。
4）大阪市『公聴広報』1998年。
5）また、今日社会問題化しているドメスティック・バイオレンスの相談についても、第三者的で、親身さに欠けるという市民の批判もある。

## 4．家庭裁判所相談窓口の援助役割

「家庭裁判所の相談窓口」あるいは「家事相談」は、市民意識調査にみられたように、第三者機関の中では、離婚紛争において市民がもっとも期待する相談機関である。

「家庭裁判所の相談窓口」は、文字通り家庭裁判所に付設されている、相談のための窓口である。窓口のスタッフ構成はいろいろであるが、書記官、事務官、調査官等裁判所職員が相談員として相談に当たるケースが多い。

「家事相談」の期待が大きい理由は、家庭裁判所が離婚という司法的問題処理の専門機関であるとの認識、さらに離婚紛争の処理方式をはじめ離婚にともなう諸種の法的問題について的確なアドバイスが得られるという認識による。またそれとともに、相談が無料であるという費用上の利点、親しみ易さといったアクセス上の利点が大きい。この点が、後述する法律専門職である弁護士と比べた場合の大きな違いといえる。

窓口の相談件数は、表6－5にみられるように[1]、このところ増加の傾向にあり、平成3年（1991）に28万7,636件であったものが平成12年（2000）には38万9,299件と、9年間に10万件あまり増えている。相談内容は、「婚姻中の夫婦間の問題」が4割を占め、一番多くなっている。また相談者は、一貫して、女性が男性のほぼ1.8倍となっており、ここにも女性の積極的な司法機関へのアクセス傾向が現れている。

ところで、家裁の機構も、近年、国民に開かれた裁判所を目指して新しい展開をみせている。その象徴ともいえる東京家庭裁判所について簡単に触れ

II部　離婚紛争の法社会学

表6－5　家裁相談の状況

| H3 | 区分 | 件数 | 相談内容 | 件数 |
|---|---|---|---|---|
| | 総件数 | 287,636 | 婚姻中の夫婦間の問題 | 127,004 |
| | | | 婚姻中の男女間の問題 | 15,190 |
| 相談者 | 男 | 104,250 | 親子関係 | 28,662 |
| | | | 相続関係 | 56,508 |
| | 女 | 183,386 | 戸籍関係 | 32,348 |
| | | | その他 | 22,745 |
| 相談事項 | 相談者本人のこと | 214,648 | 家裁に関係のない問題 | 5,179 |
| | | | 申立教示 | 167,612 |
| | 親族のこと | 62,624 | 再考 | 69,112 |
| | | | 他機関を紹介 | 29,848 |
| | 他人のこと | 10,964 | その他 | 30,064 |

| H6 | 区分 | 件数 | 相談内容 | 件数 |
|---|---|---|---|---|
| | 総件数 | 325,490 | 婚姻中の夫婦間の問題 | 143,907 |
| | | | 婚姻中の男女間の問題 | 15,563 |
| 相談者 | 男 | 118,290 | 親子関係 | 32,421 |
| | | | 相続関係 | 65,186 |
| | 女 | 207,200 | 戸籍関係 | 36,263 |
| | | | その他 | 25,587 |
| 相談事項 | 相談者本人のこと | 240,825 | 家裁に関係のない問題 | 6,563 |
| | | | 申立教示 | 194,765 |
| | 親族のこと | 72,314 | 再考 | 75,338 |
| | | | 他機関を紹介 | 24,623 |
| | 他人のこと | 12,351 | その他 | 30,764 |

| H9 | 区分 | 件数 | 相談内容 | 件数 |
|---|---|---|---|---|
| | 総件数 | 337,229 | 婚姻中の夫婦間の問題 | 143,075 |
| | | | 婚姻中の男女間の問題 | 15,013 |
| 相談者 | 男 | 118,681 | 親子関係 | 33,724 |
| | | | 相続関係 | 71,879 |
| | 女 | 218,548 | 戸籍関係 | 42,901 |
| | | | その他 | 23,874 |
| 相談事項 | 相談者本人のこと | 251,545 | 家裁に関係のない問題 | 6,763 |
| | | | 申立教示 | 209,612 |
| | 親族のこと | 72,324 | 再考 | 75,824 |
| | | | 他機関を紹介 | 25,999 |
| | 他人のこと | 13,360 | その他 | 25,794 |

| H12 | 区分 | 件数 | 相談内容 | 件数 |
|---|---|---|---|---|
| | 総件数 | 389,299 | 婚姻中の夫婦間の問題 | 154,589 |
| | | | 婚姻中の男女間の問題 | 16,074 |
| 相談者 | 男 | 141,595 | 親子関係 | 38,713 |
| | | | 相続関係 | 90,062 |
| | 女 | 247,704 | 戸籍関係 | 49,238 |
| | | | その他 | 34,669 |
| 相談事項 | 相談者本人のこと | 285,380 | 家裁に関係のない問題 | 5,954 |
| | | | 申立教示 | 250,562 |
| | 親族のこと | 85,576 | 再考 | 77,102 |
| | | | 他機関を紹介 | 29,925 |
| | 他人のこと | 18,343 | その他 | 31,710 |

第6章　離婚紛争の処理過程

ておこう[2]。

　東京家庭裁判所は、1994年8月26日、新庁舎に移転。新庁舎は、従来の裁判所のイメージを払拭した、開放的で明るく、親しみ易い雰囲気のものになっている。とくに目玉となっているのが、玄関ホール奥に設けられている家事事件の受付コーナーと相談コーナーである。

　このコーナーには、庶務、事件、記録の3係のうち事件係だけが置かれ、全国初の完全なオープン・カウンターで執務が行われている。またここには、書記官6名、事務官5名の計11名が配置され、東京家裁に申立てられる審判、調停、雑事件等の家事事件について、郵便受付も含めてすべての受付事務がここで処理されている。また、相当数の電話による相談や照会に対しても主として対応している。

　来庁者とは主に書記官がカウンター越しに対応しているが、カウンターは低めで同じ目線の位置になり、和らいだ雰囲気で利用しやすくなっている。また、順番待ちの人については、自動発券機とボイスコールが設置されており、スムーズな利用が可能となっている。さらに、相談室も工夫がされており、来庁者のプライバシーを護るために完全な個室となっている。なお家事相談では、家庭裁判所調査官、書記官等の職員が交替で応じている。

　注目されるのは、司法サービスの一環として行われている、通称「ナイター」である。月・水・金の午後5時から8時まで、都合で昼間の時間がとれず夜間相談や申立てに訪れる来庁者のために、書記官・事務官が受付および相談に応じている。

　以上のような、市民に対して開かれた家庭裁判所そして家事相談窓口の在り様こそ、法的な家族問題をかかえた多くの市民が、行政機関の相談窓口よりも高い評価や期待をむける所以といえよう。

　ところで、全国の大都市に布置される「家庭裁判所の相談窓口」は、基本的には東京家裁の相談窓口と変わりはないが、いくつかの点で特徴がみられる。1つには、個室の数が2～3室と東京に比べると小規模である。しかし、人口規模からいえば違いがあるのはいたしかたないところである。ただ、政

令都市規模で、2～3室というのはいささか少なすぎるように思われる。

　2つには、ナイター相談である。東京家裁以外にもナイター相談を実施している家裁は多い。しかし、開設日数はほぼ週1日であり、開設時間も5時から6時あるいは6時半というようにかなり短い。また以前ナイター相談を設けていたが、現在は止めているケースもある。こうしたナイター相談の貧弱さの理由として、ニーズの少なさが挙げられる。しかし考えてみると、はたして需要が少ないから利用が少ないといえるのであろうか。時間的にみてナイター相談が午後の5時から6時あるいは6時半となると、仕事を定時に終えて家裁に駆けつけるには無理がある。東京家裁は8時までであるが、それでも少々大変である。いずれにしても現在の設定時間では、とても仕事に就いている市民には無理であろう。ましてや、家裁の位置も問題である。街中の、利便な地域であればともかくも、多くの場合かなり不便な地域に位置している。その意味では、相談時間の延長問題とともに、相談窓口のサティライト化なども必要となろう。女性も働くことが常態となってきた今日、また夫婦間問題を多く抱える女性にとって、家事相談の機能拡充は、きわめて重要な課題といえる。とはいえ、その展望は難しい。その理由は、家裁当局自身、それほどの必要性を認めていなからである。ナイター相談日数の増加、時間延長、サティライト化等を実現しようとすれば、何よりも、スタッフの確保が必要であり、現スタッフに過重な負担をかけることになるからである。東京家裁のケースでも、毎日の相談開設、あるいは土日の開設について意見を聞かせてもらったが、さすがにそこまでは手が回らないとのことである。

　3つには、最近の夫婦間の問題を反映した相談体制もみられる。家事相談にあたって、一般に、問題把握のために「家事相談票」への記入が求められるが、いくつかの家裁では、その際、DVについて特別の用紙を用意し、しかもDVケースでは、人目を避けるため（万が一の場合に備えるという意味もある）一番奥まった部屋で相談にあたるといった、新たな試みを採り入れている。こうした、DV問題の重要性を深く認識した対応は高く評価されるものであるが、まだ全国展開をみるものではない。

最後に、いま1つの問題点を指摘しておきたい。それは、第三者機関のネットワーク化についてである。つまり、家事相談窓口の全国あるいはブロックごとの、連絡会あるいは協議会が機能の拡充のためには必要と思われるが、そうした試みはなされていない。また地区ごとの連絡会や協議会、すなわち家裁の窓口と行政機関の「相談窓口」や女性センターの「相談窓口」などとの連携もなされていない。機関の性格があるのかもしれないが、そこには市民をサポートする、市民に開かれた司法機関という認識がまだ希薄であり、そのため他の諸機関との連携が中々視野に入ってこないように思われる。

注
1)『司法統計年報』(家事編)、1997年。
2) 山本・柴野「東京家庭裁判所新庁舎における家事調停事件受付・相談に関する書記官事務」『ケース研究』246号、1996年、149～56頁。

## 5．女性センター相談室の援助役割

　女性センターは、女性のための施設である。一般の社会教育施設とか博物館とか美術館とか、女性と限らない施設もいろいろあるのに対して、婦人教育とか、女性のため、とわざわざその必要性を強調してつくっているものである。これは1つには、教育委員会が、社会教育という分野の中で、とくに青少年対象とか、一般市民対象とか、婦人対象というように分けていたときがあり、その中で婦人会館とか女性会館、婦人教育会館という形でつくられてきたという経緯がある[1]。
　女性センターの設置は、各地域によって様々であるが、東京都は都下23区全部に設置するなど、もっとも進んだ地域といえる。また、女性センターといっても事業内容は多様であり、「相談事業」にしても全国すべてのセンターで行われているわけではない。それは、そもそも設置目的が社会教育であったり男女平等施策であったりして、それぞれの条件の下で活動しているから

である。ただ、そうはいっても、女性たちが学習し、活動していくための拠点として機能していることだけは共通している[2]。

　東京都をはじめとする13大都市の女性センターは、図書館、会議室、相談室などの施設を備えるとともに、資料の収集・提供、講座の開催、相談業務、団体活動の支援、会議室の提供など女性のための活動拠点として展開している。ここでは、相談業務の1つのモデルとして、福岡市女性センター（アミカス）の、開設以来10年間の活動をみてみよう。そこからは女性センターの援助役割の意義と課題が浮かび上がる。

　アミカスの相談事業の目的は、次のように語られている[3]。「戦後、性による差別のない個人が等しく尊重される社会の実現をめざし、さまざまな努力が重ねられてきた。従来の性別による役割の固定化は過去のものとなりつつあり、働く女性が増加し、社会制度は男女平等に向けて動いている。

　しかしながら、永年にわたり当然のこととされてきた男性中心意識は根深く、個々の家庭における役割意識は一朝一夕には変革されず、新たに求められ志向されるものと個人レベルの意識、あるべき姿と現実は必ずしも一致せず、多様化する価値観のなかで女性を取り巻く情勢は複雑で厳しい。個々の女性はそれぞれのライフステージに応じた、より充実した人生を送るために、生き方の選択をし、その実現のために多くの問題を解決し克服しなければならない状況に置かれている。

　女性センターアミカスはこのような女性が自立し、それぞれが生き甲斐ある人生を送ることができるように援助することを使命とするものであり、相談事業はその使命を果たすための具体的事業である」。

　依然として根強い男性中心社会の中で、女性の自立した生き方を支えることこそが女性センターの役割であり、その具体的手段が相談事業なのである。その意味で、相談事業はきわめて重要な位置を占める。

　アミカス相談室の相談は、総合相談と特別相談に大きく分けられる。しかし相談のレベルに対応するために、前者はさらに、「電話相談」「面接相談」「継続相談」「グループワーク」に細かく分けられ、後者は「法律相談」と

「女性のからだと健康相談」に分けられている。「継続相談」は問題の性質によっては、一度の相談で解決されない場合もあることから、定期的に面接を継続し、問題の解決あるいは自立へと向かうように援助するものである。たとえばＤＶ問題などを想起すると、こうした「継続相談」の意義が鮮明になろう。また「グループワーク」は女性センターならではのもので、同じ問題を抱えた者同士の自由な語り合いによる問題解決を意図するものである。問題を共有する者同士のコミュニケーションは孤立感や絶望感の解消にとってきわめて有効なことは、ＤＶ被害者のシェルターでの"癒し"あるいは"エンパワーメント"効果を想起すればよく理解できるところである。

　表6−6は相談日や担当者についてのものである[4]。注目されるのは相談員である。総合相談の専門カウンセラーは具体的には臨床心理士5名と元家庭裁判所調査官1名が当たっており、専門家による相談体制が採られている。また「法律相談」にしても"女性"弁護士2名が担当しており、きめ細かい配慮がうかがえる。やはり、同性の相談員は気持ちの面でやすらぐ。ただ、相談時間の点では、かなり制約が大きいように思われるし、ナイター相談も残念ながらなされていない。だが、これは人員の少なさによるものであるし、突き詰めればセンター運営予算の問題に還元される。

表6−6　アミカス相談室の体制

| 心と生きかた　アミカス相談室 ||||||
|---|---|---|---|---|---|
| 相談名 || 相談日 | 受付時間 | 受付方法 | 相談員 |
| 総合相談 || 月〜金曜日 | 10：30〜14：00 | 電話 | 専門の<br>カウンセラー |
| ^ | ^ | ^ | 14：00〜17：00 | 面接(要予約) | ^ |
| ^ | ^ | ^ | 17：00〜18：00 | 電話 | ^ |
| ^ | ^ | 土曜日 | 10：30〜18：00 | 電話、面接<br>(要予約) | ^ |
| ^ | ^ | 日・祝日 | 10：30〜16：30 | ^ | ^ |
| 特別相談 | 法律 | 第1〜4水曜日 | 13：00〜16：00 | 面接(要予約) | 女性の弁護士 |
| ^ | 健康 | 第1〜4土曜日 | 13：00〜16：00 | 電話、面接 | 保健婦・助産婦 |

Ⅱ部　離婚紛争の法社会学

　総合相談の推移をみると（図6-1）、この10年間急増している。ただ、相談類型では、「面接相談」はあまり伸びず、「電話相談」の伸びが顕著である。需要はあるものの来所には時間的制約が大きいといえるのか。そうであれば、需要発掘のためにも相談時間の改革が必要と思われる。また、相談内容では近年、夫婦の問題が大きなウエイトを占めており、相談事業の役割の大きさが理解される（表6-7）。

　「法律相談」も年々増加してきており、需要の多さを裏付けている（図6-2）。また、相談内容は、総合相談以上に「夫婦にかんする相談」が多く

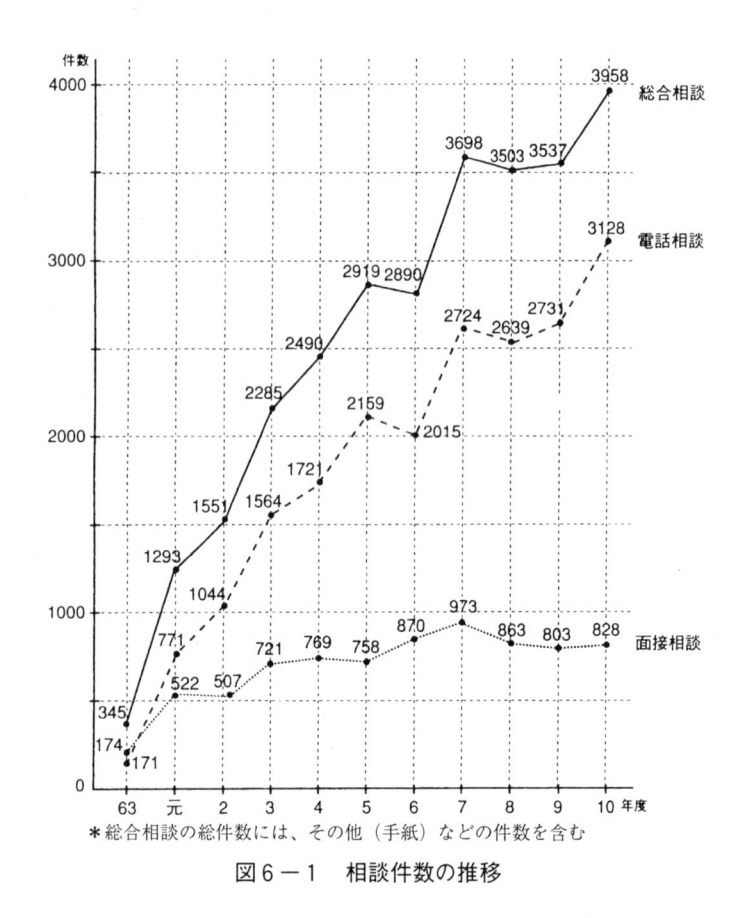

図6-1　相談件数の推移

＊総合相談の総件数には、その他（手紙）などの件数を含む

（表6－8）、夫婦問題解決のためにより有効な法律的アドバイスを求める市民の志向をそこにみることができる。

以上のようなアミカスの相談事業が、実際に、離婚紛争の解決にどのような役割を果たし得たかを、事例の紹介を通して[5]、検証しよう。

---
**事例**

離婚の決意に至るカウンセリングのプロセス（2才の子の母親）

Aさんは結婚5年。1年前に夫の女性関係が発覚し心がズタズタになりました。夫の両親が間に入って話し合い、女性と別れるという約束でやり直すこと

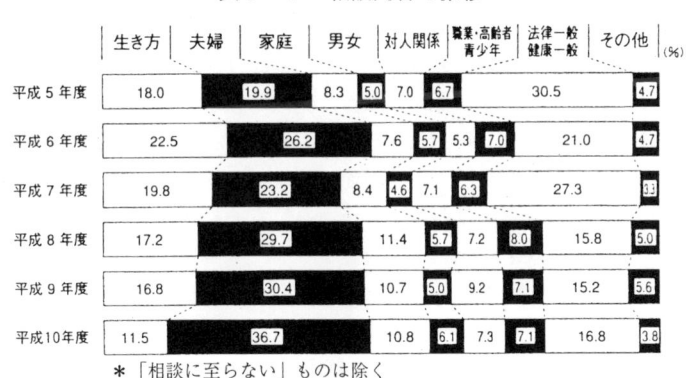

---

表6－7　相談内容の推移

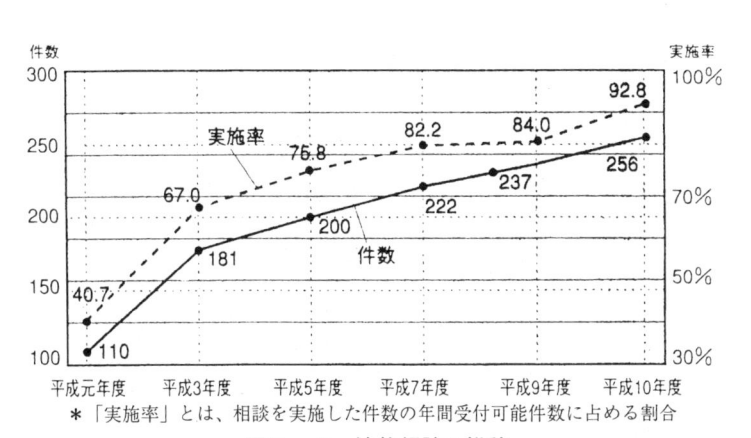

| 年度 | 生き方 | 夫婦 | 家庭 | 男女 | 対人関係 | 職業・高齢者青少年 | 法律一般健康一般 | その他 (%) |
|---|---|---|---|---|---|---|---|---|
| 平成5年度 | 18.0 | 19.9 | 8.3 | 5.0 | 7.0 | 6.7 | 30.5 | 4.7 |
| 平成6年度 | 22.5 | 26.2 | 7.6 | 5.7 | 5.3 | 7.0 | 21.0 | 4.7 |
| 平成7年度 | 19.8 | 23.2 | 8.4 | 4.6 | 7.1 | 6.3 | 27.3 | 3.3 |
| 平成8年度 | 17.2 | 29.7 | 11.4 | 5.7 | 7.2 | 8.0 | 15.8 | 5.0 |
| 平成9年度 | 16.8 | 30.4 | 10.7 | 5.0 | 9.2 | 7.1 | 15.2 | 5.6 |
| 平成10年度 | 11.5 | 36.7 | 10.8 | 6.1 | 7.3 | 7.1 | 16.8 | 3.8 |

＊「相談に至らない」ものは除く

図6－2　法律相談の推移

件数：平成元年度 110、平成3年度 181、平成5年度 200、平成7年度 222、平成9年度 237、平成10年度 256

実施率：40.7、67.0、75.8、82.2、84.0、92.8

＊「実施率」とは、相談を実施した件数の年間受付可能件数に占める割合

Ⅱ部　離婚紛争の法社会学

になりました。しかし何事も自分の楽しみを優先させる夫の生活は前と少しも変わりません。夫と何の心の交流もないまま「この子に幸せな家庭をつくってやらねば」との思いだけで過ごしてきましたが、何をやるにも気力がわかなくなって相談室を訪れました。一度の相談で道が拓けるわけもなく、継続してカウンセリングをしていくことにしました。

　カウンセリングの始めの頃は、夫や義父母からの「お前は子どもを産んで、オレの親の面倒をみていればいいんだ」「あんたのやり方が悪いから女の所に行くのよ」等のつらい言葉を思い出しながらも、何とかやり直しをしたいというAさんでした。

　しかし、また新たな女性関係ができているらしい夫に対して、Aさんの気持ちも冷え切っていること、やり直したいというのは、すべてに自信をなくしているAさんが「離婚をしたら人生の落後者になってしまう」という自分への不安なのだということに気付いてきました。子どものためにと言いながら最近は笑顔も向けられなくなっているばかりか、夫への怒りを子どもに向けることもあるなどの現実を一つずつ検討し、形だけの結婚生活を続けても何の展望も持てないと思うようになりました。結婚前には夢を持って働いていたことなども思い出し、パートの仕事を見つけました。そして子どもも思いのほか保育園を楽しむのを見て離婚の意志を固めました。

　金銭面で折り合わず、Aさんが家裁の調停を申し立てて僅かではあっても慰謝料と養育費の取り決めをして離婚が成立しました。

　相談室に最初に訪れた時から1年余りの月日が経過していました。

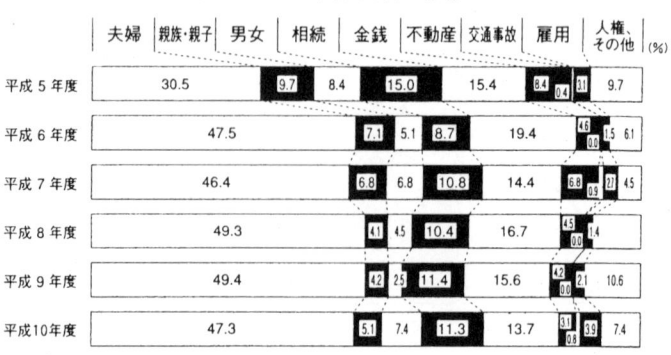

表6-8　相談内容の推移

| | 夫婦 | 親族・親子 | 男女 | 相続 | 金銭 | 不動産 | 交通事故 | 雇用 | 人権、その他 (%) |
|---|---|---|---|---|---|---|---|---|---|
| 平成5年度 | 30.5 | 9.7 | 8.4 | 15.0 | 15.4 | 8.4 | 0.4 | 3.1 | 9.7 |
| 平成6年度 | 47.5 | 7.1 | 5.1 | 8.7 | 19.4 | 4.6 | 0.0 | 1.5 | 6.1 |
| 平成7年度 | 46.4 | 6.8 | 6.8 | 10.8 | 14.4 | 6.8 | 0.9 | 2.7 | 4.5 |
| 平成8年度 | 49.3 | 4.1 | 4.5 | 10.4 | 16.7 | 4.5 | 0.0 | 1.4 | |
| 平成9年度 | 49.4 | 4.2 | 2.5 | 11.4 | 15.6 | 4.2 | | 2.1 | 10.6 |
| 平成10年度 | 47.3 | 5.1 | 7.4 | 11.3 | 13.7 | 3.1 | 0.8 | 3.9 | 7.4 |

＊平成4年度までと平成5年度以降は、内容区分の方法が異なるため、平成5年度以降を掲載

第6章　離婚紛争の処理過程

　この相談事例は、男尊女卑的夫婦関係のなかで苦悩する妻を離婚という形で自立させて行く上で、センター相談室が果たした役割を余すところなく伝えるものである。おそらく、センターとのかかわりがなければ、Aさんも、自分の置かれた立場を客観的にとらえることもできなかっただろうし、調停によって慰謝料や養育費の取決めまで求めることも思い至らなかったであろう。また何よりもこの結果は、1年間という長期にわたる継続相談によってもたらされたものである。行政機関の相談窓口は無論のこと家裁の相談窓口にしてもこれほどまでの手厚い対応はできない。この点こそ女性センター特有のものであり、その意味で、センターの相談事業がより拡充される必要がある。とはいえ、問題あるいは限界もある。それは手厚い対応のためにはスタッフの拡充が必要であるが、財政的な枠がそれを妨げてしまう。しかも最近自治体の財政難から、センター予算も削減され、職員減員、事業縮小という事態も起きつつある。明るい展望がもてないところである。


注
1）東京女性財団『女性政策・女性センターを考える』2000年、139頁。
2）同上書、142～43頁。
3）アミカス『アミカス相談室』1994年、3頁。
4）アミカス『アミカス相談室：10年の歩み』1999年、3頁。
5）同上書、27頁。


6．離婚紛争の処理における弁護士の援助役割

　離婚紛争が、財産分与の問題をはじめ多くの解決すべき問題をともなうものであることからいえば、紛争処理の専門家である弁護士が、離婚紛争の解決に関与することは重要である。裁判離婚や調停離婚での弁護士関与は一般にみられるものの、9割を占める協議離婚での弁護士関与はどうであろうか。また、法律相談としての離婚の相談は現実にどの程度なされているのであろ

うか。先にみたように、市民意識のレベルでは、弁護士へのアクセス志向はきわめて低調であり、離婚紛争処理への弁護士の関与はあまり期待できない。はたして弁護士の援助役割はいかなる状況にあるのか。

2002年（平成14）2月に行った弁護士業務にかんする調査データをみてみよう。「この1年間に取り扱われた業務の中で、数の多いものを3つばかりお知らせ下さい」という問いで、弁護士業務の現状をとらえている。業務内容は、I訴訟関係、II示談交渉、IIIコンサルティング関係の3つの大きなカテゴリーのもとに、さらに訴訟関係については、1行政事件、2民事事件、3家事事件、4商事事件、5破産事件、6渉外事件、7無体財産事件、8労働事件、9刑事事件に分けている[1]。

表6－9　弁護士の業務

| | | 事件 | 実数 | | | 事件 | 実数 |
|---|---|---|---|---|---|---|---|
| I | 1 | 土地法関係 | — | | 4 | 会社法関係 | 8 |
| | | 税務関係 | 1 | | | 保険法関係 | 3 |
| | | 住民監査請求 | 1 | | | 海商法関係 | — |
| | | 交通行政 | — | | 5 | 破産 | 64 |
| | | その他の行政 | 2 | | 6 | 渉外 | — |
| | 2 | 不動産関係 | 23 | | 7 | 無体財産 | 2 |
| | | 貸金 | 5 | | 8 | 集団的労働 | 2 |
| | | 建築工事紛争 | 6 | | | 労災 | 1 |
| | | 売掛金・手形小切手 | 7 | | | 個別名労働 | 1 |
| | | クレジット関係 | 13 | | 9 | 一般刑事弁護 | 24 |
| | | 交通事故損害賠償 | 19 | | | 少年 | 2 |
| | | 公害損害賠償 | — | II | | 交通事故 | 9 |
| | | 医療過誤損害賠償 | 2 | | | 債務整理 | 16 |
| | | 国家賠償 | 2 | | | その他の示談交渉 | 5 |
| | | 消費者保護 | 2 | III | | 法律相談 | 44 |
| | | その他の損害賠償 | 13 | | | 契約書・遺言書等 | 9 |
| | 3 | 離婚 | 26 | | | 会社設立 | — |
| | | 遺産分割 | 16 | | | その他 | 4 |
| | | その他の家事 | 2 | | | 合計 | 334 |

（注）1．公害損害―公害による損害賠償事件、消費者保護―消費者保護に関する損害賠償事件、破産―破産・和議・会社更生事件、個別名―労災事件を除いた個別名事件。
　　　2．マルティプル・アンサー。

第6章　離婚紛争の処理過程

　表6－9にみられるように、訴訟関係では、今日の経済不況を反映して破産事件が64件でトップを占めているが、離婚事件も26件で、一般刑事事件24件、不動産事件23件とならんで今日の弁護士業務の主要な構成部分となっている。

　しかし、これは離婚訴訟のケースであり、訴訟の性質上弁護士の関与が当然とすれば、これをもって離婚紛争への弁護士関与の多さを認めることはできない。そこで、調停や協議のケースをみると、離婚調停では69.7％が関与しており、平均して10件程度をもっている。一般的に調停離婚への弁護士関与は1割程度といわれるから、かなり多いように思われる。また協議離婚については、59.1％が関与しており、意外に弁護士利用がすすんでいる。件数的には「1～19件」が86％であるが、「50～59件」「80件以上」もそれぞれ1名の回答があり、当事者同士の話し合いである協議離婚にも専門家の関与が

表6－10　弁護士の専門業務

| | | 事件 | 実数 | | 事件 | 実数 |
|---|---|---|---|---|---|---|
| I | 1 | 土地法関係 | 3 | 4 | 会社法関係 | 16 |
| | | 税務関係 | 4 | | 保険法関係 | 5 |
| | | 住民監査請求 | — | | 海商法関係 | — |
| | | 交通行政 | — | 5 | 破産 | 26 |
| | | その他の行政 | 10 | 6 | 渉外 | 2 |
| | 2 | 不動産関係 | 21 | 7 | 無体財産 | 2 |
| | | 貸金 | 8 | 8 | 集団的労働 | 11 |
| | | 建築工事紛争 | 9 | | 労災 | 8 |
| | | 売掛金・手形小切手 | 9 | | 個別名労働 | 13 |
| | | クレジット関係 | 9 | 9 | 一般刑事弁護 | 10 |
| | | 交通事故損害賠償 | 24 | | 少年 | 5 |
| | | 公害損害賠償 | — | II | 交通事故 | 11 |
| | | 医療過誤損害賠償 | 7 | | 債務整理 | 14 |
| | | 国家賠償 | 3 | | その他の示談交渉 | 3 |
| | | 消費者保護 | 4 | III | 法律相談 | 13 |
| | | その他の損害賠償 | 6 | | 契約書・遺言書等 | 9 |
| | 3 | 離婚 | 14 | | 会社設立 | 1 |
| | | 遺産分割 | 17 | | その他 | 2 |
| | | その他の家事 | 7 | | 合計 | 306 |

かなりなされていることが分かる。

さらに、離婚にかんする法律相談をみると、96.2%が依頼を受けている。相談件数は、「1〜19件」が71%を占めているが、「20〜39件」も34%占めており、また「100件以上」も2名を数える。全体的に、離婚相談もかなり活発に行われているようにみえる。

このようにみると今日、離婚問題への弁護士の関与はかなりすすんでいるといえよう。実際、表6－10にみられるように、離婚問題を専門とする弁護士さえ少なからず出現している。

ところで、将来に向けて弁護士は、どのような業務を中心にしたいと考えているのであろうか。表6－11にあるように、訴訟関係では、「遺産分割」「会社法関係」「破産事件」「不動産関係」「交通事故損害賠償事件」が、大きなウエイトを占めている。それぞれ現在から将来にわたる社会状況の変化を見

表6－11　中心としていきたい弁護士業務

| | | 事件 | 実数 | | 事件 | 実数 |
|---|---|---|---|---|---|---|
| I | 1 | 土地法関係 | 2 | 4 | 会社法関係 | 21 |
| | | 税務関係 | 4 | | 保険法関係 | 4 |
| | | 住民監査請求 | 2 | | 海商法関係 | 1 |
| | | 交通行政 | － | 5 | 破産 | 21 |
| | | その他の行政 | 6 | 6 | 渉外 | 2 |
| | 2 | 不動産関係 | 20 | 7 | 無体財産 | 5 |
| | | 貸金 | 5 | 8 | 集団的労働 | 8 |
| | | 建築工事紛争 | 11 | | 労災 | 9 |
| | | 売掛金・手形小切手 | 8 | | 個別名労働 | 10 |
| | | クレジット関係 | 6 | 9 | 一般刑事弁護 | 17 |
| | | 交通事故損害賠償 | 20 | | 少年 | 7 |
| | | 公害損害賠償 | 1 | II | 交通事故 | 7 |
| | | 医療過誤損害賠償 | 5 | | 債務整理 | 10 |
| | | 国家賠償 | 3 | | その他の示談交渉 | 6 |
| | | 消費者保護 | 5 | III | 法律相談 | 23 |
| | | その他の損害賠償 | 7 | | 契約書・遺言書等 | 15 |
| | 3 | 離婚 | 15 | | 会社設立 | 3 |
| | | 遺産分割 | 23 | | その他 | 4 |
| | | その他の家事 | 9 | | 合計 | 325 |

通したものといえる。その中で「離婚」は、それほど大きなウエイトをもたない。離婚訴訟の増加が予測されないのか、離婚訴訟の困難性なのか、報酬的にメリットが少ないのか、その理由は分からないが、将来、離婚訴訟を起こす際に、弁護士を見つけることがいささか困難になるかも知れない。しかし他方で、「法律相談」が中心業務として大きなウエイトを占めており、注目される。「法律相談」は、普通、問題を選ばないと思われるから、少なくとも離婚について悩むことがあれば離婚相談として積極的に弁護士にアクセスすることが可能となろう。離婚問題の性質からいえばむしろ、離婚訴訟よりも離婚相談の方が重要であり、その意味では、法律相談の拡充方向は心強いものがある。

離婚紛争への弁護士の関与の現状と将来について検証したが、予想以上に、弁護士の関与はすすみまた将来的にも展望がもてる。とはいえ、より一層のサポートをもたらすためには、いくつかの課題がある。

第1に、市民サイドの問題として、裁判ということでなければわざわざ弁護士にお願いすることもない、といった法意識とか権利意識の弱さが挙げられる。論者が実施した「紛争処理にかんする調査」によれば、市民の法意識として、「こんなことくらい自力で解決できる」とか「できるだけ話し合いで解決すべき」といった意識がみられる[2]。これでは弁護士の出る幕はなさそうである。しかし、多くを占める協議離婚の問題性はきわめて大きく、その意味で、まずは市民サイドで弁護士へのアクセスを積極的に展開する姿勢が重要である。

第2に、弁護士にお願いしようとしても、そう簡単に弁護士を見付けることができない、といった弁護士へのアクセス経路の問題である。わが国では弁護士の数そのものが少ないこともあって（わが国の弁護士数は、2001年現在1万8,177人にすぎない）、弁護士へ事件を依頼することが中々困難であるばかりか、それ以前に適当な弁護士を見付けることさえもが困難である。弁護士広告が解禁されてはいるものの、いまだ十分な効果が上がっているとはいえない。

第3に、弁護士費用をめぐる問題である。弁護士にお願いするとして問題はどれくらい費用がかかるか、という点である。たしかに弁護士報酬規定というものがあるが、内容は中々複雑で、市民サイドではよく理解できないものである。各種の調査でも、弁護士アクセスを阻む要因として、弁護士費用がどれくらいかかるかわからないとか、弁護士費用が高すぎるといった市民の不満が指摘されている[3]。

　しかも注意されるのは、単に市民の不満が大きいというにとどまらず、弁護士の側に、仕事に対する経済的報酬を強く求めるといった姿勢がみてとられることである。たとえば、収入に対する評価を市民と弁護士の双方に尋ねてみると、市民サイドでは収入のよい仕事と認識しているのに対して、弁護士サイドでは収入があまりよくない仕事と認識している。報酬をめぐって市民と弁護士では受けとめ方が相反しているのである。したがって、両者が納得いく報酬を提示することはきわめて困難であり、弁護士アクセスの大きな障害となっている[4]。

　最後に、大きな問題として、弁護士と市民との関係あるいは距離の問題である。今日、医療の分野で問われている、医者と患者の関係のように、弁護士と市民の関係も、あらためて問われなければならない。すなわち、両者の対等平等な関係の構築が求められる。"弁護士事務所は敷居が高い"というのが市民の偽らざる感想である[5]。

注
1） 2002年（平成14）2月にH県弁護士会所属の弁護士を対象に行った「弁護士の業務活動にかんする調査」。有効票は132票、回収率は45.5％。
2） 拙稿「日常生活の中の紛争処理」『広島法学』第22巻第2号、1998年、23〜47頁。
3） 拙稿「弁護士の社会的役割にかんする実証的研究」『鈴木広先生還暦記念論文集』（九州大学社会学研究室）、1992年、31〜65頁。
4） 同上書。
5） 拙著『紛争処理の法社会学的研究』（昭和63年度科研成果報告書）、1989年。

## 7. むすび

　離婚することは、決して簡単ではない。たとえ手続的には簡単であっても、離婚を決意するまでには多くの葛藤があるし、また離婚に際して片付けなければならない問題も多い。とりわけ妻にとってその負担は大きい。なぜなら、日本の社会は依然として、女性にとって生活し難い社会だからである。離婚して、すぐに働き場所がみつかるなら、負担は軽いであろう。離婚して、十分な財産分与がなされるなら、負担はそれほどでないかもしれない。離婚して、ある程度の社会保障がえられるなら、負担もあまりないであろう。だが現実は、きわめて厳しい。それだけに離婚を考える妻たちが、実際の行動を起こすには、いろんな形の、的確で、親身なアドバイスが必要となる。またさらに、離婚を闘い取り、種々の権利を確保するためには、法律専門家のサポートが必要となる。

　このような理由からとりわけ、公的な相談機関——行政機関であれ司法機関であれ——の充実が望まれようし、また女性のための援助機関である女性センターのより一層の充実が必要である。さらには法律専門職である弁護士の、真に国民に開かれた業務行為の展開が望まれよう。

# 第7章　ＤＶ離婚と緊急保護施設

## 1．はじめに

　1998年5月13日に放映（ＮＨＫ）された「クローズアップ現代——夫が突然殴り出す——」は、長年にわたって夫から暴力を振われ続けた妻の実態、暴力を振う夫の心理構造、夫の暴力からの避難所等について、衝撃的な事実を茶の間に伝えた。また、同年11月10日から13日にかけて『朝日新聞』は、生々しい写真入りで、「夫婦間暴力——出口を求めて——」を連載。続いて12月13日と14日の両日には、100通余りの投書が紹介された。

　さらにまた近年、『女性・暴力・人権』『夫・恋人の暴力から自由になるために』『女性に対する暴力——フェミニズムからの告発——』等々[1]、女性に対する暴力を糾弾する著作や、『ＤＶ解決支援マニュアル』といった対策集さえ出されている[2]。

　一方、暴力にかんする実態調査も、各種団体のみならず、自治体によっても始められた。東京都は97年、都民4,500名を対象に、大掛かりな「女性に対する暴力に関する調査」を実施している[3]。また、99年には、総理府による「男女間における暴力に関する調査」も行われた。

　このように、近年、女性に対する暴力への社会的関心が増大した背景には、世界的な女性の活動がある。すなわち、75年の「国際婦人年」を皮切りに、80年「国連婦人の10年中間年世界女性会議」、85年「婦人の10年最終世界女性会議」を経て、95年に北京で開かれた第4回世界女性会議では、女性に対する暴力の撤廃を盛り込んだ「北京行動綱領」が採択された[4]。その間、93年には国連世界人権会議で「女性に対する暴力」をメイン・テーマに討議がなされ、93年末には国連総会で「女性に対する暴力撤廃宣言」が全会一致で

採択された。そして政府は96年、「北京行動綱領」をうけて男女共同参画審議会がまとめた「男女共同参画2000年ビジョン」にもとづき、「男女共同参画2000年プラン」を策定。ここに、女性に対する暴力の根絶を目指す行動計画が示されたのである。

ところで、「クローズアップ現代」や『朝日新聞』の連載記事にみられるように、今日、女性に対する暴力の中でも、ＤＶすなわち夫婦間暴力に注目が集まっている[5]。それはこれまで、夫婦とか家族といった親密な関係の中で、相手に怪我を負わせるというような深刻な事態が起こるとは想像できなかったし、しかも何らの抵抗もせず長期にわたって受け続けることなど信じられなかった。ところが現実には、後で触れるように、凄まじい暴力が、絶え間なく吹き荒れている。しかも暴力の構図は、常に夫から妻であり、まさに「ジェンダー差別の構造」としての暴力が立ち現れている[6]。

では、夫の暴力から身を守る方法は何であろうか。新日本婦人会の調査によると、夫から暴力を振われている妻が、その状況を解決するために望むことの第1は「離婚したい」であり、43％とほぼ半ばを占めている[7]。しかしながら、一口に離婚といっても、実のところそう簡単ではない。協議は無論のこと、調停においてもなかなか応じない。そればかりか一層暴力はエスカレートする。こうした状況の下で、望まれるのは、まずは身を隠し傷ついた心身をいやせる場所、そして離婚と自立のための支援が得られる場所である。これが緊急保護施設であり、いわば現代の「駆け込み寺」といわれるものである。もちろん今日、ＤＶ防止法が制定され、その意義は小さくないものの、問題も多く、現在時点ではやはり緊急保護施設の役割に大きな期待が寄せられる。

本論は、現代の主要な「駆け込み寺」である母子寮と民間女性シェルターを取り上げ、その援助内容や直面する課題等を検討し、暴力を振われる妻たちの自立と解放に必要な施設として、その拡充の方向を探ろうとするものである。以下では、まずいくつかの角度から暴力の実態を明らかにし、次いで母子寮とシェルターについて検討しよう[8]。

第 7 章　ＤＶ離婚と緊急保護施設

注
1）渡辺和子『女性・暴力・人権』学陽書房、1994年。ジニ・ニッキャーシー、スー・デヴィッドソン、むらさき工房訳『夫・恋人の暴力から自由になるために』パンドラ、1995年。森田・福原・渡辺『女性に対する暴力――フェミニズムからの告発――』松香堂書店、1998年。
2）夫・恋人からの暴力を考える研究会『ＤＶ解決支援マニュアル』日本ＤＶ防止・情報センター、2000年。
3）東京都『女性に対する暴力調査報告書』1998年。
4）「北京行動綱領」については、林陽子「北京女性会議『行動綱領』の内容と意義」『労働旬法』No.1372、1995、49～53頁。
5）ＤＶは普通、恋人や夫婦間の親密な関係における暴力を含意するが、ここでは離婚に焦点をあてているため夫婦間に限定している。
6）内藤和美「日本社会のジェンダー差別の構造」栗原淋編『差別の社会理論』第１巻、弘文堂、1996年、228～58頁。
7）小島妙子「夫から妻への暴力の実態」『婦人白書1995』ほるぷ出版、1995年、60頁。
8）公的機関としては母子寮の他に、売春防止法上の施設である婦人相談所があるが、機能的に多くの限界があるためここでは触れない。
　　なお、本研究は平成 8 ～10年度文部省科学研究費助成研究「協議離婚の現状と課題」の一部である。


## 2．離婚にみる暴力の実相

　夫やパートナーから女性に向けられる暴力の実態は、米国では、各種の統計に明らかである。たとえば、「２人に１人の女性がその生涯のいずれかの時期に、パートナーから肉体的に虐待されている」(The Battered Women's Survival Guide, 1990)。「米国では毎年、約1,500人の女性が、夫や恋人からの暴力によって死亡している」(Bureau of Justice Statistics, 1994)。「パートナーに暴力を振るう男性の少なくとも70％は、子どもにも性的もしくは肉体的虐待をしている」(Domestic Violence Project, Ann Arbor, Michigan, 1994)[1]。
　わが国でも、女性に対する暴力の実態は、各種の調査や電話相談のケースなどを通して次第に明るみに出されつつある。「夫婦間暴力」についてみてみると、1994年に、日本弁護士連合会が婦人週間にちなんで行った、全国いっ

せいの女性の権利（夫婦間暴力）110番では[2]、全相談件数1,255件のうち夫婦間暴力の相談電話は377件で、内容は、殴る、蹴る、髪をつかんで引きずり回す、刃物を以て脅かす、セックスを強要するなどさまざまであり、また怪我の状態も、打撲を筆頭に、切り傷、やけど、骨折、縫合を要する裂傷など悲惨な状況である。

　また最近では、先に触れた97年の東京都の調査で[3]、「何を言っても無視する」(44.6%)、「『だれのおかげで、お前は食べられるんだ』という」(22.1%)、「押したり、つかんだり、つねったり、こづいたり」(20.7%)、「平手で打つ」(17.6%)、「けったり、かんだり、げんこつでなぐる」(14.8%)、「身体を傷つける可能性のある物を投げつける」(11.7%)、「立ち上がれなくなるまで、なぐる蹴るなどのひどい暴力をふるう」(3.1%)、「おどしや暴力によって、意に反する性的な行為を強要する」(5.1%) など、心理的暴力を中心にして、身体的暴力、さらには性的暴力の被害実態が明らかにされている（図7-1）。

　ところで今日、離婚率は上昇し、第二次離婚ブームといわれる状況である。離婚の原因は「性格の不一致」をはじめ多様であるが、「夫の暴力」を原因とする離婚は多い。その実相を主要な3つの離婚方式から検証しよう。

　わが国の離婚方式の90%を占める協議離婚は、離婚届に夫婦と保証人2名の署名捺印とその他必要事項を記載すれば発効するもので、特別に離婚の理由を明記する必要はない。したがって、離婚届から協議離婚の離婚理由を知ることはできない。そのため、協議離婚の離婚理由を明らかにするためには、協議離婚者に対する調査をまたねばならない。その意味で、これまで数次にわたって行われた全国規模の調査は得難いデータである。ただ、そこでの離婚理由の分類は大括りであって、暴力を理由とするものを析出することはできない。その中で唯一利用できるものがいささか古いが、58年の労働省婦人少年局の調査である[4]。それによると「夫に愛人ができた」(29%)、「妻に愛人ができた」(1%)、「夫が虐待した」(12%)、「夫の親や兄弟と折合いが悪かった」(13%)、「夫の家の家風に合わなかった」(9%)、「夫と性格が合わ

第7章　DV離婚と緊急保護施設

なかった」(35%)、「夫の病気」(8%)、「妻の病気」(9%)、「経済問題」(38%)の9項目に分類されており、妻に対する暴力がある程度把握される。虐待の比率12%は、4番目に位置するものであるが、「経済問題」や「夫に愛人」に比べるとかなりの落差があり、50年代後半においては、暴力による離婚も今日ほどではないとみられる。あるいはまた、暴力が婚姻を解消するほ

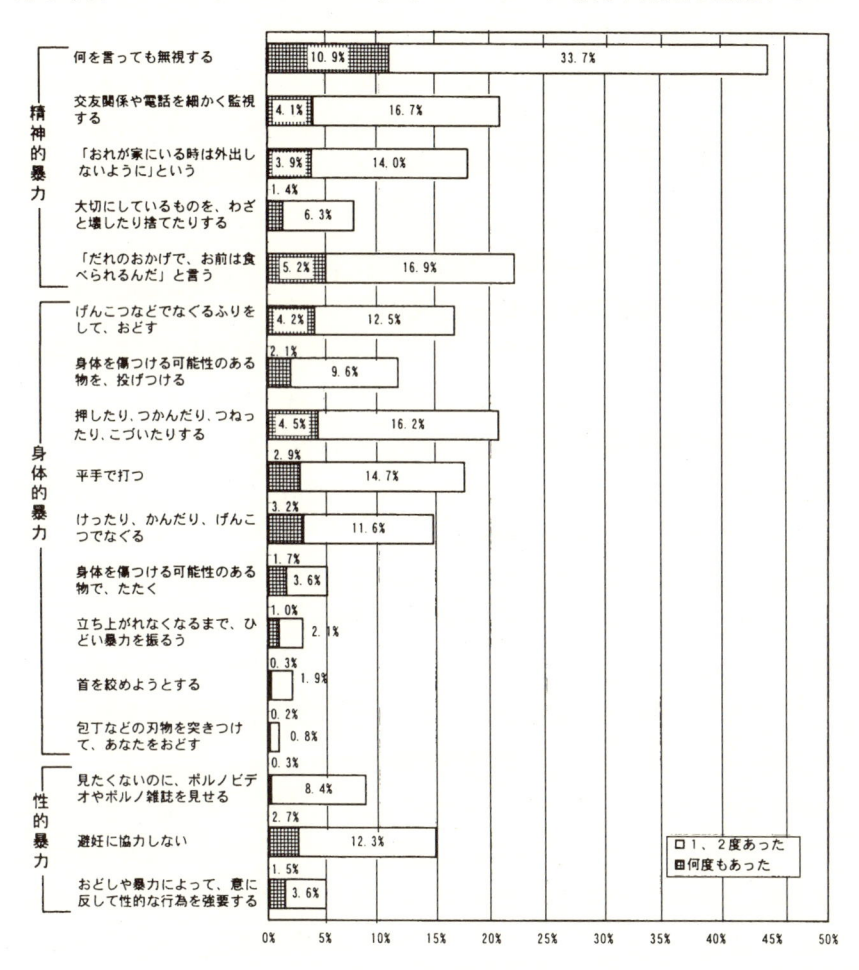

| | | 1、2度あった | 何度もあった |
|---|---|---|---|
| 精神的暴力 | 何を言っても無視する | 10.9% | 33.7% |
| | 交友関係や電話を細かく監視する | 4.1% | 16.7% |
| | 「おれが家にいる時は外出しないように」という | 3.9% | 14.0% |
| | 大切にしているものを、わざと壊したり捨てたりする | 1.4% | 6.3% |
| | 「だれのおかげで、お前は食べられるんだ」と言う | 5.2% | 16.9% |
| 身体的暴力 | げんこつなどでなぐるふりをして、おどす | 4.2% | 12.5% |
| | 身体を傷つける可能性のある物を、投げつける | 2.1% | 9.6% |
| | 押したり、つかんだり、つねったり、こづいたりする | 4.5% | 16.2% |
| | 平手で打つ | 2.9% | 14.7% |
| | けったり、かんだり、げんこつでなぐる | 3.2% | 11.6% |
| | 身体を傷つける可能性のある物で、たたく | 1.7% | 3.6% |
| | 立ち上がれなくなるまで、ひどい暴力を振るう | 1.0% | 2.1% |
| | 首を絞めようとする | 0.3% | 1.9% |
| | 包丁などの刃物を突きつけて、あなたをおどす | 0.2% | 0.8% |
| 性的暴力 | 見たくないのに、ポルノビデオやポルノ雑誌を見せる | 0.3% | 8.4% |
| | 避妊に協力しない | 2.7% | 12.3% |
| | おどしや暴力によって、意に反して性的な行為を強要する | 1.5% | 3.6% |

（注）「まったくない」「無回答」については図では提示していない

図7-1　夫やパートナーからの暴力の経験の有無

191

どの理由とは受けとめられていなかったともいえる。
　一方、裁判方式も、わずか数パーセントの比率とはいえ、離婚紛争の最終処理方式として重要なものであるが、暴力を争点とするケースの割合を確定することは難しい。ただ、判例をみると、多様な離婚争点の中に夫からの暴力が現れていることは確かである[5]。
　総じて、協議方式や裁判方式いずれにおいても、夫からの暴力を理由とする離婚紛争の実相は明確にはうかがい知れない。その中で、93年に日弁連が行ったアンケート調査が注目される[6]。協議離婚475件のうち夫の暴力は79件で、性格の不一致（238）、夫の異性関係（156）についで第3位であった。また、調停や裁判離婚でも、トータル819件のうち夫の暴力は176件で、性格の不一致（405）、夫の異性関係（278）に続いている。これをみると、夫の暴力を理由とする離婚が現在かなりの割合で存在することが分かる。
　しかしもっと確実なデータは、もう1つの主要な離婚方式である調停離婚である。周知のように、調停申立て動機として「暴力を振う」を含む13項目によって離婚理由の把握が行われており、暴力による離婚の実相がかなり明確に把握される。
　表7－1は、申立て動機を時系列でみたものである[7]。まず「暴力」（暴力を振う）の項目を夫と妻で対比してみると、各年とも圧倒的に妻からの申立てが多く、夫から暴力を振われ虐待される妻の姿が浮き彫りになる。次に妻からの申立てを時系列でみると、すでに60年代半ばには30％近くを占め、その後も増加傾向をたどり、75年には40％近くに達し、離婚申立て動機のトップを占めるに至った。それ以降は漸減傾向をたどるものの今日においても30％のウエイトを保ち、離婚申立て動機の第2位に位置している。
　また、注目されるのは「虐待」（精神的に虐待する）である。夫婦間暴力には普通、身体的暴力とともに精神的暴力をも含めて考えるが、今日身体的暴力とともに精神的暴力のウエイトも大きくほぼ20％に達している。しかも、精神的暴力は最近増加の傾向にもある。
　ところで、夫婦間暴力の原因はそもそも何であるか。新日本婦人会の調査

第７章　ＤＶ離婚と緊急保護施設

表7－1　調停申立ての動機

| （夫） | | | | | | | （妻） | | | | | |
|---|---|---|---|---|---|---|---|---|---|---|---|---|
| 66 | 75 | 80 | 85 | 90 | 97 | | 66 | 75 | 80 | 85 | 90 | 97 |
| 7,391 | 11,462 | 12,597 | 12,032 | 12,116 | 15,412 | 総数 | 18,165 | 28,119 | 33,519 | 33,603 | 32,072 | 39,074 |
| 53.2 | 56.0 | 58.1 | 59.3 | 60.6 | 63.8 | 性格 | 28.5 | 36.1 | 41.4 | 43.9 | 46.5 | 46.9 |
| 25.2 | 22.8 | 23.3 | 23.2 | 22.2 | 20.4 | 異性 | 34.5 | 34.3 | 33.0 | 30.0 | 31.4 | 29.2 |
| 3.0 | 3.2 | 2.8 | 2.9 | 3.9 | 4.1 | 暴力 | 29.8 | 37.6 | 37.1 | 36.4 | 34.7 | 30.1 |
| 1.8 | 1.6 | 2.2 | 2.5 | 2.3 | 2.1 | 飲酒 | 18.0 | 18.2 | 17.3 | 16.7 | 13.5 | 11.7 |
| 4.5 | 8.1 | 8.8 | 9.6 | 10.5 | 10.2 | 性 | 2.1 | 4.4 | 4.7 | 4.9 | 5.6 | 5.8 |
| 7.8 | 7.9 | 9.4 | 11.6 | 11.6 | 14.2 | 浪費 | 13.8 | 13.0 | 16.1 | 17.2 | 15.9 | 17.5 |
| 10.4 | 13.2 | 13.8 | 13.2 | 13.3 | 13.9 | 異常 | 6.4 | 8.6 | 9.0 | 8.9 | 9.4 | 8.9 |
| 6.5 | 4.8 | 4.6 | 3.7 | 4.0 | 3.5 | 病気 | 2.5 | 2.1 | 2.0 | 1.8 | 2.0 | 1.6 |
| 5.3 | 9.1 | 9.4 | 10.9 | 11.5 | 11.2 | 虐待 | 11.3 | 17.0 | 16.7 | 17.8 | 19.6 | 19.9 |
| 16.9 | 17.2 | 16.5 | 13.9 | 13.8 | 10.5 | 家庭 | 20.3 | 17.8 | 17.6 | 16.6 | 17.6 | 16.9 |
| 19.1 | 19.7 | 21.7 | 20.9 | 21.8 | 19.7 | 親族 | 11.4 | 11.3 | 11.6 | 11.8 | 13.6 | 11.8 |
| 17.7 | 25.7 | 25.2 | 21.1 | 19.2 | 13.9 | 同居 | 7.3 | 7.8 | 6.4 | 4.8 | 5.0 | 3.8 |
| 1.2 | 0.9 | 1.0 | 1.1 | 1.0 | 1.1 | 給料 | 18.7 | 20.9 | 22.4 | 23.0 | 21.0 | 22.5 |

『司法統計年報』：重複集計の構成比

(%)

| 暴力グループ | 主　訴 | 非暴力グループ |
|---|---|---|
| ── 100.0 ── | 暴力暴言 | |
| 31.7 ── | 過飲酒乱 | ─ 5.0 |
| 30.0 ── | 性格異常 | ── 25.0 |
| 25.5 ── | 怠業転職 | |
| 25.5 ── | 生活費不渡 | ─ 12.5 |
| 23.3 ── | 住居秘匿 | |
| 21.7 ── | 異性関係 | ── 32.5 |
| 20.0 ── | 浪　費 | ─ 12.5 |
| 13.3 ── | 犯　罪 | |
| 6.7 ─ | ギャンブル | ─ 10.0 |
| 5.0 ─ | 精神的虐待 | ─ 5.0 |
| | 性格不一致 | ── 50.0 |

図7－2　暴力関連婚姻関係事件の申立人の主訴

によると、「妻が思いどおりにならない」「性格的に短気」がともに21.6％でトップを占め、ついで「仕事のストレス」(14.6％)、「生いたち、家族関係」(11.8％)、「アルコール」(8.8％)と続く[8]。注目されるのは、妻を支配したいがうまく行かないという男の苛立ちであり、性別役割分担構造の根強さが浮き彫りになっている。

　こうした原因を並べてみても、暴力の深刻さはそれほど伝わってこない。しかし、複雑な問題解決にあたる調停のケースなどには、夫婦間暴力の問題性がハッキリとうかがわれる。図7－2は、暴力グループと非暴力グループで、申立人の主訴を比較したものである[9]。明らかなように、暴力ケースは過飲酒乱、怠業転職、生活費不渡、浪費、犯罪など、多様な原因と複合的に結びついており、きわめて深刻な問題状況にある。

　また、次のような暴力問題の実際のケースからは、生育環境の問題性や、夫の執念深さあるいは執拗さが浮き彫りになる。すなわち、早くに母親と死別し、そのため妻に対する執着心が強い夫は、離婚を容易に認めず、ある場合には妻やその関係者に対して刃傷沙汰にさえ及ぶ[10][11]。

---- 事例 ----

　申立人は、事故で夫をなくし、幼子を抱えて生活に窮したため、キャバレーのホステスとなって働いた。相手方はそこへ飲みに来て知り合った仲である。相手方も不幸な境遇に育った。幼児期、両親と死別、3つ違いの姉と一緒に養護施設に収容された。その後、しっかり者の姉は中学を卒業し、店員等を経てホステスになり、母代わりになって相手方の面倒を見た。相手方は稍々幼稚で依存性が強くわがままなところがあった。中学を卒業後、工員をしながら免許を取りトラックの運転手になった。

　姉はすでに結婚していて彼は独りで生活していた。その頃キャバレーで、年上の申立人に出あい、彼女に小さい頃死別した母の面影を見出し、執拗に結婚を申し込んだ。申立人は自分が5つも年上で子持ちだからと彼との結婚に尻込みしていたが遂に彼の強引な態度に屈して同意した。

　結婚後、相手方は酒を飲み過ぎ、肝硬変などで入院をし、以来仕事をせず、申立人の働きに寄生していた。相手方との間に出来た女の子と先夫との長女、それに相手方の三人を抱え、申立人はホステスをして懸命に働いた。申立人の

第 7 章　ＤＶ離婚と緊急保護施設

> 帰宅が遅れたり、酒を飲んで帰ると相手方は嫉妬に狂い、申立人と長女を虐待した。申立人は自分だけならまだしも長女が虐待されることには耐えられなかった。離婚を決意して別れ話を持ちかけたところ相手方は狂ったように包丁を振り回し、別れるなら一家皆殺しにした上で自分も死ぬると暴れた。長女は恐れおののき、以来、相手方を見ると竦んで痙れんを起こすほどであった。
> 　申立人は子供を連れて身を隠し、住居を秘匿したまま離婚調停を申立てた。相手方は申立人らの行方を血まなこで探し求めた。家庭裁判所に日参し、大声で怒鳴り、時には刃物を持ち込んで申立人の居所を教えろと暴れた。遂に○県所在の申立人の生家に至り、申立人の兄に隠し持った包丁で斬りつけ「殺人未遂」で所轄の警察署に逮捕された（兼頭吉市「家事調停に見られる夫婦間暴力の傾向」『年報社会心理学』第22号、1981年、111～12頁）。

　先にみたように、夫婦間暴力を原因とする離婚が今日増加していることは確かである。しかしそれはかならずしも、暴力問題の解決が簡単に離婚で決着することを意味しない。その中には、多大の自助努力やさまざまな援助によってやっと、離婚という最終解決を得たケースも多かろう。なぜなら、今みたように、暴力を振う夫の問題性は、単に短気であるとか、単にアルコールを飲むとかいった単純なことではなく、過飲、怠業、犯罪など問題が複合的に絡まり、また家庭環境や執拗な性格といった問題性がそれに加わっている。だから、暴力ケースで離婚できたものはまだ恵まれているともいえるのである。いまだ多くのケースは、沈黙の中にある。先の「クローズアップ現代」の中で、「もう離婚する力もない」と語られるほど、打ち拉がれているのが実態といえよう。その意味で「駆け込み寺」の役割は大きい。新日本婦人の会の調査によれば、避難先のほぼ80％は友人・知人宅と実家であり、公的機関は５％程度ときわめて少ない[12]。友人・知人宅や実家は手軽ではあるが、それだけすぐに発見されてしまう。もっと有効な「逃げ場所」が必要とされる所以である。しかも、暴力を振われる妻たちの精神的傷の深さを考えると、妻たちを単に匿うだけでは、十分なサポートにはならない。心の傷を癒し、不安を取り除き、そして離婚をサポートするとともに自活の道を用意する役割を果たさなければ十分ではない。果たして、母子寮や民間女性シェ

II部　離婚紛争の法社会学

ルターはこうした役割を十全に果たすものであるのか。


注
1) 米国の実態については、横浜市女性協会『民間女性シェルター調査報告書Ｉ』など。
2) 安藤ヨイ子「女性への暴力」『婦人白書1994年』ほるぷ出版、1994年、62～63頁。
3) 東京都『女性に対する暴力調査報告書』1998年。
4) 昭和33年6～12月に協議離婚した婦人（全国）の中から抽出した1,940名についての調査。
5) たとえば、阿部徹他編『離婚の裁判例』有斐閣、1994年など。
6) 日本弁護士連合会編『これからの結婚と離婚』明石書店、1994年、242～70頁。
7) 現在の動機分類になったのは1966年からであり、それ以前との比較は難しいが、参考までに50年と65年についてみると、夫の暴力はそれぞれ13.4％、14.8％とかなり少ない。
8) 小島妙子「夫から妻への暴力の実態」『婦人白書1995』ほるぷ出版、1995年、57～58頁。
9) 兼頭吉市「家事調停に見られる夫婦間暴力の傾向」『年報社会心理学』第22号、1981年、104～106頁。
10) 同上書、111～12頁。
11) なお、暴力を振う男性に特徴的な属性があるかは慎重に吟味しなければならない。唯一の属性は「男性」という見方もある。ここでは調停のケースに現れた特徴について取り上げている。
12) 小島妙子、前掲書、59頁。


## 3．緊急保護施設としての母子寮

　母子寮の一般的理解としては、生活に困窮した母子の入所施設である。緊急保護の機能が加わったのは、比較的最近のことである。

　戦前から戦後しばらくの間、母子寮は、行き所のない生活に困窮した母子に宿所を提供する、いわゆる「屋根対策」であった[1]。ところが、1950年代も後半になると、社会構造の変動とともに、母子寮入寮者や在寮者に質的変化が現れるようになった。すなわち、入寮理由において離婚、未婚、家出、別居が増加し、また在寮者においても、戦後の新しい教育体制の中で成長し

た若年の母、複雑な問題を抱えたもの、情緒不安定なもの、神経症的症状のもの、性格にかたよりのあるもの、心身に障害のあるもの等母親に問題があり、経済的にも不安定な世帯等が増加してきた[2]。

　このような変化を背景に、母子寮はそれまでの戦争未亡人対策から一転して、複雑な問題を抱えた離別母子や未婚の母などに対応することが要請された。しかし、宿所提供という考え方からの急激な方向転換は進まず、運営の立ち遅れから、「空室化」や「母子寮廃止」という状況にまで追い込まれた。

　全国母子寮協議会は、このような危機的状況のもとで、母子寮の体質改善を柱に社会的実情に沿った福祉施設への改善を図るために、75年4月『母子寮生活指導の手びき』を出し、①住宅提供機能、②生活指導の機能、③緊急保護機能、④退寮母子家庭へのアフターケア（広い視点から母子家庭の福祉を推進する社会的機能）の4つの機能を明確にした。ここにはじめて母子寮の緊急保護機能が打ち出されたのである。

　その後、全国母子寮協議会や母子寮関係団体の活動をうけて、82年6月17日、厚生省は児童家庭局長通知「緊急に保護を要する母子家庭等について迅速な対策を講ずること」を出すにいたった。この通知は、児童福祉法第23条において要保護者とされている「配偶者のない女子又はこれに準ずる事情にある女子」のうち後者について、「夫の暴力により母と子で家出をしている事例などで婚姻の実態は失われているが止むをえない事情により離婚の届出を行っていない者が含まれる」という解釈を示したのである。すなわち、従来であれば、夫の暴力から逃げ場を求めてやって来る母子は、いまだ離婚している訳ではなく、したがって母子家庭には当たらず、規定上は入寮要件を満たすものではない。しかし新たな規定の解釈によってはじめて離婚に準じる者として入寮要件を認められたわけである。ここに母子寮の緊急保護機能が制度的に認められ、現代の「駆け込み寺」としての役割を果たすことになったのである。

　もっとも、緊急保護機能の必要性から、いくつかの自治体ではすでに、『手びき』や「児童家庭局長通知」以前に単独事業として母子の緊急保護を制度

化している。たとえば神戸市では71年9月1日から「母子緊急一時保護実施要綱」を作成して援助が始められ、東京都では73年2月より母子緊急一時保護制度がスタートしている。

　緊急保護の実態についてはなかなか把握し難いが、母子緊急一時保護制度の下に東京都の委託を受けて早くに保護事業を行ってきた東京都網代母子寮（現網代ホームきずな）についてみると[3]、開設の73年2月から97年3月までに保護した母子は1,142世帯3,403名、年平均45世帯135名である。保護期間の原則は15日以内であるが、30日以上保護したケースも245世帯にのぼり、100日を超えるケースも13世帯ある。入寮理由は、「夫または内夫の暴力」が681世帯で全体の59.7％、ついで「住居無し」が95世帯で17.1％を占める。暴力ケースでは、夫の暴力で入院し、そのまま保護されたり、児童が父の暴力で失明寸前で入所し、診療を受けるなど、深刻な事例がみられる。母親の年齢は30歳代が5割を占め、子供を抱えた母親が、夫の暴力という深刻な問題に晒されながら結婚生活を続けてきたことがうかがわれる。

　ところで、母子寮の緊急保護機能としては一般に、居所の提供、家庭調整にかんする援助、相談業務がある。とくに家庭調整では、夫との話し合いへの同席、離婚手続に関する情報提供や具体的援助、親族ネットワークの活用など、妻の自立に向けた重要なサポートが提供される。また、相談業務では、経済問題や緊急一時保護後の生活など多様な問題についてサポートが行われる[4]。

　夫の暴力から避難する妻にとって、各種のサポートが受けられる今日の母子寮は、「駆け込み寺」として大きな役割を担うものである。とりわけ離婚に関していえば、いまみたように、施設長や指導員が話し合いや離婚調停に付き添うといった重要なサポートもみられる。実際、入所者の抱える問題として「離婚できない」「親権がとれない、とられてしまった」「養育費を送ってこない」「父親が母子を探している」といったものが示されており、緊急避難後の家庭調整の役割の重要性がわかる[5]。

　このように、母子寮が行う緊急保護機能の重要性は否定し難いが、他方で

またいろいろな問題がある。その第1は、認知水準である。母子寮についてはある程度知られているにしても、その緊急保護機能についての認知水準は意外と低い。新日本婦人の会の調査に示されたように、避難先として公的機関を選んだものは、わずか5％にすぎなかった。また、広島市民を対象にした認知水準の調査では[6]、「よく知っている」は3割で、「一応知っている」を併せてもやっと4割半ばである。たしかに他の離婚サポートシステムである「離婚届不受理申出制度」や「履行確保制度」の認知水準に比べると格段に高いが、かなりポピュラーと思われた母子寮の主要機能にかんして、過半の市民が「知らない」と答えているのは注目される。もっとも、認知水準を性別でみるとやはり、母子寮自体が女性にかかわる施設であることや、緊急保護も女性にとって関心のある機能であることから、女性の側にやや高く現れており、弱い肯定意見であるが、「一応知っている」が男性よりも7ポイント高く、逆に強い否定意見の「まったく知らない」が、男性よりも13ポイント低くなっている。ともあれ、先に触れた東京都の緊急一時保護事業についても、「まだまだPR不足で母と子が生活に追いつめられ、心身ともに疲れ果てるまで保護されていない状況である」と述べられているように[7]、認知不足は依然大きな問題である。

　第2は、数量的問題である。母子寮の数そのものがきわめて少ない。たとえば100万都市である広島市にしても、わずか4施設にすぎない。しかも施設の規模は小さく、収容人員は概ね20〜30人といったところである。さらに問題は、すべての母子寮が緊急保護を実施しているわけではなく、また実施しているケースでも緊急保護のための居室数はきわめて少ない。たとえば東京都では、39母子寮中7カ所しか実施されておらず、居室数も精々1〜2部屋である（93年現在）。居室確保は自治体によってさまざまであり、先の網代母子寮の場合は、東京都の補助金を得て緊急保護室は5室あるが、これは特別といえる。緊急保護が十分に行われない理由は、一般母子の需要を満たすだけで手一杯ということもあるが、それとともに、避難して来る母子の場合、身の回りの所持品を一切もたずに入所することが多く、そのため居室に

は基本的な家具や什器の備え付けが必要であり、財政的な負担が重いからである。

　第3は、公的施設の限界である。母子寮は、児童福祉法によって設置されているものであるから、いくら緊急保護が必要とはいえ、自ずから制約がある。すなわち、福祉事務所の入所措置を経ること、外人女性や単身女性は資格要件を満たさないこと、滞在期間も原則として2週間程度であることなど。

　93年度『厚生科学研究報告書』は[8]、直接来寮者に対する母子寮の判断による一時保護や単身女性への提供、さらには広域措置の必要性を提案しているが、最近になってやっと、直接来寮者の受け入れや広域措置が実現されつつある。とはいえ前者にしても、すべての母子寮で実現されているわけではなく、地域によってバラバラである[9]。暴力被害からの避難は緊急性をもつものであり、その意味で、直接来寮の受け付けは、喫緊の課題といえる。

　ところで厚生省は、広域措置についてつぎのような通知を出している[10]。「都道府県、市及び福祉事務所を設置する町村が、法第23条に基づき母子生活支援施設（母子寮）への入所の措置を採る際に、個々の母子の状況等に応じ、それぞれの所管区域外に所在する母子生活支援施設への入所措置（広域措置）を採ることはもとより可能である。法第46条の2において、児童福祉施設の長は正当な理由がない限り措置の委託を拒んではならないこととされており、また、法56条の6において地方公共団体は福祉の措置及び保障が適切に行われるよう、相互に連絡及び調整を図らなければならないとされていることも踏まえ、改めて管下福祉事務所等の関係機関に周知徹底を図り、夫の暴力や面会の強要を避ける等個々の母子の状況に応じ、広域措置の活用を図られたい」。

　この通知にみられるように、広域措置は、母子を執拗に追っかけて来る夫から母子を保護するためにとられるべき有効な手立てであり、その活用が強調されている。しかし現実には、直接来寮と同様に、自治体ごとに対応は異なり、いまだ広域措置を行っていない自治体も少なからず存在する。実家や友人・知人宅とは違って、母子を夫の手の届かない所に保護することこそが

第7章　ＤＶ離婚と緊急保護施設

母子寮のメリットとすれば、広域措置の周知徹底とその十全の活用がまたれよう。

注
 1) 一番ケ瀬康子「母子寮問題の展開」吉田編『戦後社会福祉の展開』ドメス社、1976年、302〜320頁。
 2) 林千代『母子寮の戦後史』ドメス社、1992年、78頁。
 3) 網代母子寮『平成10年度事業報告』1998年。
 4) 山崎美貴子『21世紀をめざす母子寮づくり』(厚生科学研究報告)、1994年、14頁。
 5) 全国母子寮協議会『母子寮における生活処遇の手引』1992年、20頁。
 6) 平成8〜10年度科研「協議離婚の現状と課題」の一部として実施した離婚関連制度の認知度。
 7) 全国母子寮協議会、前掲書、163頁。
 8) 山崎美貴子、前掲書、14頁。
 9) 母子寮関係者の話では、広域措置は関東や関西で進展をみせている。
10) 「児童家庭局家庭福祉課長通知第35号」1998年6月23日。

## 4．民間女性シェルターの援助役割

マスメディアを通じて、今日では、現代の「駆け込み寺」としての女性シェルターも、もう耳慣れたものになりつつある。

しかし、民間女性シェルターの歴史は浅く、最初のシェルターが開設されてからまだ10数年に過ぎない。最初のものは、1985年開設のミカエラ寮(神奈川県)で、その後は86年に女性の家ＨＥＬＰ(東京都)、90年にダルク女性ハウス(東京都)、91年にフレンドシップ・アジアハウス・こすもす(千葉県)、92年に女性の家サーラ(神奈川県)、92年に、かながわ・女のスペース・みずら(神奈川県)、93年にＡＫＫ女性シェルター(東京都)となる。

このように、85年から93年までのほぼ10年間に、関東近辺に7カ所のシェルターが開設されたわけであるが、その後今日まで、多くのシェルターが開設され、現在では全国で30カ所近いといわれる。93年以降に開設された、一

時緊急保護施設をもつものを北から挙げると、ウィメンズネット・旭川（旭川市）、女のスペース・おん（札幌市）、ネット・マサカーネ（室蘭・登別）、駆け込みシェルター・とかち（十勝）、女のスペース・にいがた（新潟市）、ウィメンズハウス・とちぎ（宇都宮市）、ＦＴＣシェルター（東京都）、かけこみ女性センター・あいち（名古屋市）、女性シェルタースペースえんじょ（茨木市）、アジア女性センター（福岡市）などである[1]。

93年以降女性シェルターが相次いで開設されたのは、それだけ女性に対する夫の暴力問題が社会的に認識されるようになり、シェルターの必要性が増大したことによる。たとえば、97年に開設されたばかりのウィメンズネット旭川では、電話相談を始めてからわずか1年間に、総計60件の相談電話があったが、その中で20歳から60歳代の主婦による離婚相談が約9割を占め、また夫からの暴力を受け治療が必要なのに保険証を奪われ病院へも行けないという深刻なケースもあった[2]。

しかし、新しく開設された女性シェルターは、分布的には東日本に偏在しており、とくに中国・四国地区の空白が目につく。中国・四国地区に女性に対する暴力が少ない、というわけではないから、その意味では、当該地区のシェルター開設が望まれよう[3]、知り得た範囲では、新しいシェルターは小規模のものが多く、施設展開にとって財源問題はやはり大きい。

93年以降の新しいシェルターの内容等については、今後の調査をまたなければならない。ここでは、93年以前に設立された、いわば第一期の7つのシェルターを中心に、考察をすすめよう。

7つのシェルターの設立契機をみると、大きくは外国人女性労働者の支援を目的とするものと暴力被害女性の救済を目的とするものとに分けられる。前者には、ミカエラ寮、女性の家ＨＥＬＰ、サーラ、みずら、こすもすの5つの施設が、後者には、ダルク女性ハウスとＡＫＫ女性シェルターが属する。しかし、今日では、夫から暴力を振われる女性の多さと、シェルター需要の多さが相俟って、前者のシェルターでも、暴力被害女性の救済が行われている。そこで、前者のグループからはシェルターの先駆的存在であるミカエラ

第7章　ＤＶ離婚と緊急保護施設

寮と、後者のグループからはＡＫＫ女性シェルターを取り上げたい。

　まず、ミカエラ寮は、社会福祉法人礼拝会（カトリックの修道女会）が設置経営するシェルターであって、緊急に一時保護を必要とする女性（単身及び母子）のための宿泊提供を行っている[4]。96年現在、定員は13名、期間は原則として３カ月以内（具体的な次の落ち着き先を見い出すまで）。法外の施設であるため措置費はでないので、１日2,030円（３食付き）の利用者負担となっている。

　95年４月から96年３月にかけての入寮延べ件数と人員は、62件114人である。居室は常に満室状態である。年齢は20代と30代が38名で61％を占めるが、60代70代も10％にのぼっている。ケースの内訳では、婚姻継続中が母子および単身併せて26ケース、比率にして42％でもっとも多く、夫との間に何らかの不都合が生じ、母子あるいは単身で緊急に避難してきたことがわかる。実際、入寮理由を見ると、「夫・内夫等からの避難」が17件で27.4％を占め、もっとも多くなっている。なお資料によれば、ケース本人のみならず同伴児への暴力も少なくなく、夫からの暴力被害の深刻さが浮かび上がる。

　在寮期間は、最短で２日、最長で205日、平均日数46.2日である。原則の３カ月を超えて在寮したケースは10件である。公的施設である母子寮と比べた時に、受け入れ人員はもちろんだが、在寮期間の長さが大きなメリットである。

　なお、外国籍ケースは７件で全体の10％程度にすぎず、今日では日本人女性のシェルターとして大きな役割を果たしている[5]。

　援助内容は、安心して落ち着ける場所の提供（心のこもった食事、風呂、快い寝具）、いやしの機能（心身の疲労を癒す）、自立援助機能（自己を取り戻した本人が次にとるべき方向を自己決定する過程を援助）の、３つである[6]。とりわけ暴力に苛まれてきた女性（子供）にとって、想像を超えた精神的障害があり、その意味で、「いやしの機能」は必要不可欠なものである。そのため指導員も、米国でケースワークを専門にしていた人材等を登用している。

　ＡＫＫ女性シェルターは[7]、90年頃から女性に対する暴力が女性問題の大

きなトピックとして注目されるようになり、ついで93年に外国人女性に対する暴力だけでなく日本社会に潜在してきた夫の妻に対する暴力が種々の調査で明らかにされはじめたのをうけて、同年、暴力被害女性を対象としてスタートした。

このシェルターは、暴力被害の体験者自身が中心となって設立運営にあたっており[8]、借り上げた木造家屋1軒を施設として用い、部屋数は3室、家族2組単身1組まで受け入れ可能となっている（95年現在）。期間は原則3カ月で、利用料1日1,200円（同伴児無料）である、93年から94年にかけての利用者は延べ15件26人、年齢も26歳から68歳と幅広い。1件あたりの平均利用日数は52日。15件のうち、夫・恋人による肉体的精神的暴力から逃げ出してきたケースが8件、別れた夫に見つかりそうになって避難したケースが2件、暴力はないが夫との関係改善のための利用が1件、本人自身の問題解決のための利用が2件、息子の暴力からの避難が2件となっている。

援助内容は、とりあえず暴力から逃れて安心できる安全な場所を提供すること、本人の自立援助のために自助グループや専門機関を紹介すること、個別に生活相談にのること、の3つである。

離婚についての援助としては、2番目の専門機関の紹介として行われているようで、利用期間中に、民間相談所などにアクセスして、別居あるいは離婚、もしくは和解という結果が8ケースで得られている。

ミカエラ寮やAKK女性シェルターに代表される、民間女性シェルターの存在意義はいかなるところにあるか。先に触れたように、公的施設の代表格ともいえる母子寮にしても、数量的に足りないだけでなく、法規定の拘束から、適用対象が限定的であり、また緊急時の臨機の対応にも欠ける。これに比べれば民間シェルターは間口も広く、迅速な対応も可能である。たとえば代表的緊急保護施設である網代母子寮にしても、現在「単身」は受け入れられていない。

また、民間シェルターと公的施設では、利用者の援助やケア・プログラム、それを貫く基本的な考え方にかなり違いがある。たとえば、滞在期間にして

も、法や制度に縛られない民間シェルターは、女性たちの必要に応じて期間を延長するなどかなり柔軟に対応している。公的施設でももちろん、必要な場合は原則の2週間を過ぎても滞在することができるが、そこでの援助は基本的に自立に向けてのケースワークで、滞在中に仕事を探すなど、できるだけ早く自立に向けて動きだすことをすすめられる。

　これに対して、民間シェルターでの対応は、次のように考えられている。「暴力被害の女性の大半はかなり長期間にわたって暴力を受け続けてきており、シェルターにたどりついたときは疲れ果てていることが多い。安全な場所でようやく安心して眠り、心身が回復するまでには少なくとも1～2週間はかかるのが普通だ。その後にようやく今後の生活について考えるゆとりが出てくる。さらに、夫の元に戻るか、夫から離れるかを決断するには1ヵ月くらいは必要とする。彼女たちの多くは、暴力の関係のなかで自尊心や自己肯定感を傷つけられており、1人で生きていくという決断ができるようになるまでに『癒し』と『エンパワーメント』が不可欠なのである[9]」。

　『AKK会報』(1994年2月号No44)には、シェルターで3カ月半を過ごした女性の次のような感想が載っている。「ともすれば娘と2人で閉じこもってしまいそうな時期にここに来ました。同じ状況をくぐり抜けてきた人たちと夜更けまで話ができて励まされました」。ここにはまさに、傷ついた女性に対するエンパワーメントが、同じような痛みをもつ人々との交流によってもたらされることが示されている。離婚の直接的援助では、母子寮も女性シェルターもあまり変わらないようにみえるが、柔軟な対応とともに、こうした癒しやエンパワーメントの効果は、女性シェルターならではのものといえよう。

　一方、シェルターの課題も大きい。「財源不足」「人手不足」はシェルター運営にかかわる女性たちの共通の指摘である。ミカエラ寮でも、行政に長らく働きかけてやっと年600万円の補助金を獲得したが、経済不況の現在その補助金も大きく減額された由。修道女会のバックがあるものの、経済的困窮は覆うべくもない。しかし少ない補助金でも出ているところはまだ良い方で、

Ⅱ部　離婚紛争の法社会学

出ないシェルターがほとんどである。シェルターの運営費は、たとえば小規模なAKKシェルターでも、年間700万円程度は必要である(「AKK女性シェルター93年度会計報告」『AKK会報』1994年)。ほとんどのシェルターは、民間からの献金や助成金に支えられている。『AKK会報』をはじめ、『女性の家ネットワークニュース』『サーラ通信』などでは、一様に、献金の呼びかけが掲載されている。シェルター先進国である米国と対比したとき、施設の数はもちろんだが、財政的基盤の大きな落差が目につく。

　シェルターの運営は、少数の専従スタッフとボランティアスタッフで行われている。財源の乏しさから、ハードな仕事が少数のスタッフに重くのしかかってくる。スタッフの中にはバーンアウトするものも出て来る。十分なスタッフの確保や、スタッフの精神的ケアも大きな課題である[10]。

注
1) 新しいシェルターについての情報は、ウィメンズ・ネット・こうべ編『女性への暴力について考えるセミナー報告集』1998年、『女性情報』97年12月号、159頁を参照。
2) 『おんなの反逆』第46号、1997年、27頁。
3) 中国地方にも2001年、広島と鳥取にシェルターが開設されている。
4) 前田照子「婦人保護事業を模索する——一時緊急保護施設ミカエラ寮の実践を通して——」(ミカエラ寮資料)、1992年。
5) 「平成8年度事業概要」1996年、「ミカエラ寮入寮者統計資料」1997年。
6) 前田照子、前掲書。
7) 三井富美代「民間女性シェルターの活動と悩み」杉本貴代栄編『社会福祉の中のジェンダー』ミネルヴァ書房、1997年、78頁。
8) 横浜市女性協会『民間女性シェルター調査報告書Ⅰ』1995年、17〜33頁、112頁。
9) 三井富美代、前掲書、84頁。
10) シェルターの様々な課題については、横浜市女性協会『民間女性シェルター調査報告書Ⅱ』1995年、77〜79頁を参照。

## 5．おわりに

　夫の暴力から逃れる有力な方途は、離婚である。しかし実際に離婚しようとしても、そう簡単ではない。1つには、暴力を振う夫に限って執拗であり、簡単に協議や調停に応じる訳はない。2つには、日常的な暴力の前に、闘う気力を失っているケースがきわめて多い。3つに、離婚しようとは思っても、離婚した後の生活のことを考えると、二の足を踏んでしまう。夫の機嫌を損ねず、我慢していれば、一応生活の不安はない。

　こうした妻たちにとって、何よりも必要なことは、夫から身を避け、傷ついた心と体を癒し、将来の自立の手立てをともに考え、そして離婚の援助を与えてくれる、そんな場所である。母子寮や民間女性シェルターはまさに、そうしたサポートが受けられる場所にほかならない。いまのところ母子寮は、緊急保護機能の面では不十分なものがある。将来的にはその一層の充実が図られねばならない。他方、民間女性シェルターは、機能的には優れたものがあるが、何分にも一部の市民団体やボランティアの努力に負う所が大である。そのため、施設の拡大には限界がある。幸い、「男女共同参画2000年プラン」には、家庭内暴力の実態把握と対策の推進が掲げられており[1]、それを受けて今日ＤＶ対策が現実化しようとしてる。

　いうまでもなく、シェルターによる保護で十分というわけではない、ＤＶ防止法による歯止めも必要な措置である。世界的な動向を見ても、近年、女性に対する暴力の深刻さ悲惨さから、暴力を法によって防止しようとする動きが現れ、各国で実を結んでいる[2]。たとえば93年には韓国で、「性暴力反対特別法」が制定されている。94年8月には米国で「犯罪防止法」の第4編として「女性に対する暴力防止法」が成立している。96年2月にはイタリアで「対性暴力法」が成立。さらに97年5月にはドイツで、レイプに関する刑法の改正案が下院で可決された。

Ⅱ部　離婚紛争の法社会学

　こうした一連の暴力防止法は、いわゆるレイプに関する規定の適用範囲の拡大や重罰化を目的とするものと夫婦間暴力の処罰を目的とするものとを含んでおり、女性に対する暴力の根本的な社会的対応となりえよう。

　2001年4月6日に成立し、10月13日から施行された「配偶者からの暴力の防止及び被害者の保護に関する法律」いわゆるＤＶ防止法は[3]、夫からの暴力を防止するものとして、大きな期待が寄せられる。とはいえ、保護命令や退去命令の期間の短さ、罰則の軽さなど、欠陥が露呈している。その意味で、現時点では、シェルターの充実による女性の保護により多くの期待が寄せられよう。


注
1）「プラン」の概要については、「男女共同参画2000年プラン」『婦人白書1997』ほるぷ出版、1997年、202〜213頁。
2）暴力防止法については、以下を参照。小島妙子「『妻に対する暴力』の現状と法的規制」『労働法律旬報』No.1339、1994年、21〜35頁。同「『女性に対する暴力防止法』の成立とその背景」『労働法律旬報』No.1360、1995年、39〜41頁。戒能民江『ドメスティック・バイオレンス——取り組み先進国における防止のための法制度』かながわ女性センター、1996年。北京ＪＡＣ女性に対する暴力防止法コーカス『女性に対する暴力防止法（参考資料）』1997年。
3）成立した「ＤＶ防止法」については、南野知恵子他監修『詳解ＤＶ防止法』ぎょうせい、2001年が参考になる。

# 第8章　高齢社会と離婚紛争

## 1．増加する中高年離婚

　1999年6月11日に厚生省がまとめた「人口動態統計（概数）」によれば、昨年1年間に離婚した夫婦は24万3,102組で、前年より2万0,452組増加し、過去最高となっている。離婚率も1.94で、前年の1.74を大きく上回るとともに、米国、英国、スウェーデン、ドイツについで第5位となり、離婚の欧米化が進んでいる。

　なかでも注目されるのは、いわゆる"中高年離婚"の増加である。同居期間20年以上の長期生活者の離婚は3万9,592組で、同居期間5年未満の9万0,766組、5～10年の5万1,649組に次ぐものであるが、前年比13.1％の増加は最大となっている。また、年度毎の構成比の推移をたどれば、1950年3.5％、60年4.4％、70年5.3％、80年7.7％、90年13.9％（『人口動態統計』）、そして98年16.3％（「人口動態統計（概数）」）となっており、中高年離婚はこの半世紀の間に13ポイント近く増加している。しかも興味深いことは、長期生活者の中でも生活期間の長いものほど増加の比率は顕著で、1975年から98年までをみると、同居期間20～25年が4.7倍、25～30年が6.5倍、30～35年は9.1倍、35年以上は10.3倍となっている。30年前の1970年当時の平均初婚年齢（夫26.9歳、妻24.2歳）で計算してみると、50歳半ば以上の、中高年夫婦の離婚が急であることが分かる。

　離婚のケースは様々であるが、中高年離婚のケースを検討してみると、特徴的なものとして、1つには、夫の定年を契機に妻が離婚を申立てる、いわゆる「定年離婚」と、舅姑の介護をめぐる争いを契機に離婚する「介護離婚」が取り出される。いずれのパターンも、わが国に根強い性別役割分業の問題

性から発生しているが、注目されるのは、こうした中高年離婚が、今日急速な進展をみせている「高齢社会」と密接な関連をもっている点である。すなわち、高齢社会の進展は、一方で、人生80年時代という長寿社会をもたらすとともに、他方で、寝たきりや痴呆状態の多くの要介護者を生み出すにいたっている。急増する中高年離婚はまさに、人生80年の生活設計のもとに、従来の性別役割の矛盾や抑圧、そして新たな介護役割がもたらす苦痛に対する妻たちの"異議申立て"にほかならない。

　本論は、最近顕著な中高年離婚に焦点を当てて、高齢社会と離婚紛争との関連ならびにその問題性や課題を明らかにしようとするものである。

　以下ではまず、中高年離婚の発生を促す社会的基盤もしくは土台として、1つには家族のライフサイクルの変化と、2つにはわが国におけるジェンダー差別の構造を取り上げ、次いで中高年離婚の特徴的な2つのタイプである「定年離婚」と「介護離婚」について考察をくわえ、最後に中高年離婚のゆくえについて論及しよう。

## 2．人生80年時代の家族のライフサイクル

　厚生省が1998年8月28日に公表した「1997年簡易生命表」によると、日本人の平均寿命は、女性83.82歳、男性77.19歳でともに世界一である。まさに人生80年時代の到来といえる。1940年代半ばの平均寿命が50歳程度であることを考えれば、隔世の感がある。

　家族のライフサイクルも、このような平均寿命の延びやさらには合計特殊出生率に示されるような出生児数の減少等によって、大きく変わってきている。ここでは戦前と戦後の比較を通して（ただし3世代家族をモデル）、今日の家族のライフサイクルの特徴を明らかにしよう。

　戦前と戦後を比較すると、図8－1から分かるように、戦前の家族では、平均寿命が短く出生児数が5人と多いことから、出産期間は14.5年もあり、

子どもの扶養期間は27.0年におよぶ。妻が57.5歳の時に夫は61.5歳で死亡し、しかも末子の結婚は夫の死亡後（妻60.5歳時）であるから、夫婦だけの生活期間いわゆるエンプティ・ネスト（末子結婚から夫婦のうち一方の死亡まで）は現れない。また、妻1人の期間もきわめて短い。くわえて、老親も平均寿命が短いことから、3世代同居期間や老親扶養期間も短くなる。

(1) 大正期

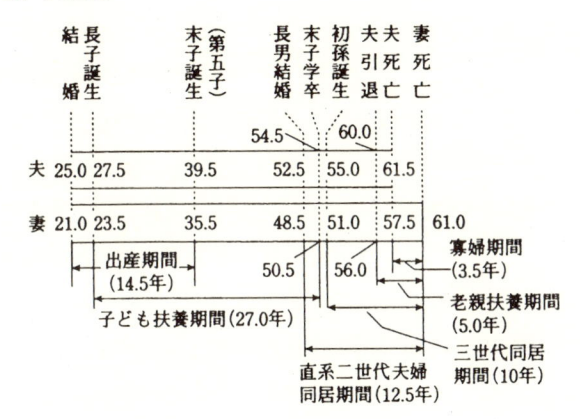

(2) 現在（昭和60年）

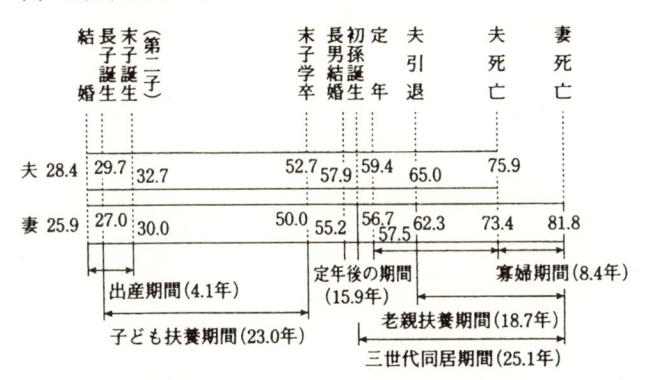

出典：倉田・浅野編『長寿社会の展望と課題』ミネルヴァ書房、1993年、115頁。

図8－1　戦前、戦後の家族周期の変化

まとめていえば、戦前家族では、人生のほとんどを子どもの養育に費やし、夫婦だけの期間はもちろん、妻1人だけの期間もきわめて短い。かりに離婚の火種があったとしても、少なくとも「定年離婚」という形で発火する暇も無いままに人生の終焉を迎えるのが一般的といえる。また老親の扶養という面でも、かりに介護が必要になったとしても、その期間はかなり短い。老親の介護の負担に堪え兼ねてといった「介護離婚」も、ライフサイクルからみればその蓋然性はきわめて低い。

それに対して、戦後家族のライフサイクルはどうであろうか。昭和60年（1985）に、夫28.4歳、妻25.9歳で結婚した夫婦はいまともに40歳を超えた、中年真っ只中にある。子どもは2人、それぞれの平均寿命は75.9歳、81.8歳である。

まず目につくのは、出生児数の減少から、出産期間は4.1年と戦前家族にくらべて10.4年も短縮される。子どもの扶養期間も当然ながら短くなり23.0年と、これも戦前家族よりも4年ほど短縮される。また寿命が延びた分、末子結婚後の、夫婦2人の時期が実に15年ちかくも出現する。くわえて、妻の老後生活の観点からは、末子結婚後20年余りの人生が待ち構えていることになる。さらに、老親扶養の点からみると、3世代同居期間は25.1年と戦前の2.5倍、扶養期間は実に3.5倍の18.7年におよんでいる。

総じていえば、戦後家族では、長寿化と少子化が合わさって、早くに子どもが巣立ち、夫婦2人だけの生活やさらには妻1人だけの生活がかなり長期にわたって出現し、その上負担の大きな老親扶養期間も長期化する。

このように、子どもの養育から離れ、夫婦2人だけの長期の生活が待ち構えているとしたら、早いうちからよほど良好な夫婦関係を築いておかなければ、夫婦生活が生涯にわたって維持されるとはとても考えられない。50歳を過ぎてもまだ30年、60歳を過ぎてもまだ20年余りの歳月があるなら、もう一度人生をやり直す気持ちになるのも何ら不思議ではない。長寿社会の到来は、こうした意味で、夫婦関係の再構築を改めて考えさせる重要な契機となる。

くわえて、老親扶養期間の長期化は、同居にしろ別居にしろ、夫婦に大き

な負担を背負わせることになり、夫婦関係の破綻をもたらしかねない。とりわけ、老親が痴呆や寝たきり状態になった場合の介護負担の重さは、妻に、負担回避の手段として「介護離婚」を選択させることにもなりやすい。高齢社会の到来は、要介護者の出現と、介護役割をめぐる夫婦の対立葛藤を生み出すことによって、夫婦関係の危機を招来することになる。

## 3．ジェンダー差別の構造

　人生80年時代の到来とともに、一方では、自分の人生を改めて生き直すために、他方では、重くのしかかる老親介護の負担に堪え兼ねて、夫婦関係の解消という事態が発生する。
　しかし考えてみると実は、この2つの方向の離婚は、同じ根っこから発生している。それが、わが国における「ジェンダー差別の構造」にほかならない。
　生理学的・解剖学的性差（sex）に対して文化的・社会的性差（gender）を区別するようになったのは、1960年代のウイメンズ・リブ運動以来であるが、「ジェンダー差別の構造」とは、こうした文化的・社会的性差が日本の社会の「構造」として根強く存在することを含意している。そして内藤和美氏によれば、「性別役割分担」と「女性に対する暴力」の2つが、ジェンダー差別の構造の主要な局面とされる[1]。高齢社会との関連では、とくに前者が注目される。
　性別役割分担とは、文字通り性による分業の在り方を示すものである。分かりやすい例でいえば、「男は仕事、女は家庭」といった言い方で表される男女の役割分担である。では、このような分担がなぜ差別の構造なのか。それは、この役割分担が固定化されている点、さらに役割間の不平等が固定化されている点である。考えてみると、なぜ女性が仕事で、男性が家事育児ではいけないのか。しかし現実の両者の関係は、通常、男＝仕事、女＝家事育

児である。しかも、仕事は経済的報酬をともなうのに対して、家事育児は経済的報酬をともなわない。別様にいえば、前者は社会的生産労働であり、後者は非生産労働と性格づけられている。だから、仕事役割は"価値ある役割"として高い社会的評価あるいは威信をもち、一方、家事育児役割は"つまらない役割"と受けとめられがちである。このようにして、一般的に、"養ってやっている"という男性の意識にうかがわれるように、両者の間に支配と被支配の関係が持ち込まれることになる。

　今日の離婚原因（調停離婚について）をみると、「性格の不一致」が男女とも圧倒的に多く、しかも逐年増加している。その具体的な中身は中々分かりにくいが、井口正隆等の調査研究によると[2]、大きくは役割不満、生活態度、人生目標など、夫婦のかかわり方に関するものである。今日では、夫に対する要求や期待は、高学歴化や平等意識の高揚を背景に様変わりしており、昔日のように、ただ仕事一途であればよいとか、あるいは真面目に働いて給料を入れればよいとかいったものではなくなって来ている。それに代えて、一方では性別役割からの解放と自己実現の追求を希求するとともに、他方では、自らを高めてくれる存在、人間としても評価できる存在、自らを一個の人間として尊重してくれる存在であることを期待する。まさに「伴侶性」あるいは「相互成長の原則」が求められている。

　こうした妻側の多様な要求や期待が、夫婦関係解消の誘因となるとともに、人生80年時代の到来は、40代や50代の夫婦にとどまらず、60代以上の夫婦の離婚さえも促すにいたっている。すなわち、根強い性別役割分業構造と男尊女卑的意識構造の下で、家庭に囲い込まれ、自己実現もままならず、夫の経済的支配に屈してきた妻たちの"反乱"が、年齢を超えて、いま起きつつある。

　ところで、性別役割分担の問題性は、単に仕事役割対家庭役割にあるのではない。もっと一般性をもった役割特性にある。すなわち、女性の役割が「ケア役割」として特徴づけられるところにある。内藤によれば、ケア役割とは「自分を犠牲にして他人に尽くす」性質のものにほかならない[3]。もちろん

家事育児も、夫に尽くす、子どもに尽くすという意味ではただしくケア役割である。また考えてみれば、仕事に就いた女性の場合にも、お茶くみとか雑務といった周辺的役割を割り当てられることからいえばまさに、ケア役割といえる。

　しかしケア役割の一番の典型はやはり、「介護役割」である。高齢社会と離婚の関連からはこの点がもっとも重要な論点となるが、高齢社会に到達した今日、介護負担に堪え兼ねての離婚が発生するにいたっている。

　高齢社会の進展は、種々のデータが示すように(たとえば1999年の総務庁『高齢社会白書』によれば、要介護の寝たきりと痴呆性老人数は、2000年には140万人、2010年には200万人、2025年には270万人となる)、痴呆性や寝たきり老人の介護役割を増大させる。そしてこの介護役割をいま引き受けているのが何よりも女性である。たとえば、1995年の厚生省『人口動態社会経済面調査』(65歳以上の死亡者の生前の状況やその死亡者の介護者の状況等を調査) によると、主に介護していた者は、世帯員66.8％、世帯員以外の親族5.5％、病院・診療所の職員16.4％、その他5.6％となっており、圧倒的に世帯員が介護役割を担っている。そして世帯員と世帯員以外の親族を併せたものを100％とすると、その内訳は、妻31.6％（夫5.0）、長男の妻27.6％（長男4.4）、長女15.5％、長女以外の娘4.5％（長男以外の息子1.2）となっている。ここにはまさに、介護役割が女性役割として「構造化」されていることがハッキリと示されている。また同時にここには妻、長男の嫁、長女といった、戦前の家制度の下での序列体系も現れている。そしてこの点で注目されるのは、介護を引き受けた理由である。日本労働組合総連合会の『要介護者を抱える家族についての実態調査報告書』(1995年)によると、在宅での介護を引き受けているものは女性が７割を占めており、そのうち40代と50代が６割半ばである。そして介護者になった理由として、「自ら希望して」は3.4％ときわめて少なく、「嫁・妻・娘として引き受けざるを得なかった」が51.2％を占めている。このように女性は、妻や娘のみならず嫁においてもなお、社会の役割期待を受け入れざるをえない状況にあり、介護役割の「構造化」は顕著といえる。

ところで、介護役割の遂行は必然的に、仕事に何らかの支障を来すことになる。こうして先ににみた離婚ケースのように、介護のために仕事を辞めるケースも増えつつある。総務庁の「就業構造基本調査」（1997年）によると、家族を介護・看護するために離職した人は年間10万人にのぼり、その9割（約9万人）が女性である（図8－2）。

　「自分を犠牲にして他人に尽くす」ケア役割が、いかに理不尽に女性に押し付けられているかがよく分かる。考えてみれば、なぜ女性が仕事を辞めなければならないのか。とりわけ「嫁」の場合、自分の親であればまだしも、義理の親のために何故そこまで。それなら夫が辞めて自分の親を介護すればよいではないか。こうした疑問は自然と湧いてこよう。まさに、「寝たきりや痴呆老人介護は女性が自らの仕事を放棄することで成り立ってきた[4]」。

　介護役割の苛酷さは、経験したものしか分からない。それほどのものである。その点で興味深いのは先ほどの『要介護者を抱える家族についての実態調査報告書』である。そこでは要介護者に対する感情や虐待の有無が調べられている（回答者は、55歳以上の要介護者を抱えている1,279家族）。

　要介護者に対して憎しみを「いつも感じている」は1.9％、「ときどき感じている」は32.9％と、感じている者が実に3分の1を超えている。しかも、嫁の46.2％を筆頭に、妻や娘においてもそれぞれ33.6％、30.6％が憎しみを感じている。また要介護者に対する虐待も、「よくある」が2.0％、「ときどき

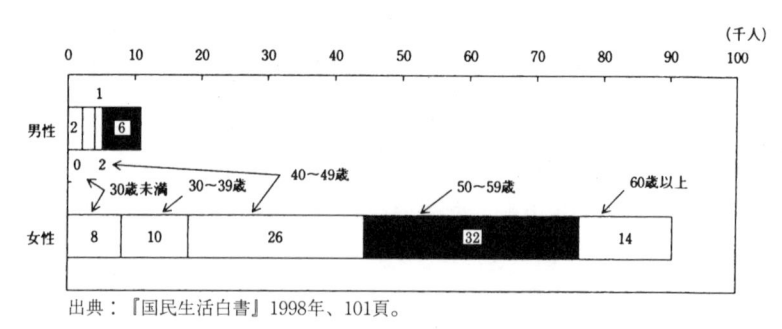

出典：『国民生活白書』1998年、101頁。

図8－2　性別、年齢別の介護による離職者

ある」が14.4％、「あまりない」33.2％であり、「まったくない」は47.0％となっている。また、最近の大阪老人虐待研究会の調査によっても、世話の放棄をはじめ、身体的虐待、心理的虐待など多数の虐待の実態が明らかにされている[5]。

　家族という親密な人間関係の中で、憎しみの感情がもたれたり、介護する者のうちの少なからぬ者が虐待経験をもっており、介護がいかに苛酷なものかがここから読み取れよう。

　武田京子氏の『老女はなぜ家族に殺されるのか』[6]には、いわば家族介護殺人事件という極限のケースが示されている。それを見ると、殺人は措くとしても、介護役割から解放されたいという気持ちは理解されるし、とりわけ義理の老親の介護を押付けられる嫁の立場になれば、成るものなら離婚によって介護役割から抜け出したいという気持ちもよく分かる。こうみるといわゆる「介護離婚」が、高齢社会の進展とともにますます増加する可能性は否定し難い。

　もう1つ、ジェンダー差別の構造としての「女性に対する暴力」について、「高齢社会」とかかわる範囲で簡単に触れておこう。

　いま、女性に対する暴力について関心が高まってきている。女性の地位の向上を目指して展開されてきた世界的活動がその背景にある。そして、各種団体等の実態調査をはじめ東京都などいくつかの自治体においても実態解明が進められつつある。女性に対する暴力の防止は、男女共同参画社会の実現に向けて避けて通れない重要課題となっている。

　「女性に対する暴力」がジェンダー差別の構造として把握されるのは、「女性に対する暴力は、女性を男性と比べて従属的な地位に追い込んでいる重大な社会的仕組みの一つ」[7]だからである。つまり、経済的な力関係や身体的な力関係を背景に、常といっていいほど男性から女性に対して一方向的に暴力が振われ、それが、女性に対する男性の支配と、男性に対する女性の服従を固定化してしまう。一時的な暴力現象ではなく、構造あるいは仕組みといった根深さをもつものとなっている。

Ⅱ部　離婚紛争の法社会学

　暴力の重大さは離婚原因にも現れており、調停離婚の申立てでは、妻の離婚理由の中で大きなウエイトをもつとともに、「性格の不一致」に次ぐ位置を占めている。しかし、暴力を原因とする離婚は一般に、夫の妻に対する執着が強く、そんなに簡単ではない。そのためいま、暴力を振われる妻たちを保護し、心のケアを行い、離婚や自立をサポートする各種の援助施設が展開されつつある。こうした状況の中で、注目すべきことは、妻たちの意識変容である。すなわち、夫の暴力に屈して堪えて生きるというのが従来のパターンであるとすれば、今日では、たしかにいまだ従来型が相当程度あるものの、積極的に夫婦関係を解消して自立の途を歩みたいとする意識がかなり強く見られる[8]。そしてこうした妻たちをささえるものがほかならぬ母子寮（母子生活支援施設）や民間女性シェルターなどの施設である。

　しかも、年齢的に見たときに、夫の暴力から抜け出そうあるいは夫と離婚しようと考える妻たちは、若い年齢層にとどまらず、40代や50代の中年層、さらには60代や70代の高齢層にまで広がっている。このようにみると、自分自身を取り戻そうという自立志向が年齢を超えて広がるとともに、その社会的基盤あるいは土台としてやはり人生80年時代という、やり直すことのできるライフスパンの存在があることが分かる。

注
1）内藤和美「日本社会のジェンダー差別の構造」栗原彬編『差別の社会理論』第1巻、弘文堂、1996年、228〜58頁。
2）井口正隆「夫婦関係事件の実態調査（上）」『ジュリスト』No.473、1971年、124〜39頁。
3）内藤、前掲書、233頁。
4）「高齢化社会をめぐる日米シンポジウム」（1991年）での指摘。
5）『朝日新聞』1997年8月18日。
6）武田京子『老女はなぜ家族に殺されるのか』ミネルヴァ書房、1994年。
7）内藤、前掲書、242〜43頁。
8）『婦人白書1995』ほるぷ出版、1995年。

## 4．中高年離婚の2つのタイプ

### （1）「定年離婚」の含意

1992年6月10日の朝日新聞には、「定年待ち受け妻は去る」という衝撃的な見出しのもとに、中高年離婚の2つのケースが載っている。

1つ目のケース。大手商社の部長だったAさん (63) は退職当日、型通りの送別会に顔を出し、二次会への同僚の誘いは辞退して早々と帰宅した。居間に落ち着き、妻に「ご苦労様でした」と、ねぎらいの言葉をかけられたまではよかった。「今夜は外で食事をしよう」とのAさんの誘いを、妻は威儀を正して遮った。「私も仕事を引かせて頂きます」。彼女がいう仕事とは、主婦業であり妻業であった。Aさんは一流大学を出、社内ではエリートコースをたどった。経済面で不自由はさせない代わりに、家や子供のことは一切、妻に任せた。妻は家事をこなすかたわら、茶道の師範免状を取り、マンションに部屋を借りて教室を開いた。家では、ステテコ姿のAさんが若い娘の前も平気で歩いたりしたからだ。

「離婚」を妻がいつごろから決意したかは分からない。が、やがて賃貸の部屋を自分名義で購入し、生活用具もそろえ、独り立ちの準備を調えていた。Aさんは、怒りにまかせて離婚届に判を押したものの、日増しに落ち込んだ。再就職先の関連子会社の役員会にもほとんど顔を出さず、あげくの果ては病院に。見かねた妹が郷里に連れ帰った。その後の消息は診察した医師もつかんでいない。

2つ目のケース。化学メーカーの技術者だったBさん (68) は長男で、結婚以来、母と同居した。「息子のことは私が一番知っている」と、母は嫁に何もさせようとしなかった。「楽でいいじゃないか」と、Bさんも母の言いなりにした。

母が80余歳で死んだときの、夫の「こんどはお前がやってくれ」という言

葉を、妻はどんな思いで聞いたのだろうか。夫の定年を待ち受けたように、退職金の半額を要求して妻は去った。Bさんは鬱になり、何度か「戻ってくれ」と妻に手紙を書き送ったあげく、やはり病院通い。だが今はふっ切れて、元気になったという。

　以上の2つのケースには、結婚以来の鬱屈した思いを、夫の定年を契機として吐き出し、自分自身の人生をもう一度歩みたい、との妻の願望が見て取られる。すなわち、最初のケースでは、わが国の多くの夫婦がそうであるように、夫であるAさんが仕事を担当し、妻が家事育児を担当する、いわゆる性別役割分担が貫徹されている。Aさんの言い分はまさにその典型で、「経済面では不自由させない」代わりに「家や子供のことは一切任せた」のである。おそらく仕事人間のAさんはこうした役割分担に何らの疑念を持つ事なく、男役割に邁進し、妻が家事育児役割をどう思っているか、また仕事人間の夫をどう見ているのかはもとより、妻も人格や個性を持った1人の人間であることなど思いいたらなかったであろう。

　2つ目のケースも同様に、妻は母親の代用品、単なる夫の世話係にすぎず、そのような役割を押し付けられた妻の気持ちは思慮の外で、ここでも妻は人格や個性をもった1人の人間としての扱いではない。

　ところで注目されるのは、いずれのケースでも、病院での治療を必要とするほどのものとなっている点である。夫と妻の夫婦関係の在り方にかんする意識のズレが如何に大きなものであるかがうかがわれる。

　そして、こうした夫婦相互のズレは、離婚ケースのみならず今日のわが国の夫婦に一般的に見られるものである。図8－3は、アメリカの心理学者ターマンが開発した結婚生活の幸福度測定尺度によって、結婚経過年数による幸福度の変化を明らかにしたものである。アメリカでは恋愛結婚のため結婚当初の幸福度がもっとも高いものの、次に高いのは結婚期間21年以上であり、しかも夫と妻のスコアに大きな開きはない。老夫婦が旅行やパーティーなどを仲良く楽しんでいるアメリカ人の姿がここにうかがわれる。

　それに対してわが国では、結婚期間12〜14年が幸福のピークで、その後は

第8章　高齢社会と離婚紛争

24〜26年層が若干の上昇を見せているものの、総じて結婚期間が長くなるにつれて幸福度は低下していく。しかも重要な点は、アメリカと違って、夫婦の間の落差は大きく、妻の落ち込みが顕著である。とりわけ結婚期間21〜23年層の開きは大きく、ちょうど子どもが家を離れ、またが中間管理職として仕事に埋没する時期と重なる。

またさらに、余暇開発センターの『少子・高齢化時代における女性の余暇』（1998年）によれば、夫婦関係を「一心同体型」と「分離独立型」に分けると、今日前者は減少し、後者が増加傾向にある。なかでも中高年の変化が大きく、夫や子どもから独立し、第2の人生を大切にする意識が強まっている。こうした妻と夫の意識のギャップは、他の調査でも明らかになっており、たとえば、サントリー不易流行研究所のミドル世代の意識調査では、「居心地のいい時間」について、妻の6割が「1人の時」と答え、夫は逆に6割が「夫婦でいる時」と答えている。また妻の半数近くが「離婚を考えたことがある」のに対して、夫の4分の3は「考えたことはない」と答えている[1]。

種々の調査にみられる、こうした妻における夫婦関係の希薄化こそ、先に

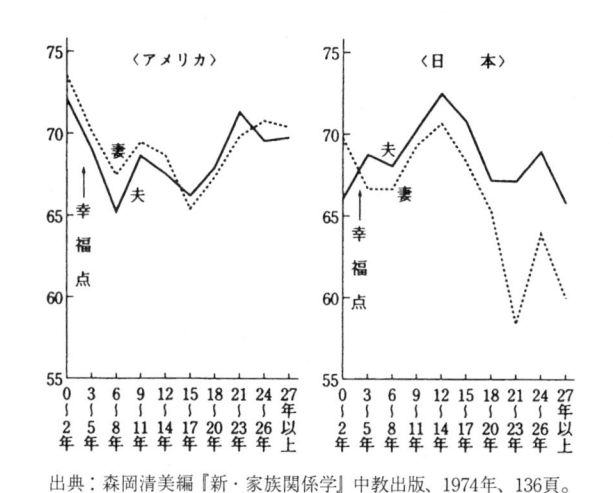

出典：森岡清美編『新・家族関係学』中教出版、1974年、136頁。

図8−3　結婚経過年数による幸福点の変化

みた、わが国に根強い性別役割分業の構造と男尊女卑の意識構造によるものにほかならない。すなわち、家事育児を専担する妻の側において、産業構造の変化や学歴社会の進展、人権思想の普及や自己決定権の主張など、大きな社会変化の中で男女平等意識が培われ、また自己実現への欲求が頭をもたげ、固定的な「男は仕事、女は家庭」という考え方に対する疑問や異議申立てが生まれる。だが夫の側の意識はあまり変わらず、夫婦の役割に対する意識のズレは、次第に夫婦の一体化を阻害し、妻の自立への動機を強化する。

　もっとも、性別役割への異議申立ては、中高年者に特有というわけではなく、年齢差を超えた、今日の離婚全般に通底する有力原因である。しかし、40代や50代さらには60代や70代においてさえも離婚に踏み切る理由の、いわば基底になるものが、人生80年時代の到来にほかならない。残された20年もしくは30年の少なからざる人生を、"誰のためでもなく自分のために生きたい"、というのが、中高年の妻たちの偽らざる気持ちといえよう。

　なお付言すれば、定年離婚はあくまでも中高年離婚の1つのタイプにすぎない。考えてみれば40歳でも50歳でも離婚は可能である。しかし、中高年離婚のケースをみると、離婚時期のおおよその目安が分かる。1つは、子どもが成長してから。2つは、自分自身の経済的自立が可能になってから。「定年」はまさに、2つの目安が達成される時期といえよう。子どもが独り立ちし、またある程度まとまったお金が手に入る（退職金の分与）時期なのである。定年離婚が、中高年離婚の典型とみられる所以である。

### (2)「介護離婚」の含意

　鈴木喜久子氏の『妻たちが別れを告げるとき』には[2]、いわゆる「介護離婚」の典型的ケースが紹介されている。そのタイトルは「あなたの両親の介護のために大切な仕事を捨てたのに……」。

　京子と健一は、ともに県庁に勤務していて知り合い結婚へと進んだ。休みの日には、農家の両親を手伝う、親孝行で思いやりのある健一に惹かれた。結婚後も共働きを続けた。京子自身、職場での仕事に生きがいを感じていた。

だからこそ、2人の子どもを保育園に預け、頑張り抜いてきた。義父母も協力的であり、一家は仲のよい理想的な三世代家族を築いていたかに見えた。
　子どもたちが中学生と小学生となり、京子はようやく自分の思うような仕事ができるだろうと期待した。夫の役職は係長となり、京子もそれに次ぐところまできていた。しかし、ちょうどそのとき、子どもの成長と引き換えにやってきたのが、親の老いであった。
　それは義父良作のボケから始まった。ちょうどその頃から、良作は、所かまわず用便をしたり、奇行が目立つようになってきた。仕事から疲れて帰ってきた京子は、その後始末にいらいらがつのっていくばかりであった。良作のこうした痴呆は、しっかり者の義母が随分とフォローしていた。
　しかし、義母のコトにしても、夫の面倒を見るにはあまりにも年をとり過ぎていた。勢いそのしわ寄せは、嫁の京子に来ることになる。
　やがてコト自身が脳梗塞で倒れ入院すると、京子は仕事を休まざるを得なかった。幸いコトの病状は比較的早く快方に向かい、退院をすすめられたが、京子はこれ以上の介護は無理だといって退院を1日延ばしにしていた。このことが親孝行の健一との間で大きな溝をつくっていく始まりとなった。
　1日も早く母親を退院させたい夫の気持ちが分からないではないが、実際に介護するのはほとんどが京子のほうである。次第に夫婦の間の口論は激しさを増した。が、1日延ばしにしていた退院にも限度があり、結局、コトは自宅で療養することになった。
　良作を特養に入れることができれば、コトの介護は何とかできるが、そうでなければ、夫婦のうちどちらかが辞めて、介護に専念せざるをえない。どちらかとなれば京子にその役割が回ってくることは避けられない。特養には手を尽くしたが、すぐには入れなかった。少なくとも1、2年は待たなくてはならない。結局、「いいわ、仕方がない、私が辞めるわ」。京子は一番言いたくなかった言葉を口にしていた。これから本格的に仕事にかかれると思っていたときだけに、無念さが増幅してのしかかってくる。
　一家の新たな挑戦が始まった。しかし、寝たきりの老人介護は並大抵のこ

とではない。実際京子はコトの下の世話をして、何度も嘔吐した。その上良作の介護である。痴呆はコトが帰ってくるといくらかよくなったようだったが、それでも、手のかかることおびただしい。母を助けると言った子どもたちも実際にはクラブ活動や勉強もあり、ほとんど手伝いはしない。健一は日曜日の農作業はある程度こなしたが、父母の介護については、全く京子任せであった。

京子が勤めを辞めてまで介護に尽くしてくれている老いた親の介護に対して、せめて、健一の温かい言葉や態度があったら、親の世話の辛さにも耐えられるだろうに……。健一からは、絶望感を深めるのにだけ役立つような言葉の数々。そんな思いが、また恨みがましい言葉になって健一に跳ね返ってくる。

そんなやり取りが繰り返されると、次第に健一は酒の匂いをプンプンさせながら帰宅するようになった。健一にしてみても、妻の気持ちは充分理解しているつもりだが、仕事を終えて帰るわが家はまさに針のムシロであった。

居酒屋で看板まで飲む健一の姿は、狭い町ですぐ評判になった。京子はますます面白くない。コトが退院する前のような激しい夫婦喧嘩が続いた。

そんなある日のこと、元の職場の同僚の男性と出会った。何ともない会話を交わしただけであったが、それだけで京子は別世界にいるようであった。男性を呼び出して、愚痴をこぼしたり、あれこれと相談したりしたのは、京子の方からであった。男女の関係に進むのは、自然の成り行きであった。

狭い町内で2人の仲はすぐに人々の知るところとなった。険悪な雰囲気が家中をおおった。男性は上司に呼ばれ、口論の末辞表をたたきつけ上京した。

京子にはもう何も見えなくなっていた。冷静な判断力は失われ、機械的に身体を動かして介護や家事を行う、表情のないロボットのような生活が何日か続いた。みんなが憎かった。トラブルの原因となった良作やコトを呪い、健一の言葉に怒り、子どもたちや世間の人までもが恨めしかった。なぜ私だけがこんな目にあわされなければならないのだろうか。持っていき場のない怒りと恨みは、彼女に家出を決意させた。東京へ行けば男性に会える。

このケースの結末を述べれば、上京した京子は男性に会うものの、同居することなく自立の道を歩み始め、その中で離婚に思い至り、離婚届を健一に送り付ける。しかし健一は応じず、離婚調停にかけるも、不調に終わる。裁判に訴えようにも、いわゆる有責配偶者からの離婚請求は、難しい。そんなわけで、再度の調停にかけるも、また進展せず。そんな中、やっと夫と話し合いができ、いくつかの条件の下にやっと離婚調停が成立した。
　以上のケースは、結局のところ、義父母と同居しながら、仕事と子育てに奮闘して来た妻が、夫の両親の介護を引き受けざるをえなくなり、仕事を辞め、孤軍奮闘で「在宅介護」に取り組んだ結果、心身ともに極限状態に陥り、たまたま出会った元同僚の男性に心の慰めを求めたものである。
　したがって、離婚の表面的な原因は「異性関係」とか「愛人問題」となろうが、その根底には高齢社会特有の老人介護という根深い問題が横たわっており、まさに「介護離婚」という高齢社会に典型的な離婚形態として理解しなければならない。そしてこうした介護離婚は、先にみたように、介護責任をもっぱら嫁に負わせることが一般的となっている日本社会では、高齢社会の深化とともに増加の蓋然性はきわめて高いものといえる。

　注
　1）『朝日新聞』1999年2月18日。
　2）鈴木喜久子『妻たちが別れを告げるとき』河出書房新社、1996年。

## 5．中高年離婚のゆくえ

　いわば人生80年時代の到来を縦軸として、ジェンダー差別の構造を横軸として、その座標に位置する中高年離婚は、さらなる高齢社会の進展とともにいかなる動態を示すことになろうか。
　高齢社会の進展は、多くの要介護老人を生み出すことは確実である。生活

習慣病の増加による脳血管疾患の発生、またアルツハイマー病による痴呆症の発生などが予測されている。要介護老人は、2025年には270万人ともいわれている。

　こうした要介護老人の増加に対して、福祉施策が充分に用意されておれば、介護の問題は軽減されよう。しかし、介護離婚のケースでもみたように、いざ施設で看てもらおうとしても、施設の貧弱さから1年も2年も待たなければならない状況にある。では、在宅での介護をサポートする福祉サービスはどうであるかとみれば、これもきわめて不充分といわねばならない。もっとも重要と思われるホームヘルプサービスにしても、公的なサービスは制限が多く、介護に必要な24時間サービスなどはほとんど提供されていない。民間サービスは、その点ではニーズを充たすものであるが、利用料金がネックとなる。

　2000年4月から介護保険制度が開始されるが、多くの問題が指摘されており、楽観はできない。たとえば施設入所にしても、入所がこれまでの措置から施設の個々の判断になることから、入所者の選別が行われ、介護保険からの支払額の高い要介護者が入所することになりやすい。いわゆる「逆選択」の問題である。その結果、要介護ではあるがいつまでも在宅介護に委ねられ、中々入所できないといった事態も生じる恐れがある。また要介護度の認定によっては、現在入所している者も施設を出なければならくなったりして（いまのところ5年の猶予が認められている）、これも家庭での介護負担を重くしてしまう。

　いずれにせよわが国の福祉施策は、これまでのゴールドプランにしても新ゴールドプランにしても、また2000年4月にスタートする介護保険制度にしても、施設介護よりも在宅介護に力点を置いており、しかも暗黙裡に、家庭で介護役割を担うマンパワーの存在を前提にしている。その結果、妻や娘、そして嫁の犠牲を強いるものとなっている。

　また、目を転じて、介護休業制度についてみてみよう。かりに、老親の介護を抱え込むことになったとしても、家族員の誰かが介護のために仕事を休

むことが可能ならば事態はまた変わったものになろう。

　介護休業制度は、制度的には1999年4月1日からすべての事業所に一斉に適用されることになったが、実態的にはそれ以前から官公庁や一部の企業で実施されていた。しかしこの制度にも、休業期間の短さや休業期間中の所得保障の欠落、さらには職場の中核である男性には取り難い職場環境など各種の問題が付随しており、利用状況は活発ではなく、将来的にも多くを期待できない[1]。こうしたことから、先に触れたように、多くの女性が介護のために退職せざるを得ない状況が生まれている。

　このようにみると、高齢社会の進展はますます介護をめぐる夫婦間の対立葛藤を増幅させ、夫婦関係の解体を導くものとなりやすい。

　ではひるがえって、福祉施策や介護休業制度など高齢者の介護支援体制が充分整備されれば、中高年離婚は減少するのであろうか。答えは否である。何となれば、人生80年時代の到来は、生き方の根本的変革を迫っており、定年離婚にみられたように、妻の側では、これまでのジェンダー差別的生き方を脱して1人の人間としての再生あるいは自己実現が強く求められている。したがって、両性の構造的な関係が変わらないかぎり、高齢社会の進展はますます中高年者の離婚に拍車をかけることになる。

　たしかに、1999年6月には男女共同参画社会基本法も成立し、男女共同参画社会の構築を目指した各種の活動が始められている。しかし、その成否はひとえに男性の価値観が変わるか否かにかかっている。いつまでも男の価値観に執着し、妻を家庭に閉じ込め、あまつさえ苛酷な介護役割を押し付け、仕事さえしていればよいと思っているかぎり、また女性に対する暴力にしても、それを男らしさの表出だとか、それによって男の権威を保とうと思っているかぎり、男女共同参画社会は絵空事であり、若い世代のみならず中高年世代にしても、夫婦生活が離婚でエンディングする虞れは大きいといわねばならない。

　とはいえ、中高年離婚がそんなに簡単に行われるとは思えない。それはやはり、意識の面でまだ離婚への「罪悪感」が拭い切れていないし、社会的偏

見が完全に払拭されたわけではない。また離婚するにしても話し合いでの解決ができなければ、調停や裁判ということになり、煩瑣な手続きや、時間や費用、体面など、いろんな問題を抱え込むことになる。また何よりも、離婚できたとしても、老後生活が十分保障されるだけの財産分与や慰謝料が得られるか心もとない。財産分与にしても、いまのところ、共働きであれば2分の1であるが、専業主婦であれば3分の1から4分の1にすぎない。慰謝料も、相手に重大な非がある場合でもせいぜい500万程度にすぎない。さらに、たちまち必要な住居にしても、欧米諸国では、とくに未成年の子の養育監護にあたる親のみならず年配の妻についても、優先的に婚姻住居への居住が認められているが、わが国では女性が家を出るという形が一般的であって、その点でも離婚の障害になりやすい。

離婚に際してこのように多くの障害が横たわっているが、とりわけ介護離婚の場合には、手続き自体に難しさがある。すなわち、高齢社会の進展は、先にみた寝たきりの舅姑の介護問題のみならず、配偶者の介護問題をも引き起こすに至る。そして、配偶者が寝たきりや痴呆症といった重度の状態に陥った場合には、離婚を決意したとしても相手配偶者がそう簡単に離婚を承諾するわけもなく、またそもそも意思能力を欠く痴呆症では承諾を取り付けることもできない。そこで裁判に訴えることになるが、これがまた難問である。1990年9月17日判決の長野地裁の係争例は離婚を認めたものであるが[2]、むしろそれは離婚判決を得ることの難しさを証明するものとして注目される。

このケースは、アルツハイマー病とパーキンソン病に罹患し、通常の会話もできず寝たきりとなった妻の世話を6年余り行って来た夫が、妻の回復の見込みがないことを知り、またまったく反応のない妻との結婚生活と自己の将来に絶望して、まだ42歳と若いことから、離婚を決意したものであった。6年余りの介護の間夫は、世話のために最初の勤務先を辞めて自分の実家に戻り、地元で就職するなど懸命な努力を行った。そして診断から3年余り経過したところで、民生委員らのはからいで特別養護老人ホームに入所させることができ、1、2週に1度の割合で妻を見舞い、世話をし続けた。

周知のように、民法770条第1項は5つの離婚原因を規定しているが、このケースは、妻の精神状態が、夫婦の同居、協力、扶助義務を果たすことがまったくできない程度に痴呆化しており、改善する見込みがないとして、第1項4号の「配偶者が強度の精神病にかかり、回復の見込みがないとき」、および5号の「その他婚姻を継続し難い重大な事由があるとき」に該当する、と主張した。しかし、裁判所は、妻の状態が第1項4号に該当するか否かについては疑問が残るとして、4号による離婚請求は認めなかった。しかし長期間にわたり夫婦間の協力義務をまったく果たせないでいること等によって婚姻関係は破綻していることが明らかであるとして、同項5号にもとづく離婚請求を認めた。

ここで重要なことは、離婚請求が認められたことよりもむしろ、認定に当たっていくつかの厳しい条件が付けられている点である。すなわち、症状がきわめて重く、将来的にも回復の見込みがないこと、また特別養護老人ホームに入所など今後の療養の見通しが一応たっていること、健常配偶者の年齢がある程度若く将来のあること、などである。このようにみると、パートナーが痴呆状態になればすべて、最終的に裁判で決着がつくというわけではなく、当該ケースは、幸運な例外と受け止められる。

たしかに、離婚によって離婚される側の生活がたちまち不安定になることは避けられねばならないだろう。しかし、考えてみれば、もうすでに相手配偶者の顔も判らなくなっている状態の配偶者を、生活が不安定になるからという理由でいつまでも相手配偶者に面倒をみさせることは苛酷ではないか。本来なら、国の責任のもとに、手厚い福祉サービスによって痴呆配偶者の面倒をみるべきものを、これは一種の責任転嫁ではないか。だが現実には、痴呆を含めた要介護者との離婚には、法的には大きなハードルがあることを認識しなければならない。係争例は、夫からの申立てであったが、立場を代えて妻が痴呆症や寝たきりの夫と別れようとしても、状況は変わらない。むしろジェンダー差別が構造化しているわが国では、妻からの申立てに対してはより厳しい対応があると予想されよう。

Ⅱ部　離婚紛争の法社会学

　今日論議盛んな、いわゆる"近代家族"の視点に立てば、いろんな形の家族があっても何ら不思議ではない。シングルの生き方も、また仲の良い友達同士の共同生活も等しく"家族"と認められよう。その意味では、離婚によるパートナーのいない生活も、夫婦2人の生活や未婚の生き方と並ぶ1つの選択肢といえる。

　ましてや、抑圧され不自由な夫婦生活を解消して、1人の人間として自主独立の生き方を求める考えは、肯定されることがあっても何ら非難されるものではない。とりわけ人生80年時代は、そうした人生のやり直しを可能にする時代である。ただ、いまの社会には残念ながら、そうした生き方に歯止めをかけるものがいろいろと存在する。離婚者に対する社会的偏見しかり、離婚手続きしかり、離婚の際の婚姻住居への居住を含めた財産分与しかり。中高年世代でも躊躇なく自由な生き方が選択できるように、社会意識の変革をはじめ、離婚制度の抜本的な制度改革がまたれよう。その意味で、現在進められている婚姻制度および離婚制度の改革の方向とその実現が注目される。

注
1）林弘子「介護休業制度」『ジュリスト増刊——福祉を創る——』有斐閣、1995年、250～56頁。
2）阿部徹他編『離婚の裁判例』有斐閣、1994年。

# 補　論　法化論の射程

## 1．法化論の焦点

　近年、法学もしくは法社会学の領域で、「法化」論（Verrechtlichung）という理論モデルあるいはパースペクティブが注目をあつめている[1]。
　周知のように、現代福祉国家においては、社会的・政治的・経済的目標を達成するために、経済的領域のみならずさまざまな社会的領域にまで、法規制が広がっている。このような法規制の増大傾向を、広い意味では、法化現象と呼ぶことができる。そして注目されるのは、今日、このような法化現象がプラスのイメージよりもマイナスのイメージでもって語られていることである。それは法規制の増大がかならずしも福祉国家の展開に貢献するものではなくむしろさまざまな問題を生み出すものとなってきたからである。こうして、法化論は、「法の爆発」とか「法による環境汚染」といった過激な言葉で表明されるように、現代福祉国家の基本的問題を鮮明にするパースペクティブとなっている。
　ところで、法化現象は、今日、先進資本主義諸国に共通してみられる傾向ではあるが、かならずしも「法化」論として共通の了解があるわけではない。しかし、とりわけ論議の盛んな旧西ドイツにおいては、法化の概念をはじめ、法化現象の問題性、さらには問題への対応策といった、法化論の体系的把握がすすめられている。しかも問題の解明にあたっては、現代の社会理論の適用が図られている。その意味で、旧西ドイツの「法化」論は、法学ならびに法社会学にとってきわめてチャレンジングな論議であるとともに、社会学にとっても見逃すことのできない論議といえる。
　この小論では、とくに重要な位置を占めるトイプナーとハーバーマスの法

化論に焦点を絞って、「法化」の概念、問題、対策論について素描し、最後にその問題点と意義について触れよう。

## 2．法化の概念

### (1) 法化概念の多義性

「法化」が、現代福祉国家に必然的な現象であるにしても、それをどのようにとらえるかはさまざまである。先に触れた「法規制の増大」や「法の爆発」も、1つのとらえ方にすぎない。そこでまず多様な概念規定の整理が必要となる。そこから法化問題の理解にとって有意味な概念規定が導かれよう。トイブナーは、法化の概念をその意味内容からつぎの4つに分類している。①規範の氾濫説、②紛争の収容説、③非政治化説、④実質化説である[2]。

まず「規範の氾濫」説は、法化を規範の増大現象——とくに労働法や会社法、反トラスト法、社会保障法の分野での——ととらえる立場であり、法律学的性格のものである。このような法化説によれば、増大する規範そのものの認識さえ困難になるという問題、また法の強行性がダメージを受け信頼も損なわれるという問題、さらには解釈学的洗練も不可能となるという問題がクローズアップされ、その確実な処方箋として「法の簡素化」あるいは「非法化」が主張されることになる。

次に「紛争の収用」説は、一般に法社会学者にみられるものであるが、法化を紛争の変質過程ととらえる。つまり、この立場は、人々の紛争が法的形式へと加工されることによって（たとえば公式の裁判制度の一般的な利用）、紛争がその生き生きとした脈絡から引き裂かれていく点に注目するものである。したがってこの説に立てば、法の紛争処理機能に対する根本的な疑問が投げかけられることになり、法に替わるインフォーマルな紛争処理方式、つまり観念的な法律世界ではなく現実の社会的世界における処理方式の提案がおこなわれることになる。

「非政治化」説は、ワイマール共和国の労働法の議論に立ち返って構成されるもので、法化は、政治的な階級闘争の中和化ととらえられる。すなわち、労働法は一方では被用者の一定の利益を保護し、労働組合の活動の余地を保障する。だが他方でそれは、労働組合の戦闘的活動の余地を制限することによって、社会紛争を非政治化してしまう。ここに「自由の保障であると同時に自由の撤回」という法化のアンビヴァレンツが現れる。したがって、この説によれば、労働組合の方針が「戦闘的」方向へ転換することが必要となる。

### (2) 法の実質化説

以上の、規範の氾濫説、紛争の収用説、そして非政治化説の３つの法化概念は、それぞれ今日の法にかかわる重要な問題に照明を当てるものである。しかし、トイプナーによれば、それらは法化の真の問題理解にとっては十分なものではない。すなわち規範の氾濫説は、規範の増大という量的側面にのみ目を向け、質的側面を看過している。重要なことは、法化の危機がどのような法的構造の内部変化によって引き起こされているのかを解明することとされる。くわえて歴史状況への注視も必要となる。つまり、規範の氾濫は歴史的に見てけっして特異なものではなく、問題とされるべきはまさに現代社会国家という特殊状況下での規範の氾濫にほかならない。トイプナーによれば、こうした問題把握こそが法律家中心的視点を越えるものとなる。

また、紛争の収用説は、法の主要な機能を「紛争の規制」という古典的な任務に限定してしまい、その結果「社会の統御」という現代の法化の重要な局面を見落としてしまう。重要なことは、人々の紛争が裁判に係属する際に生じる諸問題よりも、むしろ政治的道具とされた法がその規制的介入を通じて社会システム全体に及ぼす影響について目を向けることとされる。

さらに非政治化説は、規範の氾濫説や紛争の収用説にくらべて、法によって引き起こされる変化の量的側面だけでなく質的側面にも目を向けるものとして、トイプナーから一応の評価が与えられる。しかし結論的には、それが労働組合の視点に限定されており、法化の社会構造的解明を自制するものと

して退けられる。

　以上のような検討を経てトイプナーが支持する法化の概念が、実質化説である。この立場は、法化を形式的な法から実質的な法への変容ととらえるもので、そこにはヴェーバーの有名な「形式的合理性と実質的合理性」の区別が導入されている。すなわちヴェーバーは、法の志向性が実質的な、したがって内容的倫理的なものから、形式的な、したがって概念的に抽象化され手続的に合理化された志向性へと転換する法発展を、近世の合理化過程の一環として分析した。しかし周知のように、ヴェーバーにおいては同時に、近代法の発展における一定の反形式的傾向が強調されていた。このような反形式的傾向あるいは再実質化を導くものとして、ヴェーバーは、幾つかの契機を指摘しているが、その１つは「取引上の誠実のための非形式的要請」、２つは一部の法利害関係者（とりわけ労働者層）から、また他方で法イデオローグの側から出される実質的正義への要求、換言すればパテーティッシュな倫理的公準を基礎として出される社会法への要求である。こうした実質化の契機が、とりわけ民主制社会の社会的要求による形式的合理性の変容、つまりは社会国家的介入による実質的正義の実現である[3]。ヴェーバーは、このような変化を近代法の発展の中では周辺的なものとみたが、トイプナーはむしろそれを今日の主要な傾向ととらえ、法化論の中心概念として位置づけている。

### （３）ハーバーマスの法化概念

　トイプナーの法化概念とともに注目されるものがハーバーマスの法化概念である。かれは法化を「近代社会において顕著にみられる成文法の増大傾向」[4]ととらえるが、これは単純な「規範の氾濫説」ではなくむしろ実質化説といえるものである。そしてこの点は、かれの法化の歴史的展開についての分析にみることができる[5]。

　ハーバーマスは、近代社会の発展が法の発展と結びつくものとして、法化の歴史的展開を４つの段階に分けて考察する。①市民的国家、②法治国家、③民主主義的法治国家、④社会的民主主義的法治国家である。

まず市民的国家は、絶対主義社会から資本主義社会へと移行する過渡期にあたる。この段階では、一方には安定性、普遍性、形式性といった諸特徴を有した、また私人の自由と財産の保障、法律の前でのすべての法的人格の平等、したがって法的に規範化されたすべての行為の保障を目的とした私法秩序と、他方には暴力独占を手にいれた主権的な国家権力の合法的支配を権威づける公法秩序の、二元的構造が成立する。

法治国家は、国民国家形成の時期にあたる。この段階では、個人の市民的権利を規範化した「法による支配」および「法律による行政の原理」が確立され、国家行政が「法律に反し、法律を無視し、法律を越えて」、市民の自由の領域に侵入することは許されなくなる。私人の生命、自由、財産の保障は法治国家の理念とともに道徳的に正当化された憲法規範の地位を獲得する。このようにして近代国家はその正統性を自らの法からえるようになる。

民主主義的法治国家は、大衆民主主義の時期にあたる。この段階では、市民は国家公民として政治的参加の権利を与えられ、また平等な普通選挙権や政治団体・政党の結社の自由が保障されるなど、国家権力の民主化が法によって促され、それによって近代国家の正統性も認証されることになる。

最後に、社会的民主主義的法治国家は、福祉国家あるいはいわゆる介入主義国家の段階である。この段階においては、それまで放任されていた経済や労働の領域が経済法や労働法によって規制され、また福祉の領域で福祉立法化がすすむなど、国家による社会的諸領域への積極的な介入がすすむ。

このような法化の歴史的段階区分で注目されるのは、第4段階の社会民主主義国家段階がそれまでの段階と区別されている点である。ハーバーマスによれば、第3段階までの法化は、「自由保障の法化」つまり市民の基本的人権が保障されていく段階であるのに対して、第4段階の法化は、生存権的基本権の保障つまり国家介入による実質的な権利保障の段階であり、両者は根本的に性格が異なる。このようにしてハーバーマスはとくに現代福祉国家における法化すなわち法の「実質化」を重視することになる。

以上、トイプナーやハーバーマスの見解にみられるように、今日の有力な

法化概念は、現代福祉国家における法の（再）実質化に焦点を当てるものといえる。では、トイプナーにみられる形式的法に替わる実質的法の登場、あるいはハーバーマスにみられる法化過程の第4段階としての現代の生存権または社会権の進展が孕む問題とは何か、さらにその問題に対する対策論とは如何なるものであるか。

## 3．法化の問題と対策

### （1）規制のトリレンマ

　トイプナーは、現代福祉国家における法化の問題を「規制のトリレンマ」と規定している[6]。そしてこのような法化問題の解明にあたってかれが依拠するものがオートポイエーシス・システム論である[7]。周知のようにこの理論的立場は、ルーマンの立場でもあるが、そこでは、社会は高度に自律的となった諸社会システムの並立からなり、各システムは自己に準拠してのみ自己を再生産するものととらえられている。換言すれば、オートポイエティックなシステムとは、その作用のすべてにわたって、常に自己自身と結びつき、自らの要素を自らの要素間の諸関係から作り出すシステムである。そして、この理論的立場からは、法システムも高度に自律化し、閉鎖的なものととらえられることになり、そこから法もその妥当性はただ規範性に求められるものとなる。すなわち、オートポイエティックな法システムとは、「究極的にはあらゆる非法的な関係——政治、道徳、科学——や自然法の根拠づけから自由であって、法内在的にしか自らを再生産しえない」[8]ものとなる。

　このようなオートポイエーシス・システム論からとらえられる「規制のトリレンマ」の第1は、「相互無視」である。これは、各システムが互いに他のシステムの自己再生産過程の有意性基準を無視して介入する場合に生じるシステム間の反応である。トイプナーはカルテル法改正の例を挙げ、「立法府は、絶えず改正を行い、方向転換の信号を発している。しかしこれらの信

号は、もはや法システムの内部スクリーンには現れない。それらはシステムの中で言わば跡形もなく消え失せてしまう」[9]と述べているが、ここにみられるように、政治的介入が法システムの有意性基準を越えてしまえば法システムはそれを無視する結果となる。

第2は、「法による社会の不統合」である。これは、法の介入にともなう他のシステムの自己再生産の危機である。すなわち、システム間の「相互無視」にもかかわらず、法に対する要求が高まって、法が社会生活領域に介入した場合に、その自己再生産的領域（社会化や社会統合）や文化的再生産の領域の固有の自己再生産の条件が危機に瀕することになる。

そして第3は、「社会による法の不統合」である。これは「法による社会の不統合」とは逆に、法システムの側が他の社会システムの解体的要求にさらされる場合である。すなわち、法が、他の社会システムの側の過度な要求に応えてその固有の論理に順応することによって、かえって法システム自身の自己再生産組織が危機にさらされることになる。

以上のように、オートポイエーシス・システム論からみた法化の問題とは、法が自己準拠的なシステムでありまた他の社会システムも高度に自律的であるにもかかわらず、法システムが他の社会システムに介入したり、逆に多様な社会的要請を課せられたりした結果、システム間に不調和が生じ、各システムの自己再生産条件が危機に陥る状況をとらえるものである。

（2） **自省的法モデル**

では、「規制のトリレンマ」の解決策は何か。この解決策として提唱されるのが「自省的法」である[10]。自省的法は、トイプナーにおいては形式的法、実質的法に続く第3番目の法類型として立てられている。かれの法類型は、法の機能・構造および正統化の発展を立体的かつ進化的に描写する目的で設定されており、したがって、形式的法→実質的法→自省的法の方向で法は進化発展することになる[11]。形式的法から実質的法への変化は、ヴェーバーの法の変化過程を想起させるが、トイプナーの法の進化モデルはノネとセルズ

ニックの進化モデルを批判的に摂取したものである。

ノネとセルズニックのモデルは[12]、抑圧的法→自律的法→応答的法の3段階の進化過程として設定されている。抑圧的法とは、権力を強化し、権威を守り、特権を防護し、同調を確保するための道具としての法である。すなわちそれは、法と政治とが緊密に一体化し、また公務担当者の野放しの裁量が行われる状況下で形成される。これに対して自律的法は、抑圧を馴致し、自己自身の完潔性を護りうる分化した制度としての法である。すなわちそれは、法と政治が分離し、準則の厳格な遵守が重視され、公務担当者の答責性が確保される状況下で形成される。そして応答法は、社会的必要や願望への応答を容易にするものとしての法である。すなわちそれは、自律的法のより発展した形態として、法が新たな諸問題や諸要求に柔軟に応答すべきであるとの社会的期待に応えて形成されるものである。

ノネとセルズニックは、このような法の進化論にもとづいて、社会の要請に柔軟に対応する応答法こそが現代の法理論がたえず追い求めてきた目標だという。しかしトイプナーは、ノネとセルズニックの進化モデルは法システムと他の社会システムとの相互関係を解明するものではなく、また応答法の中に、実質的合理性と自省的合理性という明確に区別すべき現代法の2つの要素を混在させているとして、批判する[13]。こうしてトイプナーがオートポイエーシス・システム論に依拠して提起したのが、応答法に代わる自省的法なのである。

この自省的法の本質は、簡単にいえば、「自己規制の統御」である。すなわち、オートポイエーシス・システム論に拠れば法システムも他の社会システムも高度に自律的なものである。そこで必然的に発生する問題が「規制のトリレンマ」すなわち「三すくみ」である。そうすると、回避策を考える上で重要なことは、「法の社会政策的道具化の必然性、並びに自己規制的な生活領域との構造的接合の必然性の双方を前提に」[14]おくこととなる。つまり、現代福祉国家において、法が社会政策目的遂行の道具となる運命であるとしても、直接介入が問題を発生させるものであるならば、その介入はあくまで

も他の生活領域の自律性を損なわない程度あるいは形のものとならざるをえない。このようにして今日、「法は社会生活領域の直接的規制という任務を解かれ、その代わりに自己規制過程の積極的な統御を負わされる」[15]。これが自己規制の統御としての法にほかならない。そしてこのことから法の具体的任務は、直接的に社会行動を規制するのではなく、組織の規制、手続、統御権限の再配分に限定されることになる。トイプナーによれば現代社会にはこうした自省的法の特徴を示す事象が散見される。サンクションの威嚇を備えた実体法が存在するだけで、交渉の結果に影響を及ぼすといった、いわゆる「法の影響下での交渉」などはその例である。

### (3) 生活世界の植民地化

　一方、ハーバーマスは、行為論の立場から法化問題に接近している。周知のように、ハーバーマスは社会を、コミュニケイション的行為を行う主体が言語を媒体としつつ討議によって了解を形成していく生活領域である「生活世界」と、道具的行為からなり脱言語化されたメディアによって統御され見通しがたい機能連関から成り立っているシステムとに分ける。そして、近代社会の展開を、生活世界から貨幣と権力を媒体としてシステムが分化していく過程ととらえ、後期資本主義社会においては、生活世界の官僚制化や貨幣化がすすみ、シンボル再生産が危機に陥り、意味の喪失や正統性の危機といった問題状況、すなわち「生活世界の植民地化」が生じるとする。

　このような理論的立場から法化現象をみると、とくに問題となるのは、先に触れた法化の第4段階にあたる社会的民主主義的国家段階である。つまり、第3段階までの法化は「自由保障の法化」として「生活世界」の正統的秩序に結びつく「制度としての法」の発展であった。ところが社会国家段階においては、国家介入がすすみ、経済法・商法・企業法・行政法といった貨幣や権力と結合した「媒体としての法」が支配的となってくる。この「媒体としての法」は、人々をシステムとの交換が可能な役割——たとえば労働者、消費者、福祉クライエント、公民——に編成し、合意にもとづく関係の破壊、

あるいは、法社会学的にいえば、人々の相互作用を本来的に律している道徳的で非公式な諸規範や慣習つまり「生ける法」世界の蹂躙を促す。こうして「自由の保障と自由の剥奪のアンビヴァレンツ」が結果する[16)17)]。

このようにハーバーマスにとって法化問題は、その主たる関心であるシステムによる「生活世界の植民地化」現象を、「媒体としての法」による市民の法的カテゴリーへの編成あるいは「生ける法」世界の蹂躙として、法的側面からとらえようとするものである。

### (4) 法の手続化モデル

では、このような法化問題に対する解決策は何か。その解決策として提唱されるものが手続化である。すなわちハーバーマスによれば、「媒体として利用された法の代わりに、了解に方向づけられた行為の構造にふさわしい対立調整の手続——討議に方向づけられた意思形成の過程、コンセンサスに方向づけられた審理や判決の手続——こそ」[18)]が必要とされる。このようなハーバーマスの提案はもちろん法化問題の行為論的認識から必然的に導かれるものであり、価値や規範や了解過程にもとづく社会的統合に機能上必然的に依存している生活領域であればこそ、システム介入からの防御策としては、直接的な規制立法よりも調整的「手続」が相応しいということになる。

このようなハーバーマスの考えを承けて、近年、エダーの「学習プログラム」やヴィートヘルダーの「フォーラム」といった規制化の具体的プログラムが示されている[19)]。前者は、争いの当事者同士のコミュニケイションを活性化させ、合意にむけての学習過程を法制度に組入れようとするものであり、後者は、合意形成のための手続の「場」を確立しようとするものである。

以上のように、トイプナーにおいてはシステム論の立場から、各システムの自律化の進展によって生じる法の直接介入の問題性が、またハーバーマスにおいては行為論の立場から、コミュニケイション的行為からなる生活世界への「媒体としての法」の侵入による問題性が、法化問題としてとらえられている。このように両者は理論的立場によって問題認識を異にするものの、

その対策論としては手続化に収斂しているとみられる。すなわち、自省的法にしても、「法の影響下の交渉」にみられるように「交渉」という手続が焦点であり、法の手続化はまさに合意・了解にむけての手続にほかならない。

## 4．法化論の地平

### （1）法化論の問題点

　法化論の論議はきわめて複雑なものであり、検討を要する問題も多い。紙幅がないのでいくつか示せば、まず社会理論の問題としてトイプナーの自省的法の考え方が挙げられる。前述のように、かれはオートポイエーシス・システム論に依拠して、現代社会を高度に自律した諸社会システムの並立ととらえ、各システムは自己に準拠してのみ自己を再生産するものと措定している。しかし自省的法の考え方の要点は、法システムによる他の社会システム間の相互作用の規制にあるわけで、そうなるとそこには法システムの特別視あるいは特権的地位付与をみてとらざるをえなくなる。これは各システムの自律性テーゼと抵触してしまう。ここには、ルーマンの指摘にあるようなオートポイエーシス理論の根本的問題が潜んでいる。すなわちそれは、自己自身しか規制できないオートポイエーシス・システムによって他のオートポイエーシス・システムを規制するという理論的に未解決の問題である[20][21]。

　また、社会理論との関連でいえば、トイプナーにおいては、主として法システム、政治システム、その他の社会システム（経済システムを含む）の3システムの関係に焦点が当てられており、そのため経済システムと生活領域との対抗関係が希薄化されているのではないか。その点ハーバーマスの場合には、政治システムと経済システムを生活領域と対峙させた結果、資本主義社会の問題性を鮮明にすることに成功している。トイプナーの場合にもやはり、経済システムの明晰化が必要となろう。

　次に、法理論上の問題として、トイプナーのいわゆる「一般条項論」が挙

げられる[22]。「一般条項」とは、その内容が決定基準としての一義的明確性を欠き、その結果、基準適用者に広範な選択可能性を残すという特徴をもった法である。このような一般条項の不明確性から、一般条項にかんする主要な研究方針はこれまで、その内容の具体化や明確化を課題とするものであった。しかしトイプナーは逆に明確性を欠く一般条項の増大を主張する。その理由は、この一般条項こそ性格的には自省的法のカテゴリーに属するものだからである。すなわち、自省的法の構想はそもそも法システムの現実適合性あるいは社会的適合性を高めるために提案されたものにほかならない。一般条項のように、一義的明確性を欠く法は、一般に、リジッドな法に比べてより現実適合性は高いと考えられる。

　しかし、トイプナーの主張するように明確性を欠く一般条項が増大するにしても、問題はやはり現実適合性をいかにして確保するか、ということになる。つまり誰がどういう形で現実適合的判断を下すのか、ということである。そうすると今日では最終的には裁判官の判断となり、結果的にそれは裁判官に万能の力を与えることにつながる。とすると、一般条項化の主張は、近代法治国家が要請している裁判にたいするコントロールを無力なものとしてしまうのではないか。

　このように一般条項化がむしろ近代法治国家の基本的要請に逆行するものであるとすれば、トイプナーの主張そのものの妥当性が改めて問われることになる。そうした場合、かれの一般条項化の主張そのものの性格すなわち自省的法の戦略的実践的性格、さらにはそのような主張の理論的根拠つまりオートポイエーシス・システム理論そのものが吟味されることになろう。こうして一般条項化の問題は、単に法理論の問題にとどまらず社会理論の問題へとつながっていく。

（２）法化論の意義

　法化論は新しい論議であり、検討すべき課題が多いことはたしかである。しかしそれはまた、新しい地平を拓くものとして期待される。

補論　法化論の射程

　法の社会理論の構築は、とりわけ法社会学にとって主要な課題といえる。それは、法がいかなる特徴をもつ社会現象であるかを明らかにするとともに、そのような特徴をもつ法現象の全体構造や他の社会現象との関連を解明することになるからである[23]。

　これまでの法の社会学的考察としては、法社会学の創始者であるエールリッヒの「生ける法」論、デュルケームの抑止的法から原状回復的法へという周知の理論、ガイガーの経験科学的法理論、さらにはノネとセルズニックの法の発展論などがある。しかしながら、エールリッヒの主たる関心は法の発生と形態であって、法と社会との関連は副次的に考察されたにすぎない。またデュルケームは、法の形態と社会構造（社会連帯）との関連を考察してはいるものの、法のカテゴリーも社会類型も素朴なもので、現代福祉国家の法の性質を究明する上では十分とはいえない。ガイガーの研究は、社会的現実との関連を意識してはいるものの、法の作用を記号で表記する方法を取ったために、抽象的な記述に終わってしまっている。そしてノネとセルズニックにおいては、法の類型化こそ評価すべきものがあるが、社会構造との対応が十分に整備されていない憾がある

　トイプナーやハーバーマスの法化論は、こうした先駆的研究に比べると、社会の発展段階と法との関連についてより精緻な理論的把握を試みており、法の社会理論の構築に向けて大きな意義をもつものといえる。

　しかし、法化論のより大きな意義はやはり、それが現代福祉国家における法の性質あるいは人権問題への新しい視点を提供するところに認められる[24]。すなわち、現代福祉国家においては、社会的弱者の権利擁護が、国家介入によって社会福祉法や社会保障法として結実する傾向にある。この傾向は一見して社会的弱者の生存権的基本権を確立するものとして積極的評価がなされよう。ところが、法化論の観点に立てば、このような国家介入はむしろさまざまな問題を生み出すことが理解される。たとえば、官僚主義的な保護行政とか保護を受ける側に発生するミゼラブルな感情の問題とか、そして何よりも弱者の側の受益層化の問題が指摘される。これらの問題はまさに

II部　離婚紛争の法社会学

ハーバーマスのいう「生活世界の植民地化」の法的現象としてとらえられるものである。

わが国の法社会学においては、「法化」を「法の実質化」ととらえる立場はまだ確立されておらず、むしろ「紛争の収用」ととらえ、公式の紛争処理機構や非公式的紛争処理機構の構造や機能について理論的実証的研究を積み重ねる方向にある。こうした状況下で、トイプナーやハーバーマスの提起する法化論は、法社会学研究に新たな方向づけを与えるものとして期待される。

注
1) 法化論の全体像については、次の文献が参考になる。樫沢秀木「西ドイツにおける『法化』論の展開」黒木三郎編『現代法社会学』青林書院、1989年、79〜94頁。同「介入主義法の限界とその手続化──『法化』研究序説」三島他編『法の理論』10号、成文堂、1990年、27〜79頁。楜澤能生「法化とポスト介入主義法モデル」『法の科学』16号、1990年、157〜71頁。
2) G. Teubner, "Verrechtlichung: Begriffe, Merkmale, Grenzen, Auswege," in F. Kübler (Hrsg.), *Verrechitlichung von Wirtschaft, Arbeit und sozialer Solidarität*, 1984(樫沢秀木訳「法化─概念、特徴、限界、回避策」『九大法学』59号、1990年、238〜45頁。)
3) M. Weber, *Rechtssoziologie*, 1920 (世良晃志郎訳『法社会学』創文社、1974年、512〜21頁。)
4) J. Habermas, *Theorie des Kommunicativen Handelns*, 1981 (丸山高司他訳『コミュニケイション的行為の理論（下）』未来社、1987年、360頁。)
5) 同上訳書、360〜81頁。
6) G. Teubner, 前掲訳書、252〜61頁。
7) G. Teubner, "Autopoiesis in Law and Society," *Law & Society Review*, Vol. 18 No. 2, 1984, pp. 291-301.
8) G. Teubner, 前掲訳書、253頁。
9) G. Teubner, 前掲訳書、255頁。
10) G. Teubner, 前掲訳書、261〜76頁。
11) トイプナーの法の3類型については次のものが有用。田中茂樹「現代法の変容の3段階──自省的法の構想について」『阪大法学』40巻3・4号、1991年、763〜87頁。
12) P. Nonet & Selznic. P., *Law and Society in Transition : Toward Responsive Law*, 1978 (六本佳平訳『法と社会の変動理論』岩波書店、1981年。)
13) G. Teubner, "Substantive and Reflexive Elements in Modern Law", *Law & Society Review*, Vol. 17 No2, 1983, pp.239-85.
14) J. Habermas, 前掲訳書、268頁。

15) G. Teubner, 前掲訳書、268頁。
16) J. Habermas, 前掲訳書、371～81頁。
17) J. Habermas, "Law as Medium and law as institution", G. Teubner (ed.), *Dilemmas of Law in the Welfare State*, 1986, pp. 203-220.
18) J. Habermas, 前掲訳書、378頁。
19) 樫沢秀木「介入主義法の限界とその手続化」を参照。
20) 同様の指摘は、同上書、153～54頁。
21) ルーマンのシステム論的法理論については、江口厚仁「法システムの自己組織性」『九大法学』60号、1990年、1～104頁が参考になる。
22) 一般条項の問題については次の論文を参照。佐藤岩夫「法の現実適合性と一般条項——トイプナーのシステム論的アプローチの検討」『東北大学法学』53巻6号、1990年、721～46頁。山口聡「『法化』論における法思考枠組の転換——トイプナーの一般条項論をてがかりとして」『阪大法学』162号、1992年、1149～75頁。
23) 石村善助『法社会学序説』岩波書店、1983年、138～39頁。
24) このような視点から法化論を取り上げているのは、伊藤周平「福祉国家における『法化』の社会学」『年報社会学論集』No.5、1992年、37～48頁。

# あとがき

　本書の多くは、文部省（現文部科学省）の科学研究費の助成を受けて行った調査データにもとづいている。調査に協力していただいた多くの人々や調査を手伝ってくれた学生や大学院生に、あらためて謝意を述べたい。

　弁護士調査では、多くの弁護士の方々に、多忙な中を時間を割いて親切にお話しいただいた。「欧米のように、法律扶助費が潤沢であれば、もっと助けられるのですがね……」と。「医療訴訟は、できるだけ引き受けたいが、１人で受ける能力には限界があって……」とも。弁護士の方々もそれぞれに、深く悩まれておられることにあらためて気づかされた。

　離婚調査に際しては、離婚経験者に話を聴かせていただいた。数は少なかったけれど、それぞれに夫婦の歴史があることを感じさせられた。いまでは、離婚もバツイチというように明るいイメージで語られるが、当事者にとってはやはり、"重い話"であることは間違いない。離婚研究が、離婚礼讃とならず、失敗しない結婚生活のために役立つ学問であることを、願わずにはいられなかった。

　母子寮や民間女性シェルターの調査は、ドメスティック・バイオレンスという深刻な問題とかかわるだけに、重いものがあった。関係者から聞かされるＤＶの実態は、文献で読む以上に生々しい。それだけに、関係者の施設運営のご苦労もよく理解された。とくに、民間女性シェルターは、非力の女性だけで運営されているので、夫や元夫の来訪に神経を尖らせておられたのが印象的であった。

　家庭裁判所や女性センターの相談窓口でも、親切に対応していただいた。それぞれに、離婚問題、ＤＶ問題に深い認識をもち、出来る限りの対応を考えておられた。女性問題への社会的サポート体制が、一歩ずつではあるが、着実にすすんでいることに心強さをおぼえた。

さて、方法論に立ち戻れば、法社会学は魅力的な学問である。オーソドックスな解釈法学に比べ、より豊かな法的現実を照射する。もちろん解釈法学の重要性は否定し難い。法的安定性のためには、そして新たなる問題に対する的確で厳密な判断のためには、精密な意味闡明作業は必要不可欠である。しかし、法的現実は、日常的な人々の生活の中に現れる。財産分与規定の意味解釈よりも、現実の財産分与が及ぼす離婚者たちの生活問題こそが、法的現実である。

　その意味で、法社会学は、社会生活に直接結びつく学問である。ただ、同じ法社会学とはいっても、法学に出自をもつ「法」社会学と、人間学としての社会学に出自をもつ法「社会学」とではおよそ性格が異なる。その点で、法「社会学」としての展開を目指す方が、その魅力を十分に発揮するように思われる。

　最後に、本書に収録した論文の初出を示しておこう。収録にあたって、表題や内容について若干の加筆や修正を行っている。

　第Ⅰ部　弁護士職の法社会学
　第1章　「弁護士アクセスにかんする法社会学的研究」『広島法学』（広島大学法学会）第11巻第2号、1988年、97〜122頁。
　第2章　「弁護士の社会的役割に関する実証的研究」『鈴木広先生還暦記念論文集Ⅰ』九州大学社会学研究室、1992年、30〜65頁。
　第3章　「日常生活の中の紛争処理——質的データの解読——」『広島法学』（広島大学法学会）第20巻第2号、1996年、23〜47頁。
　第4章　「医療事故にかんする法社会学的考察」『広島法学』（広島大学法学会）第25巻第2号、2001年、305〜328頁。
　第Ⅱ部　離婚紛争の法社会学
　第5章　「離婚の法社会学的考察」『社会分析』（日本社会分析学会）22号、1995年、51〜70頁。

あ と が き

　第6章　「離婚紛争の処理過程——第三者機関の援助役割——」『広島法学』（広島大学法学会）第26巻第2号、2002年、235〜258頁。
　第7章　「夫婦間暴力と離婚——緊急保護施設の役割——」『社会分析』（日本社会分析学会）26号、1999年、93〜108頁。
　第8章　「高齢社会と離婚」、渡辺満・小谷朋弘編『高齢社会論』成文堂、2000年、121〜149頁。
　補　論　「法化論」、鈴木広監修『理論社会学の現在』ミネルヴァ書房、2000年、176〜191頁。

# 索　引

## あ　行

アミカス相談室　174-179
生ける法　2, 240
井口正隆　214
石村善助　13
医事集中部　118
一般条項　241-242
イリイチ, I.　75
医療改善ネットワーク　126
医療過誤　106
　　──訴訟　103, 118
　　──歴　127
医療裁判　115-116
　　──の構造的問題　116
医療事故　103, 108-115
　　──市民オンブズマンMedio　126
　　──情報センター　126
　　──全国一斉相談　103
　　──調査会　119
　　──の原因　111-114
医療ミス　111-114
医療の安全神話　105
インフォームド・コンセント　97, 111, 127-128
上野裕久　2
潮見俊隆　3
エールリッヒ, E.　2, 243
AKK女性シェルター　202-204
エンパワーメント　205
オートポイエーシス・システム論　236-238, 241-242

## か　行

カーリン, J.　27
介護休業制度　226-227
介護保険制度　226
介護離婚　209, 212, 217, 222-225
戒能通孝　7
カウンセリング　145
駆け込み寺　141
家事審判法　144
家族のライフサイクル　212
カルテ開示　127
川島武宜　5
鑑定　117-119
規制のトリレンマ　236
寄託　156
規範の氾濫説　232
狭義の法社会学　2
協議離婚方式　142, 158, 192
享楽型離婚　140
緊急保護施設　188
具体的離婚原因　147
経験科学　4-5
結婚生活の幸福度測定尺度　220
原告側の立証責任制　119
権利擁護の学　6
広義の法社会学　2
交通事故紛争処理センター　47, 53
高齢社会　210, 215
子どもの引取問題　153
子どもの養育費　153
婚姻制度等に関する民法改正要綱試案（1994年）　134
近藤誠　119

251

## さ 行

財産分与　150-151, 158
　　——の寄与割合　151
斎藤正夫　4
裁判外紛争処理　77
裁判離婚方式　147, 192
ささえあい医療人権センター—COML　126
ジェンダー差別の構造　188, 210, 213, 217
システム・エラー　113
私生活志向　67-68
自省的法　237, 242
司法の法社会学　3
社会学的法律学　6
社会志向　67-68
社会的距離　27, 30, 33, 38-39
社会同調的態度　69-71
社会非同調的態度　69
自律の法　238
人事訴訟　144
人事調停法　144
末弘厳太郎　1
鈴木一郎　2
鈴木喜久子　222
女性センター相談室　173
身体的暴力　190
心理的暴力　190
性意識の変化　139
生活世界の植民地化　239-240, 244
生活態度類型　71
生活問題型離婚　138
清算説　150
精神病離婚　148
性的暴力　190
性別役割分担　213-214, 222
生理学的・解剖学的性差　213
絶対的離婚原因　147
全国いっせい女性の権利110番　189-190
専門職（プロフェッション）　13, 75
相対的離婚原因　147
訴訟事務　21-22

訴訟外事務　21
損害賠償説　150

## た 行

第三者機関　161
　　——のネットワーク化　173
第二次的処理機関　24
武田京子　217
男女共同参画社会基本法　227
男女共同参画2000年プラン　188, 207
団藤重光　5
ＤＶ防止法　188, 207-208
中高年離婚　209-210, 219, 225
抽象的離婚原因　147
調停委員　145-146
　　——会　145
調停前置主義　144
調停離婚方式　143-147, 158, 192
調停離婚申立て理由　135-137
定年離婚　138, 209, 212, 219-222
デュルケーム，E．　243
トイプナー，G．　232-234, 236, 241
利谷信義　3

## な 行

内藤和美　213
中川淳　143
中川善之助　144
日常生活の中の紛争処理　77, 101-102
日弁連報酬等基準規程（1995年）　124
ノネ，P．＆セルズニック，P．　237-238

## は 行

ハーバーマス，J．　234-235, 239
バーンアウト　206
パーソンズ，T．　13
唄孝一　128
媒体としての法　239-240

索　引

橋詰洋三　6
バタード・ワイフ　140-141
バタード・ハズバンド　140
破綻主義　147
非政治化説　233
父権的迫害型離婚　140-141
文化的・社会的性差　213
紛争の収容説　232
「踏んだり蹴ったり」判決　148
弁護士の社会的役割　41,54
弁護士の態度構造　28
弁護士アクセス　15,92,95,101
　　――の限定化　20,27
弁護士広告　123
弁護士職の可視性　14-15,37
弁護士費用　121,124-125
弁護士法　41
弁護士報酬　17-19
弁護士倫理規定第8条　17
法化論　231
法社会学　1,7,106,134
法　2-3
　　――の実質化説　233-234
　　――の社会的機能　134
　　――の進化論　238
　　――の手続化　240-241
法律扶助制度　125
暴力防止法　207
母子緊急一時保護制度　198
母子寮　196-197
　　――の広域措置　200

ま　行

ミカエラ寮　202-203
民間サポートシステム　126
民間女性シェルター　188,207
民事調停制度　106
面接交渉権　153
　　――の法的性質　154
　　――の明文化　134,153-154

や　行

有責主義　147
有責配偶者からの離婚請求拒否の原則
　148
湯沢雍彦　5
養育費支払問題　155
要介護者に対する虐待　216
予防法学　64

ら　行

履行確保制度　156,199
履行勧告　156
履行命令　156
離婚慰謝料　151-152,158
離婚給付　150
離婚後扶養説　150
離婚届不受理申出制度　143,158
離婚率　133
リシュマイヤー，D.　13
ルーマン，N.　236
ロー・スクール　124

253

著 者　小谷　朋弘（おたに　ともひろ）

1976年　九州大学大学院文学研究科博士課程単位取得退学（社会学専攻）
現　在　広島大学法学部教授
専　攻　法社会学

著　書　『社会理論と社会体制』（共著）アカデミア出版会、1980年。
　　　　『戦後広島の都市診断』（共著）ミネルヴァ書房、1991年。
　　　　『理論社会学の現在』（共著）ミネルヴァ書房、2000年。
　　　　『高齢社会論』（共編著）成文堂、2000年。
訳　書　G.P.マードック『社会構造：核家族の社会人類学』（共訳）新泉社、1978年。
　　　　J.F.ショート編『世界の社会学』（共訳）恒星社厚生閣、1985年。


# 紛争の法社会学

平成15年3月25日　発　行

著　者　小谷　朋弘
発行所　株式会社　溪水社
　　　　広島市中区小町1-4（〒730-0041）
　　　　電　話（082）246-7909
　　　　ＦＡＸ（082）246-7876
　　　　E-mail: info@keisui.co.jp

ISBN4-87440-747-1　C3032